Alexander Buschenreiter

MENSCHEN SIND WIE BÄUME

Dieses Buch
erschien erstmals 1993 unter dem Titel *Spuren des Großen Geistes. Indianische Weisheit der Gegenwart.* Es schließt unmittelbar an den mittlerweile ebenfalls aktualisierten Best- und Longseller *Unser Ende ist euer Untergang. Die Botschaft der Hopi an die Welt* an.

Die Klimaproblematik, neue Pandemien, sich ausweitende Naturkatastrophen und der zunehmende Werteverfall bestätigen die Warnungen der darin zitierten indigenen Elders. Nicht nur aus diesem Grund werden mittlerweile das Wissen, die Lebensweise und Spiritualität indigener Völker als richtungsweisend für das Überleben der Menschheit betrachtet. Dadurch ist dieses Buch umso aktueller geworden und liegt nun in einer überarbeiteten, erweiterten Neuausgabe vor.

MENSCHEN SIND WIE BÄUME vermittelt ohne Klischees zeitlos gültige und erstaunlich aktuelle Aussagen angesehener indigener Elders aus Nordamerika, die sie bereits in den 1980ern und 90ern gemacht haben und ergänzt sie durch neue von 2019 und 2021. Ihre Ausführungen vermitteln Lösungswege und geben uns konkrete Anregungen, wie wir wieder Frieden mit der Erde finden und alte Wunden heilen können.

Über den Autor
Alexander Buschenreiter, 1945 in Wien geboren, lebt als freier Publizist und Buchautor im steirischen Salzkammergut. 1981 besuchte er den Sioux-Vertrauten *Richard Erdoes* in Santa Fe und erstmals die Reservationen der Hopi, Navajo und Mohawks in den USA, später auch mit seiner Familie u.a. das SAPA DAWN CENTER der Tulalip Elder *Janet McCloud* im US-Bundesstaat Washington. 1993 nahm er in New York als Berichterstatter an der indigenen UN-Konferenz CRY OF THE EARTH teil. Seit seinen USA-Reisen ist er für einen solidarischen Austausch einschließlich der Organisation von Vorträgen, u. a. auch mit dem Mohawk Elder *Tom Porter* engagiert.

Er ist Mitbegründer der *Arbeitsgruppe Indianer heute* in Wien (1981), aus der die österreichische Sektion der *Gesellschaft für bedrohte Völker,* der *Arbeitskreis Indianer Nordamerikas (AKIN)* und der *Arbeitskreis Hopi-Österreich* (1982) hervorgingen; vom Verein *Für die Erde, für das Leben* (1988) und des Jugendkulturprojekts *MOVE!* (1995), das sich 2001 - 2015 zu *iMPULS Aussee* mit BÜHNE *Authentic* weiter entwickelte; seit 2016 Mitbegründer und Mitglied vom Ensemble *die butterlosen brote - mehr als theater* (vgl. S. 294).

Durch seine Diavorträge über die Hopi, seine ORF-Hörfunkserien „Wir können überleben" sowie „Unser Ende ist euer Untergang" und seine Bücher „Unser Ende ist euer Untergang. Die Botschaft der Hopi an die Welt" und „Mit der Erde - für das Leben. Der Hopi-Weg der Hoffnung" gelang es ihm aufzuzeigen, dass uns mit den Indigenen Nordamerikas immer stärker die gemeinsame Sorge um den Fortbestand der Erde und ihrer Lebewesen verbindet.

Alexander Buschenreiter

MENSCHEN SIND WIE BÄUME

Indigenes Wissen - Ein Weg aus der Krise

Authal Verlag

Ein Teil des Honorars für dieses Buch wird vom Autor für die Solidaritätsarbeit mit traditionell lebenden indigenen Ureinwohnern in den USA, insbesondere tradionelle Hopi, zur Verfügung gestellt.

Das Umschlagbild zeigt den Hopi-Sprecher und Dolmetscher T*homas Banyacya Sr.* (1909-1999) im Gespräch mit Teilnehmern am WORLD URANIUM HEARING 1992 in Salzburg.

Alle Abbildungen, soweit nicht anders angegeben, wurden vom Autor zur Verfügung gestellt, der auch über das Copyright darüber verfügt.

Der Buchtitel stammt von einem Zitat des Haida-Chiefs *Skidegate* (Lewis Collinson, 1881 - 1970) von den Queen Charlotte Inseln in Kanada (vgl. S 83).

Zur Schreibweise von Eigennamen: Für die traditionellen Navajo wird die vom *American Indian Institute* übliche Bezeichnung *Diné* verwendet.

Der gesamte Text dieses Buches wurde gegenüber der ursprünglichen Ausgabe an die neue Rechtschreibung angepasst, durch neue Beiträge erweitert und dort überarbeitet und ergänzt, wo es zur Aktualisierung erforderlich und notwendig war.

Der besseren Lesbarkeit wegen, aber auch wegen der umstrittenen Genderschreibweise wurde das generische Maskulinum, das sich immer bei Kollektivbegriffen geschlechtsneutral wieder findet, beibehalten. Deshalb ist, wie bei der Formulierung „Indianer“ oder „Ureinwohner“ z.B., wenn nicht durch den eindeutigen Kontext das männliche Geschlecht angesprochen wird, auch das weibliche gemeint.

Darüber hinaus wird - entsprechend der Verwendung im indianischen Amerika selbst, wie z. B. beim *American Indian Traditional Elders Circle* - der Begriff Indianer dort verwendet, wo es sich um die Ureinwohner Nordamerikas handelt.

Überarbeitete, aktualisierte und erweiterte Neuausgabe

1. Auflage
Veröffentlicht im Authal Verlag
Bad Vöslau, 2022

Umschlaggestaltung: Moreau
unter Verwendung eines Fotos
von Alexander Buschenreiter
Druck und Bindung: Wallig, Gröbming
Printed in Austria

Allen unseren Verwandten
und dem Großen Geheimnis
in Dankbarkeit:
Mutter Erde, Vater Sonne und Großmutter Mond;
den Bäumen, allen Pflanzen, Tieren und Mineralien,
die noch immer ihre Pflicht tun;
den Bergen, den Wolken und Gestirnen,
dem Wasser, der Luft, dem Feuer und dem Boden;
den Kräften der Vier Richtungen;
allen unsichtbaren Helfern und Hütern von Land und Leben;
dem Traditionellen Kreis indianischer Elders und der Jugend,
insbesondere
Thomas Banyacya Sr., Martin Gashweseoma, Yet Si Blue,
Radford Quamahongnewa, Craig Carpenter,
Audrey Shenandoah, Leon Shenandoah, Oren Lyons, Tom Porter
und allen Menschen guten Willens,
die sich im Großen Geheimnis geborgen
und ihm verpflichtet wissen
und so den Baum des Lebens zum Blühen bringen.

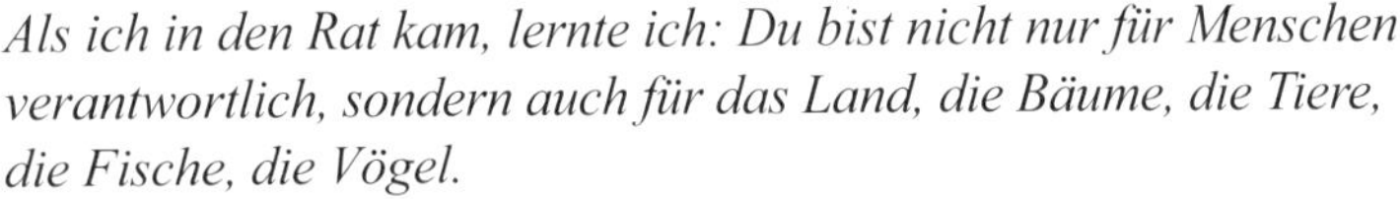

Als ich in den Rat kam, lernte ich: Du bist nicht nur für Menschen verantwortlich, sondern auch für das Land, die Bäume, die Tiere, die Fische, die Vögel.
Du bist verantwortlich für deren Wohlergehen, dafür, das Beste zu tun, was du kannst, um deren Art zu leben so gut wie möglich aufrecht zu erhalten.

Oren Lyons, Faithkeeper des Schildkrötenclans der Onondaga

Inhalt

Es gibt keinen leichten Weg

Menschen sind wie Bäume

Du bist nicht allein auf der Erde

Die Zeit der Läuterung hat bereits begonnen

Am Überleben von Mensch und Erde mitarbeiten

Kontakte und mehr ...

Das innere Feuer entzünden

Einige persönliche Vorbemerkungen

„Inmitten des Geschreis endloser Theorien der Menschen wird eine wirkliche Botschaft jenen überbracht, die Ohren haben, um zu hören. Die Hopi, Irokesen und andere derjenigen Nationen, die noch den Weg des Lebens gehen, der durch den Schöpfer festgelegt wurde, erzählen das uralte, sorgfältig behütete und in Ehren gehaltene Wissen jenen, die fragen und jenen, die bereit sind, zu hören. Ihre Botschaft wurde von bereiten Ohren empfangen und hat den Spirit in diesen Menschen wiedererweckt. Eine Bewegung hat begonnen, es ist die Wiedergeburtsbewegung der roten Völker.
Wenn die Menschheit überleben will, so liegt es an den Menschen aller Rassen, Religionen und Nationen, zu erwachen und zu erkennen, wo wir vom wahren Pfad des Lebens abgekommen sind."

Yet Si Blue
(*Janet McCloud*, Tulalip)

Am 14. August 1981 traf ich erstmals bei den Hopi im Nordosten Arizonas, in Kykotsmovi (Neu Oraibi) ein. Als ich damals an die Tür des Hauses der Familie Banyacya klopfte, hätte ich es nicht für möglich gehalten, dass dieser Aufenthalt mein Leben so nachhaltig verändern und so vieles in Gang setzen würde. Seither kam es nicht nur zu weiteren Reisen, die auch zur „Großmutter des indianischen Widerstands", zu Yet Si Blue an der Nordwestküste führten, sondern auch zu einem stetig wachsenden Austausch mit diesen bemerkenswerten Menschen Nordamerikas: durch solidarische Unterstützungsarbeit in Form von Diavorträgen, Publikationen, Spendengeldern und der Organisation von Vortragsreisen nach Österreich, Westdeutschland, die Schweiz und Bratislava in der Slowakei. Bei diesen Reisen konnten jene traditionellen Ureinwohner Nordamerikas, die eingeladen waren, immer wieder selbst unter Beweis stellen, dass es sie noch gibt und so allen Falschmeldungen und Unkenrufen zum Trotz über die Lebendigkeit ihrer Jahrtausende alten Kultur berichten. Sie haben uns auch immer wieder vor den Folgen unserer naturfernen Lebensweise gewarnt, uns glaubhafte Alternativen angeboten und Verbündete gefunden.

Die zunehmend stürmische politische, wirtschaftliche und ökologische Entwicklung hat ihnen mehr und mehr Recht gegeben: ich denke da nur an die Atomkatastrophen von Tschernobyl und Fukushima, die unbewältigte Klimaproblematik mit ihren Überschwemmungen, Dürren und Feuersbrünsten, die massiven Biodiversitätsverluste, an turbulente Finanz- und Energiemärkte, an aufbrechende Nationalitätenkonflikte, neue Pandemien und Kriege samt den nicht mehr abreißenden Flüchtlingsströmen. Die Warnungen der Ureinwohner sind Wirklichkeit geworden.

Indigene im allgemeinen und Indianer im besonderen mit ihrem bewährten Überlebenswissen finden daher zunehmend Gehör. Kinofilme wie *Koyáanisqatsi, Powwow Highway* und *Der mit dem Wolf tanzt* haben den Einblick in die Sicht- und Lebensweise der nordamerikanischen Indianer ebenso vertieft wie eine mittlerweile zunehmende Anzahl von Büchern und Berichten, die auch immer mehr die aktuelle Situation und die Bedrohung ihrer Kulturen durch Landraub, Abbau von Uran, Kohle, seltene Erden und Fracking für Gas und Öl samt neuen, oft leckenden Pipelines durch ihr Land aufzeigen.

Wie ein roter Faden zieht sich dabei durch alle sorgfältig recherchierten Darstellungen, dass trotz dieser Bedrohungen die Kulturen der Ureinwohner Nordamerikas lebendiger sind als vielfach vermutet und kolportiert wird; dass ihr Einsatz für Land und Leben von einer Bewegung getragen ist, die nach dem Irokesen Craig Carpenter *Die Wiedergeburtsbewegung des Roten Mannes* genannt wird. Sie ist gekennzeichnet durch die Wiederbelebung uralter, mündlich überlieferter Traditionen auf der Basis einer lebenspraktischen, ganzheitlichen Spiritualität, die unsere Gesellschaft zu Formulierungen wie „ökologische Ethik“, „dauerhaftes (oder nachhaltiges) Wirtschaften“ und „spirituelle Ökologie“ oder „Tiefenökologie“ inspiriert und die US-amerikanische Friedens-

und Alternativbewegung bis hin zur europäischen maßgeblich beeinflusst hat.

Diese Erneuerung ging vom kleinen, bescheidenen Volk der Hopi aus, die sich selber *Volk des Friedens* nennen. Aufgrund ihrer hochentwickelten spirituell-politischen Kultur, die auf einer profunden Kenntnis und Befolgung der Naturgesetze fußt, wurden ihre damit zusammenhängenden prophetischen Warnungen und ihre Lebensweisheit zur treibenden Kraft der Wiedergeburtsbewegung der Ureinwohner Nordamerikas, die sie gemeinsam mit den Irokesen 1948 ins Leben gerufen haben. Aus dieser Bewegung entwickelte sich der *Traditionelle Kreis indianischer Elders und der Jugend*: seine Vertreter feierten 1990 im Rahmen einer historischen Zusammenkunft mit Delegierten der Ureinwohner Mittel- und Südamerikas in Quito, Ecuador, „das Zusammengehen der Ureinwohnervölker Nord- und Südamerikas hinsichtlich ihrer Auffassungen und ihrer Gesinnung".

Im Zuge dieser Besinnung auf unsere spirituellen Wurzeln, die, von den USA ausgehend, über Europa, Japan, Afrika und Russland als *Bewegung der spirituellen Einheit* mittlerweile nahezu die ganze Welt erfasst hat, wurden die traditionellen Hopi auch von der nichtindianischen Welt gleichsam wiederentdeckt. Sie halten sich noch immer an ihre Ursprünglichen Anweisungen, die sie vom Großen Geist in Gestalt Maassau'us erhalten haben, wie sie sagen.

Das vorliegende Buch folgt dieser Spur anhand der Aussagen indianischer Elders aus den USA in den 1980ern und 90ern wie *Yet Si Blue, Thomas Banyacya Sr., Audrey* und *Leon Shenandoah*, die uns - ebenso wie der Irokese *Craig Carpenter* - mittlerweile verlassen haben, deren Aussagen aber zeitlos gültig und erstaunlich aktuell sind. Sie werden u. a. ergänzt durch die irokesischen Elders *Oren Lyons* und *Tom Porter* aus den Jahren 2019 und 2021 sowie durch Kommuniqués vom *Traditionellen Kreis indianischer Elders und der Jugend*, der 1977 gegründet wurde. Eines davon hat zum Titel dieses Buches beigetragen. Zu diesen Aussagen kommen Statements von Hopi Elders wie *Radford Quamahongnewa* und *Martin Gashweseoma*, u.a. anlässlich des zweiten Irakkrieges 1990/91. Und nicht zuletzt folgt ein ausführlicher Bericht über die indigene Konferenz CRY OF THE EARTH, die 1993 nicht, wie erhofft, vor der UN-Generalversammlung, sondern im Saal des UN-Wirtschafts- und Sozialrates stattfand und zugleich den Schlusspunkt der öffentlichen Bemühungen der traditionellen Hopi bildet.

Den Anfang macht jene Frau, deren Widerstand im Kampf um die Fischereirechte ihres Volkes durch den Kontakt mit den Hopi eine entscheidende Wende erfahren hatte: Yet Si Blue (Janet McCloud), Urenkelin des legendären *Chief Seattle*, erzählt im ersten Teil über ihre Erfahrungen mit den Hopi, deren Bedeutung und darüber, was sie unter „Spiritualität“ versteht - ein Wort, das heute oft missbraucht, aber auch missverstanden wird. Yet Si Blues Ausführungen, die auch die Themen Visionen, Channeling und Zeremonien behandeln, gehen schließlich sehr konkret auf die Situation von Mensch und Erde ein. Sie werden ergänzt durch ihren Aufsatz „Wem gehört das Land?“ und „Die Legende von den Hirschmenschen“, in denen sie verdichtet weitere Ursachen und Lösungsmöglichkeiten bezüglich unserer offensichtlich verfahrenen Lage beschreibt.

Eine Erklärung der christlichen Kirchen des Nordwestens der USA stellt ein ermutigendes Zeugnis des beginnenden Verstehens unter Nichtindianern dar. Sie wird im fünften Teil des Buches ergänzt durch eine Erklärung vom Exekutivausschuss des *Ökumenischen Rats der Kirchen (ÖRK)*, der 2012 die „Doktrin der Entdeckung“ verurteilte.

Dem folgt im zweiten Teil eine umfassende Darstellung von Aussagen des Traditionellen Kreises indianischer Elders und der Jugend, einer ursprünglich jährlich stattfindenden Zusammenkunft von Heilkundigen und Weisen oder „Wissenden“ nahezu aller indianischen Nationen Nord- und teilweise Mittelamerikas seit den späten 1970er Jahren. Er gilt als jenes Forum, dessen Aussagen von traditionsbewussten Indianern als verbindlich und richtungsweisend betrachtet werden. Ihm gehörten neben Yet Si Blue, Audrey und Leon Shenandoah auch Thomas Banyacya Sr. von den Hopi an. Ebenso Mitglied ist Oren Lyons, weltweit bekannter Faithkeeper und fallweiser Sprecher der Irokesenkonföderation. Anlässlich der internationalen Konferenz „Globales Forum über

Umwelt und Entwicklung für das Überleben“ in Moskau, zu der u. a. der Oberste Sowjet unter Michail Gorbatschow und die Russische Akademie der Wissenschaften 1990 eingeladen hatten, schildert er seine Sicht über das Verhältnis von Mensch und Erde, über die Rolle Gorbatschows, über Werte. Im fünften Teil des Buches gibt er 2021gemeinsam mit dem Hopi *Thomas Banyacya Jr.* einen weiteren Lösungsanstoß.

Die wohl eindringlichsten Verlautbarungen des Traditionellen Kreises indianischer Elders und der Jugend von 1989/90 schließen sich an, zusammen mit einer Erklärung zum Moskauer Forum. Danach ein Appell der Frauen des Kreises und der Onondaga-Clanmütter mit Audrey Shenandoah (1926 - 2012). Schließlich ein Schreiben des Tadodaho Leon Shenandoah an die UNO, dem Vermittler und koordinierenden Sprecher des Großen Rats der Konföderation. Es stellt die Auffassung über politische Führung und deren Praxis bei den Irokesen der Wirklichkeit in nichtindianischen Gesellschaften gegenüber.

All das wird ergänzt und vertieft im fünften Teil durch aktuelle, verblüffend konkrete Aussagen des Mohawk Elder Tom Porter anlässlich seiner Europa-Vortragsreise 2019.

Neben diesen Statements, Interviews und Dokumenten, die einen tiefen Einblick in indianisches Selbstverständnis, Lebensweise und Spiritualität vermitteln, beginnt der dritte Teil mit der Vorstellung von Thomas Banyacya Sr., der im Februar 1999 die Welten wechselte. Er wurde 1941-1948 wegen Wehrdienstverweigerung nahezu sieben Jahre immer wieder zur Zwangsarbeit verurteilt und wirkte seit seiner Freilassung unermüdlich als Dolmetscher und Sprecher der Traditionellen seines Volkes. Er hat wesentlich dazu beigetragen, dass die Friedens- und Überlebensbotschaft der Hopi, wie ich sie in meinen beiden ersten Büchern zu vermitteln versucht habe, schlussendlich weltweit verbreitet worden ist. Auszüge aus Aufzeichnungen seiner Aussagen bei öffentlichen Vorträgen in Bad Aussee, Wien, Bratislava, Westberlin und Olympia (USA) geben Antwort auf Fragen, die für Hopi-Interessierte bislang offen geblieben waren. Sie werden ergänzt durch einen Überblick über die Problematik im Land von

Hopi und Navajo-Diné, die durch ein inhumanes US-Bundesgesetz zur Absiedelung der dort lebenden Ureinwohner entstanden ist. Einschübe von Craig Carpenter, die sich auf die Ursprünglichen Anweisungen der Hopi und ihre prophetischen Warnungen beziehen, eröffnen neue Zugänge und ermöglichen so ein tieferes Verstehen - auch und insbesondere unserer eigenen Situation. In einem Interview erläutert Thomas Banyacya Sr. die Sicht der Hopi zum Thema Spiritualität und Alltag, und räumt mit gängigen Vorurteilen auf.

Ergänzt wird diese Dokumentation indianischer Weltsicht durch ein Gespräch mit dem Leiter der Schlangentanzzeremonie im Hopi-Dorf Shungopavi, Radford Quamahongnewa. Er gibt klare Antworten über die Bedeutung dieser bekanntesten Zeremonie der Hopi, über die Landfrage und das Verhältnis der traditionellen Hopi zu den zahlreichen Touristen, die die Hopi seit den 1960er Jahren nahezu überschwemmen.

Der vierte Teil des Buches ist als Höhepunkt den letzten Botschaften der traditionellen Hopi vorbehalten. Ihrer Auffassung nach befinden sich nämlich Mensch und Erde seit Dezember 1990 in der von ihnen seit 1948 immer wieder angekündigten letzten Phase der *Zeit der Läuterung*, die dem *Tag der Reinigung* unmittelbar vorausgeht - mit entsprechenden Konsequenzen, wie sie bereits in den Interviews mit Yet Si Blue und Banyacya Sr. zur Sprache kommen. Diesem indianischen Wissen aus erster Hand, erläutert durch die Hopi und Craig Carpenter als engem Vertrauten der Hopi seit den 1950er Jahren, schließt sich das vierte und letzte Schreiben der Hopi an die UNO an, das Banyacya Sr. verfasst und in New York persönlich überreicht hat.

Danach folgt jenes kurze Statement der Hopi, wie es Banyacya Sr. im Auftrag seiner Elders im Dezember 1992 anlässlich der Eröffnung des UNO-Jahres der Ureinwohnervölker einigen noch verbliebenen Delegierten der UN-Generalversammlung persönlich vortragen konnte. Und zuletzt als abschließender Höhepunkt des öffentlichen Engagements der traditionellen Hopi die UN-Konferenz CRY OF THE EARTH.

Es waren, so wie die Präsentation der beiden Steintafeln des Feuer-Clans im Dezember 1990 in Santa Fe, die damals Martin Gashweseoma gemeinsam mit Thomas Banyacya Sr. als Dolmetscher vorgenommen hat, die letzten öffentlichen Appelle jener Wissenden unserer Erde, die bereit sind, ihr Wissen über das Überleben von Mensch und Erde mit uns zu teilen: damit wir herausfinden können, wo wir vom wahren Pfad des Lebens abgekommen sind und was wir gemeinsam mit allen Menschen guten Willens machen können, um wieder auf diesen Pfad zu gelangen.

Wie es scheint, ist es unsere vierte und letzte Chance, wie die Hopi sagen, entsprechend der vierten Welt, in der wir jetzt, am Ende eines vierteiligen Zyklus leben. Hier und nirgendwo sonst ist demnach der Ort dieser letzten und umfassendsten Prüfung für die gesamte Menschheit, inwieweit sie den Gesetzen des Schöpfers folgt. Dieses Leben jetzt fordert uns daher immer mehr heraus, möglichst gemeinsam den Wahrheitsbeweis für unsere Standfestigkeit abzulegen. Wir finden Vergleichbares bei Moses, in der Apokalypse und in den Gleichnissen Jesu über die Wiederkunft des wahren Menschen. Dabei ist nicht von Geheimwissen, sondern vor allem von Wachheit und vom gesunden Menschenverstand die Rede, wie immer wieder auch von Yet Si Blue und Oren Lyons betont wird.

Auch ich habe es immer so empfunden und kann nur bestätigen, dass indigenes Wissen vor allem mit dem richtigen Umgang mit den Naturgesetzen, den Kräften des Lebens zu tun hat. Mit einer ihnen entsprechenden, einfachen Lebensweise, wie sie in diesem Buch immer wieder angesprochen und von verschiedenen Standpunkten aus nahezu kreisförmig beschrieben wird. Es ist eine Lebensweise, die, so Craig Carpenter, mit beiden Beinen auf dem Boden der Wirklichkeit steht. In ihr gibt es keinen „Nichtsnutz“ - ein Begriff, der in unserer Kultur noch bis in die 1950er Jahre sprachlich fassbar und verstehbar war. In dieser Lebensweise wird alles und jede Person als wertvoll und daher als nützlich betrachtet, den Kreislauf des Lebens aufrecht zu erhalten. Daher geht es darum, wieder natürliche Verhältnisse zu schaffen, unter denen sich jede Person nützlich machen kann und gebraucht wird

- aber auch jedes Ding - und folglich wieder geachtet wird. Verhältnisse, in denen keine Ausgrenzungen mehr stattfinden und um gerechtes Teilen der Güter dieser noch immer schönen Heimat Erde, was für traditionelle indianische Gesellschaften selbstverständlich ist. Nicht Schrankenlosigkeit, sondern Selbstdisziplin, Bescheidenheit, gegenseitiger Respekt und bioregionale Strukturen bieten sich als zukunftsorientierte Alternative an - denn erst sie ermöglichen ein Leben in persönlicher und gemeinschaftlicher Verantwortung füreinander, das ein glückliches Leben für alle fördert und hervorbringt.

Dieses Buch will dazu ermuntern, den spirituell-politischen Weg, wie er in den Ursprünglichen Anweisungen allen Menschen und Völkern in ihren Regionen gegeben worden ist, aufzuspüren und unbeirrt zu gehen. Es sind jene Anweisungen, die in unseren Herzen, in unserer DNA, wie Tom Porter weiß, eingeschrieben sind und in einer zunehmend erkaltenden Gesellschaft immer mehr einzufrieren drohen, statt als inwendiges Feuer zu wärmen und zu leuchten.

Indigenes Wissen, das aus diesen Quellen seit Menschengedenken schöpft, bezieht sich auf das Entflammen und Nähren dieses inwendigen Feuers, das nicht versengt. Sein äußerer Ausdruck ist das offene Feuer im Mittelpunkt des Kreises einer Zusammenkunft von Menschen, die dieses Wissen und das Leben entsprechend diesen Gesetzen mit allen Wesen in Form einer Danksagung teilen. Ein Brauch, der bei uns ebenso verlorengegangen ist, wie die stete Sorge um dieses innere und äußere Feuer, das uns mit der Schöpfungsmacht, dem Urgrund allen Seins, verbindet.

Wir haben die Chance, zu versuchen, wie wir dieses innere Feuer wieder entfachen; wie wir unseren Lebensfunken und den allen Lebens wieder der ursprünglichen Bestimmung entsprechend nähren und zum Lodern bringen. Wenn uns das nicht gelingt, wird uns mit Sicherheit das äußere Feuer, das wir anstelle des inneren entfacht haben, völlig verbrennen und so vernichten.

Das ist nicht meine Weisheit, sondern die der traditionellen Hopi und anderer indigener Völker. In diesem Fall hätten wir unsere letzte Chance verwirkt, ewig, das heißt *beständig* entsprechend den Naturgesetzen zu leben. Denn was dann bleibt, ist ein Lebensraum, der uns Menschen keine Chance mehr lässt - wie zum Beispiel nach einer globalen Atomkatastrophe. Andere Wesen und andere Arten treten dann an unsere Stelle, weil wir versagt haben, unserer Menschenpflicht als Hüter der Erde nachzukommen.

Nun möchte dieses Buch nicht in Torschlusspanik versetzen, ganz im Gegenteil. Es soll uns helfen, selbständig aktiv zu werden und nicht die Zuversicht zu verlieren, die für mich mehr als Hoffnung ist: es ist das Wissen um die Beständigkeit des Großen Geheimnisses und seiner zahlreichen unsichtbaren Helfer, wie die Ureinwohner sagen, seiner und ihrer Treue, die jenen gegenüber hält, die unbeirrt zu ihm und seinen Anweisungen stehen - so wie es im Alten Testament von Hiob und im Neuen von Jesus von Nazareth überliefert worden ist.

Das Lesen der folgenden, durch und durch authentischen Seiten, an die sich ein kommentierender Teil schließt, kann persönliche Kontakte, solidarisches Engagement, den eigenen Aufbruch und die eigene Veränderung nicht ersetzen. Es kann aber Wegbereiter dafür sein und dazu anregen.

Was den Umgang mit dem Originalwortlaut dieses Buches betrifft, habe ich mich entschieden, nicht immer so zu übersetzen und zu kürzen, wie es vielleicht im Deutschen geläufig sein mag, sondern Text und Rede möglichst so zu belassen und zusammenzustellen, wie es dem Ausdruck und dem Bewusstsein dieser Menschen wohl am ehesten entspricht. Daraus ergibt sich oft Ungewohntes, ergeben sich scheinbar überflüssige Wiederholungen - aber genau das hilft, unser Denken in jene Richtung hin zu inspirieren, die es uns ermöglicht, auf eigenständige Weise besser zu verstehen.

Es ist auch an der Zeit, unseren kolonialistischen Sprachgebrauch abzulegen. Begriffe wie *Chief*, was eigentlich „Oberhaupt“ bedeutet, aber nicht immer so übersetzbar ist, weil gewöhnlich eine spirituell-politisch aktive Führungspersönlichkeit damit gemeint ist, wie es sie bei uns nicht mehr gibt, will ich nicht als das glatt-geläufige, abwertende „Häuptling“ übersetzen. Damit würde eine den Ureinwohnern fremde Vorstellungswelt, die einfach nicht stimmt - und nie gestimmt hat - aufrecht erhalten werden. Dasselbe gilt für den Begriff *Elders*, was soviel wie „Weise“, „Wissende“ bedeutet. Beide Begriffe werden bei Yet Si Blue und zum Teil bei den Irokesen genauer beschrieben. Der Ausdruck „Eingeborene“ hinterlässt bei mir den bitteren Nachgeschmack von Primitivität, der einem eurozentrierten Weltbild entspringt. Obwohl er durchaus Sinn macht. Ich bevorzuge dafür meist die Übersetzung „Ureinwohner“, genauso beim Begriff *indigenous peoples* (Ureinwohnervölker), mittlerweile auch „indigene Völker“, weil dadurch das Ursprüngliche, das Bodenständige und damit das Recht eines Volkes auf sein Land zum Ausdruck kommt, in das es ursprünglich hineingeboren wurde, das es seit Menschengedenken besiedelt und somit eingewohnt hat. „Ureinwohner“ sind somit Angehörige eines solchen Volkes, nicht bloß „Einheimische“. In diesem Sinn können wir Ureinwohner auch „ursprünglich Einheimische“ nennen. Die wirklich ursprüngliche Bevölkerung muss nach indianischer Auffassung immer als ein zusammenhängendes Ganzes betrachtet werden und die entsprechenden Merkmale eines Volkes, einer - wenn auch noch so kleinen - Nation, wie gemeinsame Sprache, Gepflogenheiten und Religion bzw. Spiritualität aufweisen.

Nicht zu vergessen ist auch, dass es sich bei den *Elders* keinesfalls um Quasi-Heilige handelt, die bei uns allzu gerne zu Gurus hochstilisiert werden, sondern in erster Linie um *Menschen*, die natürlicherweise auch nicht frei von Schwächen sind. Die entscheidende Frage dabei ist für mich nicht die, ob diese Menschen, die im Rahmen der eigenen und der Stammesfamilie viele Erfahrungen und damit Lebensweisheit erworben haben, frei von menschlichen Schwächen sind, sondern wie sie damit umgehen. Und da können wir mit Sicherheit noch vieles lernen.

Auch haben sich in Europa so Begriffe wie „indianischer Schamane“ eingebürgert - ein Begriff, der bei den Betroffenen so nicht existiert und mit dem damit kolportierten Inhalt nicht gebräuchlich ist, wie mir Yet Si Blue versicherte: „Wir haben einen anderen Weg und andere Namen dafür. Wir haben Heiler, Elders, Leiter von Zeremonien, Lehrer und Leaders ...“. Wobei *Leaders* gewöhnlich Frauen oder Männer meint, die dank ihrer Lebensweise und Fähigkeiten als Führungspersönlichkeiten anerkannt sind und gewöhnlich ein entsprechendes Amt ausüben. An diese Menschen wird ein hoher ethisch-moralischer Anspruch gestellt, der ständig mit der Praxis verglichen wird und bei Nichterfüllung zur Absetzung oder zum Erlöschen ihrer Funktion führt.

Die europäische Krankheit, alles ein- und zuordnen und damit exakt „festmachen" zu wollen, wird daher auch an diesem Buch ein wenig verzweifeln, insbesondere bei den Hopi, weil ihre Sprache unsere Linearität und Fixiertheit auf Begriffe nicht kennt, sondern immer Prozesse und deren Verflechtungen beschreibt(vgl. S. 259).

Die schlimmste Zuordnung widerlief wohl Christoph Kolumbus und anderen Nichtindianern, als sie die ursprünglich *In-Dios*, also als „in Gott" bezeichneten Menschen der Schildkröteninsel gleichsam in einen Topf warfen und zu „Indianern" umtauften, was mit der Wirklichkeit wenig zu tun hat. Denn es handelt sich um die zahlreichen Nationen der dort noch lebenden Ureinwohnervölker, die sich selbst die *ursprünglichen Menschenwesen* nennen, weil sie wissen, dass die Menschengeborenen erst durch das bewusste Befolgen der Naturgesetze und der damit verbundenen Verpflichtungen und Achtung vor der Schöpfung zum Menschen werden. Insofern waren und sind sie wirklich in Gott.

So hoffe ich, dass das Bemühen, dieses Buch zusammenzustellen und seine zu Wort Kommenden ins Deutsche zu übersetzen dazu beiträgt, die Möglichkeiten der Versöhnung und des Austauschs mit ihnen und allen Kräften des Lebens wahrzunehmen. Ebenso dazu, unsere gemeinsame Quelle in respektvollem Umgang miteinander zu finden, ohne die Ureinwohner der Schildkröteninsel, wie sie ihre Heimat nennen, mystisch zu verklären oder als neue Gurus zu vereinnahmen.

Ich danke allen, die an der Entstehung und Herstellung dieses Buches beteiligt sind, insbesondere meiner Frau Angela für ihre Ermunterung, dieses Buch zu überarbeiten und neu herauszubringen; ihr und unseren Kindern für ihre Geduld während der ersten Manuskripterstellung; ihr, Matthias Neitsch und Gisela Posch für ihre Übersetzungshilfen; Roman Schweidlenka für nützliche Hinweise und das Überlassen der Toncassette mit Yet Si Blues Ausführungen anstelle eines Nachworts; Tonia Moya-Carlsson aus Schweden / USA für das Interview mit Oren Lyons; Marcia Keegan (USA) für das Foto von Martin Gashweseoma, Inge Lindemann aus Westdeutschland für ihr Foto von Thomas Banyacya Sr. mit den Lebenswegen der Menschheit; Karin Halbritter, der Inhaberin des Authal-Verlags für ihren unermüdlichen Einsatz und Optimismus und natürlich ganz besonders allen Elders sowie den sichtbaren und unsichtbaren Helfern, die uns diese Botschaften übermittelt haben.

Auf unsere gelebte Verwandtschaft!

Alexander Buschenreiter

Es gibt keinen leichten Weg

Yet Si Blue: Großmutter des Indianischen Widerstands und Bewahrerin der indianischen Tradition

Yet Si Blue hieß ihre Urgroßmutter, die eine Schwester von Chief Seattle war: jenem legendären spirituell-politischen Oberhaupt der Duwamish im heutigen US-Bundesstaat Washington, dessen Hauptstadt Seattle nach ihm benannt wurde. Ihr Urgroßvater war aus Deutschland eingewandert, und Janet McCloud ist jener Name, den ihr die US-Behörden gaben, da sie mit ihrem indianischen nichts anfangen konnten. Yet Si Blue bedeutet in der Sprache ihres Volkes, der Tulalip, „Wie eine Mutter zu allen", aber auch: „Jemand, der ausspricht, was er denkt". Und sie lebte danach.

Schon in den frühen 1960er Jahren leistete sie organisierten Widerstand gegen die Einschränkung der Fischfangrechte der indianischen Nationen des Nordwestens durch Sportfischer, industrialisierten Fischfang und den Bundesstaat Washington, wobei Persönlichkeiten wie Jane Fonda und Marlon Brando die traditionellen Indianer publikumswirksam unterstützten .

In einer entscheidenden Phase des Widerstands traf sie den Dolmetscher und Sprecher der traditionellen Hopi-Elders, Thomas Banyacya Sr., als Mitinitiator der „Karawane der spirituellen Einheit" - und begann von da an gewaltfrei zu kämpfen und mit den Hopi-Elders zusammenzuarbeiten. Der Ojibwe Dennis Banks wurde von Yet Si Blues Aktivitäten 1968 zur Gründung des *American Indian Movement*, der amerikanischen Indianerbewegung *AIM*, angeregt. 1973 besuchte sie im Rahmen einer großen Indianerdelegation erstmals Frankreich, Holland, die BRD und die Schweiz. Dort half sie mit, *Incomindios* Schweiz als Unterstützungsorganisation für die Indigenen beider Amerikas ins Leben zu rufen. Später reiste sich auch nach Australien, Hawaii, Afrika, England, Italien und Österreich.

Yet Si Blue, die auch indianische und farbige Gefangene in US-

Gefängnissen betreute, wurde Mitglied des Traditionellen Kreises indianischer Elders, dem *Elders Circle,* und begann sich immer mehr mit der Situation der indianischen Frauen ihrer Heimatregion auseinanderzusetzen. Mit einigen von ihnen gründete sie 1979 den „Kreis indianischer Frauen des Nordwestens“ *(Northwest Indian Women's Circle)* als Graswurzelorganisation, die an der „Wiederherstellung von traditionellem Wissen und Werten“ arbeitete, um indianischen Frauen, deren Familien und Gemeinschaften zu helfen, ihre ursprüngliche Identität wieder zu erlangen. „Wir sind der Aufgabe verpflichtet“, heißt es weiter in einem offiziellen Prospekt, „indianische Frauen zu einen und zu stärken - die zentrale Gestalt in der Familie, das Rückgrat der indianischen Nationen und Lebensblut der indianischen Bewegung. (...) Unsere Projekte dienen dazu, die Wirkungen jahrhundertelanger Unterdrückung zu überwinden und unser Überleben sowie das unserer Kinder, Enkel und künftigen Generationen sicherzustellen.“

Als Mutter von acht Kindern und als Großmutter zahlreicher Enkelkinder hatte sie allen Grund dazu. Ihr rund fünf Hektar großes, schlichtes Zuhause in Yelm („Wo die Spirits tanzen“), etwa 30 Kilometer südwestlich der Hafenstadt Tacoma gelegen, entwickelte sich als Zentrum des Frauenkreises zu einem Ort der Inspiration, Ermutigung und Heilung. Er wurde zu einem bevorzugten Treffpunkt der Indianer Nordamerikas, wo bis zu ihrem Weltenwechsel im November 2003 traditionelle Zeremonien, Zusammenkünfte und Schulungen für jung und alt stattfanden.

Zu den Höhepunkten zählten die Beherbergung von *Spiritual Unity*-Konferenzen („Konferenzen zur Spirituellen Einheit“) in den 1970er Jahren, 1981 die Organisation des *Medicine Talk for Mother Earth and All Earth People* („Heilungsgespräch für Mutter Erde und alle Erdenbewohner“) und der Zusammenkünfte des Elders Circle im August 1983 sowie des *Elders Circle* mit der Jugend im August 1992.

1985 lud der Frauenkreis zur ersten Zusammenkunft von über 200 Frauen zum *Indigenous Women's Network* („Netzwerk der Ureinwohnerfrauen“) ein, das sich 1989 als internationale Organisation mit Yet Si Blue im Vorstand konstituierte.

Yet Si Blue bei ihrem Vortrag 1990 in der Stadt Salzburg

Im Juli 1987 fand mit Hilfe von Dennis Banks auf ihrem Land nach langem wieder im Nordwesten der erste Sonnentanz statt. 1990 bis 1992 folgten mit internationaler Unterstützung drei weitere Sonnentänze, jeweils von traditionellen Lakota geleitet. Und der Lakota-Folksänger Floyd Red Crow Westerman, international bekannt durch seine Rolle als *Chief Zehn Bären* im Kinofilm „Der mit dem Wolf tanzt", zählte wohl zu den prominentesten Gästen der zahlreichen Schwitzhüttenzeremonien.

Bereits 1989, vier Jahre nach dem Tod ihres Mannes Don McCloud, der Dank seiner traditionellen Herkunft und Schulung maßgeblich zum Aufbau des Kreises beigetragen hatte, war es zu einer notwendigen Reorganisation gekommen. Viele Frauen, die beim Kreis mitgewirkt hatten, konzentrierten sich immer mehr auf den Erhalt ihrer Familien und Gemeinden. Damit war auch das Bedürfnis gewachsen, anstelle einer reinen Frauenorganisation ein umfassenderes Projekt für Familien, insbesondere zur Bewältigung der wachsenden Drogen- und Alkoholprobleme indianischer Jugendlicher ins Leben zu rufen. Der Name des neuen Vorhabens: *Sapa Dawn Center.*

„Das Projekt wurde zu Ehren Don McClouds benannt (1926 -1985). Er liebte die Kinder; sie nannten ihn *Sapa*, Großvater, und er lehrte sie alles, was er über das Leben wusste. Sein indianischer Name war *Dawn* (Morgendämmerung), die Stunde seiner Geburt“, schrieb Yet Si Blue in einer Selbstdarstellung 1990. Im Mittelpunkt stand daher mehr als je zuvor das Bemühen, „die Jugend die indianischen traditionellen Werte und Wege zu lehren und so ihre Wunden zu heilen“.

Dazu gehörten Gesprächskreise, Trainings- und Schulungsprojekte in freier Natur und ein Jahreszyklus von kulturellen und zeremoniellen Veranstaltungen wie Schwitzhütten, Wintermond-, Heilungs und Familienzeremonien mit den darauf folgenden Festen; jeweils geleitet von indianischen Elders. Nach Möglichkeit stammten die Lebensmittel dafür aus der Selbstversorgung durch Gartenbau, Fischen, Sammeln von Kräutern und wilder Nahrung; zum Teil haltbar gemacht durch Räuchern, Dörren oder Konservieren in Gläsern. Neben den Jugendlichen nahmen - je nach Zielgruppe - auch erwachsene Indianer verschiedener Herkunft an den Schulungen und Zeremonien teil, meist mit geringem oder keinem geregelten Einkommen. Die Mehrzahl stammte aus den US-Bundesstaaten Washington und Oregon sowie aus British Columbia in Kanada. Zitat aus der genannten Selbstdarstellung 1990:

„Wir versuchen, unseren Jugendlichen und unseren Familien den Wert ihres Lebens sowie die Notwendigkeit der Achtung vor dem Leben in all seinen verschiedenen Erscheinungsformen einzuprägen. Wir lehren sie, dass jedermanns Leben zeitlich begrenzt, somit jeder Tag kostbar ist und dass sie niemals ihr Leben missachten, ihm schaden oder es vergeuden sollten. (...) Bedeutungsvolle Rituale wie der Sonnentanz und die Schwitzhütte sind Wege, die Menschen zu unterrichten, da sie große Weisheit enthalten. (...) Unsere Schwitzhütte ist ein Weg, wie wir der Jugend die natürliche Welt und ihre Gesetze erklären und sie ermutigen, innere Harmonie und inneres Gleichgewicht zu kultivieren, um das Leben zu meistern und Negatives, das zur Selbstzerstörung führt, zurückzuweisen. (...) Wir predigen nicht, bekehren niemanden und sind nicht auf Mitgliedschaft oder Schüler aus. (...) Wir haben keine Gurus und Schamanen. Wir haben unsere Elders, weise Menschen, die uns helfen, und ihr Wissen und ihre Zeit mit uns ohne Bezahlung oder den Gedanken an Belohnung teilen. (...) Wir verlangen von niemandem, der an unseren Veranstaltungen teilnimmt, eine Gebühr. Um so mehr sind wir auf finanzielle Hilfe angewiesen, um diese Arbeit ohne Barrieren für jene, die teilnehmen, weiterführen zu können ."

Wintermoon war - neben dem Sonnentanz - das deutlichste Beispiel für das umfassende Engagement der SAPA-DAWN-Familie. Allein zur Wintersonnenwende vom 21. zum 22. Dezember 1991, der zehnten Zeremonie dieser Art in Yelm, wurden rund 200 Kinder und deren Eltern eingeladen. Jedes Kind erhielt einen großen Sack mit Früchten, Nüssen, Süßigkeiten und Spielsachen. Die Eltern, die aus eigener Kraft die Kinder weder beschenken noch mit ihnen besonders feiern konnten, erhielten zusätzlich Esskörbe und Geschenke wie Decken, Handschuhe, Schals, Kopftücher und dergleichen.

„Der Zweck der Wintermond-Zeremonie ist es, unsere Bindung an Mutter Erde und alle Erdenkinder wiederherzustellen" erklärt Yet Si Blue. „Zu dieser Zeit lehren wir die Kinder unsere traditionelle Philosophie des Kämpfens für inneren Frieden und Harmonie; wir lehren sie die Notwendigkeit, alles Leben wertzuschätzen, besonders ihr eigenes - und einander zu achten. Während der Nacht der Wende errichten wir ein großes Freudenfeuer als ein Leuchtfeuer der Hoffnung, wo Menschen für Frieden, Gedeihen und Schutz für alle Menschen guten Willens beten und meditieren. Es ist ein Signal für Vater Sonne, wiederum die Samen und Keime des Lebens tief in der Mutter Erde zu befruchten, sodass das Leben weitergeht. Am nächsten Morgen führen wir ein Danksagungsritual durch, bei dem wir jeder Familie einen Gebetskranz für ihr Heim und ein Stück heilige Nahrung - geräucherten Lachs - überreichen. Danach setzen wir uns zu einem Brunch zusammen, feiern und verteilen die Geschenke."

Ich lernte Yet Si Blue 1984 kennen, als sie zu ihrem 50. Geburtstag mit Thomas Banyacya Sr. auf Einladung vom *Arbeitskreis Hopi* erstmals Österreich besuchte. Seit damals unterstützten wir sie ebenfalls nach Kräften und lernten ständig von ihr. Yet Si Blue war seither öfter bei uns im Steirischen Salzkammergut zu Gast, um Vorträge zu halten und sich mit uns auszutauschen. 1987 kam sie allein nach Österreich und 1990 begleitete sie erneut Thomas Banyacya Sr., der auf diese Weise zum ersten Mal auch nach Westberlin und Bratislava in der Slowakei kam. „Wie eine Mutter zu allen", die zum Vogel-Clan gehört hatte, stand zwar in persönlichem Kontakt zu Zsusanna Budapest in Kalifornien (der Autorin von „Herrin der Dunkelheit, Königin des Lichts", Verlag H. Bauer), betrachtete sich aber nicht als Teil der modernen Hexenbewegung, da sie nicht ihrer indianischen Tradition entspricht. Sie schätzte jedoch deren Arbeit sehr, solange sie um die Wiederherstellung des Gleichgewichts der Erde und zwischen Mann und Frau bemüht ist, wie Janet mir versichert hat.

1992 besuchte Yet Si Blue erneut Deutschland und Österreich, um hier Vorträge zu halten. Am 8. November 1992 wurde ihr vom Martinus-Ausschuss der westdeutschen Gemeinde Aldenhoven im Kreis Jülich der *Martinus-Preis 1992* „für ihr langjähriges Engagement im friedlichen Kampf um die Rechte der nordamerikanischen Indianerinnen und Indianer" verliehen. In der Verleihungsurkunde heißt es weiter: „Wir sehen in ihrem Wirken eine Fortsetzung dessen, was der heilige Martin mit seiner Mantelteilung symbolisch ausdrückte: ein sinnvolles Leben ist nur ein Leben für andere". Einen Geldbetrag in der Höhe von mehreren tausend Deutsche Mark, der ihr dabei überreicht wurde, widmete sie den Projekten des SAPA DAWN CENTERS im Jahr 1993.

Die folgenden Texte entstanden während verschiedener Begegnungen in den Jahren 1987 bis 1992. Der Bogen ist weit gespannt: Er reicht von der Bedeutung der Hopi und dem Begriff „Spiritualität“ über Fragen zur traditionellen Lebensweise und zu den Zeremonien bis zur Einschätzung unserer Situation und deren Bewältigung.

Ergänzt werden diese Gespräche, die ich mit Yet Si Blue geführt habe, durch Zitate aus ihren Vorträgen in Österreich, ihren Essay „Wem gehört das Land“, eine „Legende von den Hirschmenschen“ und einer Erklärung der christlichen Kirchen des amerikanischen Nordwestens.

Auf diese Weise hoffe ich, eine Einführung in indianisches Denken und Leben vermitteln zu können - durch eine Frau, die als Elder weit über das indianische Amerika hinaus hohes Ansehen genoss und auch unseren Respekt und unsere besondere Aufmerksamkeit verdient.

Zuerst schließe Frieden mit dir selbst

Ein Gespräch mit Yet Si Blue

Yet Si Blue, warum arbeitest du mit den traditionellen Hopi zusammen und welche Bedeutung haben sie?

Die Hopi befinden sich in der Tat im Zentrum unseres Landes und sie haben eine große Botschaft und Prophezeiungen, die sie zuerst allen unseren Leuten übermittelt haben, dann erst den Menschen in aller Welt. Diese Botschaft hatte eine große Bedeutung für mich, als ich sie hörte und als ich direkt Zeuge der Erfüllung einiger dieser Prophezeiungen wurde. Deshalb spüre ich, dass die Hopi ein großes Wissen über viele, viele Dinge haben. Was wir, die wir keine Hopi sind, je gesehen haben, ist lediglich die äußerste Spitze eines Eisberges. Vielleicht - wenn einige von uns fortfahren, ihnen angemessenen Respekt zu erweisen - können sie uns mehr lehren. Deshalb arbeite ich mit den Hopi und respektiere ihr Wissen; die *Kikmongwis* - ihre hohen Führungspersönlichkeiten *(high leaders)* -, Thomas Banyacya Sr., der ihr Dolmetscher ist und jene, die mit den Hopi zusammenarbeiten.

Du hast die die Kikmongwis als „Hohe Führungspersönlichkeiten" erwähnt - welche Aufgabe haben sie, inwieweit ähneln sie den Meistern im Fernen Osten?

Die Hopi-Kikmongwis sind in der Tat die Hohenpriester. Es sind Priester (die aber verheiratet leben, d. A.), gerade so wie ein Priester der katholischen Kirche oder irgendeiner Religion. Der Kikmongwi bewahrt alle ihre Lehren. Es geht darum, Zeremonien und Einweihungen aufrecht zu erhalten, Lehren der nächsten Generation weiterzugeben und zu versuchen, dieses Land und Leben durch Gebet, Gesänge, Rituale, Fasten und durch alles das aufrecht zu erhalten, wozu sie selbst angewiesen worden sind, es zu tun. Sie sind die höchsten Führer des Volkes der Hopi.

Was bedeutet „Führer"(leader) in diesem Fall? Dieser Begriff ist ja insbesondere in Deutschland und Österreich sehr in Verruf gekommen durch sogenannte „Führer“ wie Adolf Hitler: Einer geht voran und alle anderen folgen ihm mehr oder weniger blind. Inwieweit gibt es da einen Unterschied zwischen einem spirituellen „Führer“ wie einem Kikmongwi und dem Gebrauch dieses Begriffes im „Dritten Reich“?

Oh - es besteht ein großer Unterschied zwischen den Kikmongwis und Hitler, das kann ich dir sagen - ein sehr großer, ganz sicher! Für uns gehören Politisches und Spirituelles zusammen. Ein Kikmongwi ist beides: ein spirituelles und politisches Oberhaupt, er ist nicht getrennt von der Politik und von sonst etwas. Er muss auch politische Entscheidungen für sein Volk treffen und es ist ebenso seine Pflicht, dafür zu sorgen, dass Friede, Gelassenheit, Harmonie, Gleichgewicht und alles aufrecht erhalten wird, auch durch sein politisches Wissen. Und er versucht es auch zu tun - das ist seine Pflicht. Seit seiner frühen Kindheit ist er ständig dafür trainiert und in seinen Bund eingeweiht worden; dann wurde er besonders trainiert und gelehrt, um ihm auf dem ganzen Weg voran zu helfen. Er ist also nicht ohne Grund auserwählt worden. Es gibt auch einiges, weshalb er vielleicht von den anderen Führungspersönlichkeiten in den Kivas (den unterirdischen Versammlungs- und Zeremonialräumen der Hopi) ausgesucht worden ist, die in ihm in seiner frühen Kindheit Besonderes bemerkt haben. So beginnen sie, ihn einzuweihen - und vielleicht hat er eine große Vision und ihre Auslegung veranlasst sie zu beginnen, ihn zu unterrichten. Deshalb ist ein Kikmongwi eine ganz besondere Person; er ist niemals gewalttätig, er kann niemals prahlen und sich rühmen, er kann niemals sagen: „Ich bin der ‚Anführer‘, und jeder muss ihm gehorchen - nicht so. Er gibt keine Befehle oder irgendetwas dieser Art. Er warnt nur die Leute, wenn sie nicht richtig handeln und dann versucht er ihnen zu erklären, warum es nicht richtig ist und wie es Disharmonie und eine Spaltung in ihr Leben bringen würde. Das ist seine Rolle - aber er hat keine Armee, keine Polizisten oder irgend etwas dergleichen. Er folgt lediglich einem sehr heiligen Weg.

Inwieweit gibt es da eine Ähnlichkeit zum Jesu-Wort „Wer der Erste unter euch sein will, soll der Diener aller sein“?

Selbstverständlich ja - so verhalten sich unsere Führer *(leaders)*: Sie dienen ihrem Volk und sie versuchen, was sie nur können, um uns in jeder erdenklichen Weise zu helfen. Wir können einen Führer immer fragen, wir können immer an ihn herantreten, wir haben immer Zutritt zu ihm; sie haben keine Torhüter. Du musst eine Verabredung nicht vereinbaren, brauchst nicht reich oder mächtig oder sonst irgend etwas zu sein, um ihn zu treffen - wie der Papst zum Beispiel, der nicht gerne das einfache Volk trifft, ausgenommen einige wenige vielleicht - aber so verhalten sich unsere hohen Führer nicht! Sie sind regelrecht bei den Leuten, leiden mit ihnen - und wenn die Menschen nicht genug zu essen haben, essen auch sie nicht. Und wenn es nicht genug Wasser für Vögel und Tiere gibt, trinken sie nicht - sie sind die Letzten, die trinken. Und sie beten um Regen. Sie sind die Letzten, die über Wasser verfügen, wenn es wenig davon gibt. Sie sind nicht diejenigen, die als erste erwarten, bedient zu werden, über Gold zu verfügen, über goldene Teller; goldene Roben zu tragen und dergleichen. Sie sind sehr bescheiden, sehr sanft und gütig, sehr spirituell. Da gibt es, denke ich, einen großen Unterschied zu allem, was ich jemals in der weißen Gesellschaft gesehen habe mit euren religiösen Oberhäuptern, die immer sehr vermögend sind, viel Gold, viel Geld und Steuerbegünstigungen haben. Sie haben große Kirchen, wo unsere Leute einen einfachen Altar aus Felsen benützen, aus Bäumen und ein sehr einfaches, bescheiden-demütiges Leben mit der Natur leben. Ich denke, da gibt es überhaupt keine Ähnlichkeit, lediglich einen totalen Unterschied. Und vielleicht gab es vor 2000 Jahren, als Christus lebte, vielleicht zu jener Zeit - vielleicht -, einige Ähnlichkeiten. Aber er lebte ohnehin nicht sehr lange, denn er war anders.

Ein Gefühl der Ganzheit, des Gleichgewichts

Yet Si Blue, du hast den Begriff „Spiritualität" verwendet - was bedeutet sie für dich?

Was sie für mich selbst bedeutet - denn ich dachte lange Zeit darüber nach und war erstaunt darüber. Meine engste Erfahrung mit Spiritualität ist die, dass es sich um ein Gefühl handelt - hier im Solarplexus, von dem wir sagen, dass hier der Spirit mit der Seele verbunden ist; und die Seele ist im Bereich des Herzens, unserem Herz-Chakra, wie es in Indien heißt. Wenn du durchgeistigt *(spiritualized)* bist, dann spürst du, dass alles im Leben gut ist, du hast ein Wohlgefühl und du spürst, dass das Leben in dir gut ist; ein Gefühl der Ganzheit, der Richtigkeit, des Gleichgewichts. Schmerz jeder Art verlässt dich und du bist eins mit allem im Universum. Das geschieht manches Mal in flüchtigen Momenten - es bleibt nicht immer bei dir - aber gelegentlich kann eine kraftvolle Zeremonie das hervorbringen, oder das Beobachten eines Sonnenuntergangs, oder wenn du ein neugeborenes Kind siehst. Es gibt viele Momente, in denen du deines Spirits gewahr wirst , der eng mit dir verbunden ist, in denen du ins Gleichgewicht und in Harmonie kommst. Für mich ist Spiritualität ein Wohlgefühl, die Empfindung, dass in dir selbst alles in Frieden ist.

Zuerst musst du Frieden in deinem eigenen Herz, in deinem Geist und Körper finden, bevor du ihn außerhalb hervorrufen kannst. Um das zu tun musst du auch einen guten Standpunkt über dich, in deinem Leben haben. Du musst dich gut in Bezug auf dich selbst fühlen, egal in welcher Lebenssituation du gerade bist; ob du arm oder reich, verkrüppelt oder gesund bist. dich krank oder wohl fühlst - aber du musst Frieden in dir haben, den Frieden mit dir selbst. Wenn du diesen Frieden in dir selbst hast, kannst du deinen Weg im Leben um vieles besser finden. Spiritualität bedeutet für mich daher, daran zu arbeiten, dieses Gefühl hervorzubringen. Manchesmal ist es nicht möglich, dieses Gefühl ständig zu haben - aber es gibt solche Augenblicke, sodass du weißt, in diesen existiert es. Und du brauchst keine Drogen dafür, psychedelisches Zeug oder ähnliches - sondern du solltest in der Lage sein, sagen die Elders, es aus dir selbst heraus zu tun.

Was kennzeichnet demnach eine spirituelle Person?

Oh, es ist jemand, der ständig in diesem Zustand ist, weißt du - die ganze Zeit. Sie haben bestanden und sind transzendent auf die eine oder andere Art; ich weiß nicht wie, denn ich kann nicht sagen, ich bin ein solcher Mensch - ich wünschte, ich wäre es, aber ich bin es nicht; aber ich bin dankbar, sie getroffen zu haben. Einer, den ich kennenlernte, war Lanzo da Vasto von der *Gemeinschaft der Arche* in Südfrankreich. Er war der einzige Nichtindianer unter solchen Menschen, die ich kennengelernt habe. Ein sehr spiritueller Mensch, ein sehr friedfertiges, wunderschönes menschliches Wesen. Du fühltest es von ihm ausgehen. Sie haben eine solche Kraft, wenn du in ihre Nähe kommst, weißt du? Und in der Tat, ich traf viele, die zu unseren Traditionellen gehören - unsere Elders-, völlig glückliche Menschen, egal, welches Leben sie gerade führen; genauso.

Inwieweit gibt es solche Menschen unter den traditionellen Hopi ?

Ich fühle, dass es dort viele gibt. aber eine Menge von ihnen zeigt sich nicht, tritt nicht an die Öffentlichkeit. Und ich nehme an, wenn du das tust - wenn du in diese (unsere) Art von Leben trittst (lacht) -, du würdest nicht zu lange glücklich sein, wenn du all das Elend siehst, das existiert. So halten sie lieber ihre einfache Art zu leben aufrecht und fahren fort mit ihren Gebeten und Zeremonien. Aber ich habe einige von ihnen getroffen und das waren sehr kraftvolle *(powerful)* Leute. Man kann nichts verstehen, weißt du, denn ich bin kein Hopi - ich konnte die Sprache nicht verstehen. Aber einfach im selben Raum mit ihnen zu sein war eine sehr Ehrfurcht gebietende Erfahrung, und ich wollte nicht gehen. Sie leben so einfach - sie haben nicht einmal Türen an ihren Häusern, keine Fenster - sie leben schlicht den alten und einfachen Weg. Sie sehen zeitlos aus, so als alterten sie nicht; sie zeigen ihr Alter nicht und du denkst, sie gehören zu den Jungen, sind vielleicht 40 oder 50 Jahre alt und irgendwer sagt dir, dass sie über 100 sind und dennoch schauen sie nicht so aus. Es ist eine sehr verblüffende Erfahrung. Ich weiß nicht, wie viele Hopi es davon gibt - ich ging nicht herum, um sie zu suchen, aber es gibt auch viele junge Hopi, die jetzt sehr damit beschäftigt sind, auf diese Art geschult zu werden.

Was ist der Schlüssel vielleicht, um in diesen Zustand zu kommen?

Ich denke, der erste Schlüssel dazu ist: Was ist der Zweck des Lebens und warum sind wir hier? Und die zweite Stufe ist, in Frieden mit sich selbst zu kommen, und drittens, Frieden mit der Natur zu schließen. Mit all den Spirits und Kräften der Natur; mit den Felsen, mit Mutter Erde, den Pflanzen, den Bäumen, dem Regen und Donner, dem Mond, der Sonne, den Sternen und allem. Schließe deinen Frieden mit ihnen, finde deinen Platz mit ihnen allen. Wenn du das tust, hast du eine andere Art von Bewusstsein über das Leben in dir selbst - das ist das Dritte. Es gibt auch noch andere - aber ich kann nicht darüber sprechen, denn ich bin keine Expertin darin. Ich bin keine von jenen, die sagen: „Oh ja, du musst das tun und diesen Weg verachten - komm her auf diesen Weg; iss nichts, singe dieses Lied und einige von euch werden spirituell!" Ich bin nicht jemand, der so etwas den Leuten antun will. Ich kann dir nur die ersten drei Stufen erklären, die ich sehe - ich kenne sie; deshalb kann ich mit Autorität sprechen, dass ich fühle, es hat mein Leben verbessert, es ebenfalls getan zu haben. Denn die Art wie ich aufwuchs, war, mich selbst zu hassen: denn Rassismus, Besitzdenken und Alkoholismus nahmen in unseren Gemeinden zu - und für mich war ich nichts. Oft dachte ich daran, Selbstmord zu verüben, denn das Leben war so schrecklich für mich. So war es, bis ich die Traditionellen traf. Sie begannen mit mir zu sprechen und mir auf viele Weisen zu helfen, und sie öffneten mir die Augen für die Wichtigkeit, mich so zu akzeptieren, wie ich bin; den Selbsthass loszuwerden und mich frei zu machen, um zu erkennen, was er für mich durch das Leben, das ich führte, bewirkte. Diese Heilung wirkte und war gut, weißt du - ich dachte nicht mehr darüber nach, warum ich hässlich, dies oder das bin; nicht gut, eine „verdammte Squaw" und so weiter. All das wurde ich los und bekam Frieden mit mir selbst. Dann begannen sie mich über die Natur zu lehren. Ich weiß, diese Dinge sind wahr - einfache Dinge, nichts ist kompliziert oder schwierig - alles ist sehr einfach und sehr bescheiden.

Das klingt recht gut. Aber wenn Menschen mit sich Frieden geschlossen haben - und ebenso mit der Natur; den Kräften, den Spirits ins Gleichgewicht kommen wollen, was sollen sie tun? Wie können sie es herausfinden?

Ich weiß es wirklich nicht, wie es die Menschen tun können. Ich weiß lediglich über meine eigenen Traditionen Bescheid und darüber, worüber ich unterrichtet wurde. Aber ich bin keine Lehrerin, um herumzugehen und die Menschen zu lehren, um irgend jemandes Guru zu werden - oder einer der *NewAge-Profits, P-r-o-f-i-t-s* („Profitmacher" - ein Wortspiel mit prophcts, Prophctcn, d. A.), weißt du?! Ich kann den Leuten lediglich sagen, dass ich überzeugt bin, dass jeder eine ursprüngliche Religion hatte, die mit der Natur verbunden war. Jeder hatte sie. Denn es gibt nur eine Erde und dieselben Gesetze regieren die Erde, alle menschlichen Wesen, alle Tiere und alles pflanzliche Leben. Sie regieren die Jahreszeiten, und alles Lebendige untersteht diesen einzigen Gesetzen der natürlichen Welt. Daher denke ich, dass es die Leute benötigen, diese Gesetze zu verstehen, wie sie in ihnen und außerhalb wirken.

Für mich ist es sehr einfach - jetzt weiß ich es -, denn ich wurde von guten Lehrern unterrichtet. Ich denke, es ist einfach, aber für manchen mag es nicht so einfach sein - und ich weiß keine Antwort darauf. Aber ich weiß, dass, wenn die Hopi jemals vor die UNO-Generalversammlung kommen sollten, um ihre Botschaft vorzutragen - dann würden sie vielleicht damit beginnen, die Menschen zu lehren. Die andere Sache ist die, dass die Hopi möglicherweise ein Treffen aller Oberhäupter der Weltreligionen einberufen, um über Frieden zu sprechen und eine Antwort auf die Frage zu geben, wie in der Welt Frieden gefunden werden kann. Bis das geschieht, weiß ich nicht, ob es irgendwelche rasche, leichte Wege für die Menschen gibt, diesen Frieden mit der Natur zu finden. Wenn du das nicht verstehen kannst, weiß ich nicht Bescheid - für mich ist es einfach.

Jeder hat einen Weg, es herauszufinden

In welcher Weise könnten Menschen damit beginnen, mit den Lebenskräften, mit dem Land zu leben, auf dem sie leben ?

Jeder ist Teil der Natur und jeder hat einen Spirit. Zuerst müssen sie lernen, Frieden mit diesem Spirit in sich zu haben. So wie Christus sagte: „Suchet zuerst das Königreich des Himmels!" Und er antwortete auf ihre Frage, wo es sei: „Es ist in Euch!" Das ist dasselbe, was uns auch unsere Elders erzählen. Zuerst musst du es in dir selbst finden - und niemand kann dir erzählen, wie. Es gibt viele verschiedene Botschafter in der Welt: Christen haben ihren Weg und vielleicht wissen sie nicht mehr, wie sie vorgehen sollen; Buddhisten haben ihren Weg; Yogis, Tibeter. *Jeder* hat einen Weg, es herauszufinden - und das ist es, was getan werden muss. „Du kannst nicht den Wagen vor die Pferde spannen", sagt ein Sprichwort. Wir sehen so viele Menschen, die sich auf alles Mögliche stürzen, um Macht zu finden. Sie alle suchen einen raschen, augenblicklichen Weg *(an instant way)* - sie wünschen Instant-Medizinmänner, augenblickliche Heilung, sofort dieses, sofort jenes. Aber es gibt keinen raschen, leichten Weg, den ich kenne - keinen „Eins-Zwei-Drei-Weg", keine Gesänge *(chants)*, keine Mantras, keine Nahrung, die du dafür essen kannst oder sonst etwas. Vielleicht gibt es etwas - aber ich weiß es nicht. Deshalb sage ich: Der einzige Weg, den ich kenne, ist der, wie ihn indianische Völker leben - ein einfaches, bescheidenes Leben; und sie müssen Frieden mit sich selbst finden - zuerst.

Für uns ist Spiritualität nicht Zauberei, weißt du - Suchen nach Macht. Zauberei ist sehr verschieden von dem, worüber ich spreche, auch Schamanismus und „New-Age-Profits", die „Propheten" mit dem „i-t-s" am Schluss. Alle diese übermitteln den Menschen eine rasche, leichte Botschaft, aber sie trägt ein Preisschild: „Du zahlst mir soviel und ich geb' dir dafür eine Vision oder nehm' dich in eine Schwitzhütte mit, benütze die Pfeife, lehre dich einige Übungen" oder irgendwas. Ich kann dir nichts dergleichen erzählen, denn ich kenne keine raschen, leichten Wege. Für mich ist es einfach - ich denke nicht, dass es sehr kompliziert ist, wenn ich sage: Zuerst schließe Frieden mit dir selbst und verstehe dich selbst. Und zweitens: schließe Frieden mit der Natur. Zuerst aber musst du Frieden mit dir selbst schließen, denn du bist Teil der Natur. Ist nicht Mutter Erde in allem? Alles außerhalb von dir ist auch in dir selbst. Du musst dich öffnen, um das zu verstehen.

Dieser Weg klingt vielleicht unpolitisch - du suchst Frieden mit dir und der Natur, aber du engagierst dich nicht öffentlich, eben politisch. Es klingt so, als ob die Kikmongwis der Hopi sehr isoliert lebten von der geschäftigen Welt, mit der wir alle irgendwie zu tun haben. Es klingt so, als ob du nicht politisch engagiert sein kannst, wenn du eine spirituelle Person sein willst.

Nein, das ist nicht wahr - du musst ausbalancieren, wie ich vorher sagte. Die Kikmongwis der Hopi müssen alles ausbalancieren; ihren politischen Part genauso wie den spirituellen, das muss beisammen sein. Deshalb ist es eine Pflicht aller Ureinwohnervölker, das Land und das Leben für die künftigen Generationen zu beschützen. Nicht nur das der menschlichen Wesen, sondern auch der Tiere, der Vögel, das Pflanzenleben und die Heiligen Gebiete. Als Hüter *(caretaker)* müssen sie daher manchesmal hinaustreten und müssen sagen: „Nein, du sollst das nicht tun, jenes nicht; du sollst das Uran nicht herausgraben, die Bäume nicht fällen, du sollst das Wasser nicht verunreinigen!" Daher musst du politisch aktiv werden, um zu versuchen, nicht nur menschliches Leben zu schützen und zu verteidigen, sondern das andere Leben auch. Denn wir alle leben in Einheit zusammen - alles, was der Schöpfer schuf, hat einen Zweck. Es hat einen Zweck und einen Platz in diesem ganzen System unserer Schöpfung. Daher haben die Tiere genauso ein Recht zu leben. Du darfst einige von ihnen nützen und nehmen, aber du darfst nicht darangehen, sie schuldhaft zu zerstören, darfst nicht ihr Zuhause zerstören, das ihr Lebensraum ist. Ob es ein Dschungel oder eine Wüste ist, ein Wald - was auch immer. Ihre Heime dürfen nicht zerstört werden.

Das heißt, mit der Natur im Gleichgewicht sein, das politische Engagement und den Frieden in dir selbst auszubalancieren - das ist der wahre spirituelle Weg?

Für mich ist es so - das ist es, was ich fühle. Alle amerikanischen Indianer - die meisten von ihnen - lieben diese Erde. Sie betrachten sie als ihre Mutter. Sie reden nicht darüber in der Art: „Oh ja, ich lebte 5000 Leben vor diesem und ich lebe noch 5000 Leben danach, und ich gehe in eine andere Dimension, erschaffe eine Rakete und fliege zum Mars, zur Venus oder zu den nächsten Planeten" oder so. Für die amerikanischen Indianer ist diese Erde ihr Zuhause, und sie lieben sie. Sie möchten, dass die Erdenmutter glücklich, gesund und weiterhin eine Heimat für ihre künftigen Generationen ist. Das ist die Art und Weise, wie sie alle das betrachten. Sie versuchen in dieser Harmonie mit der Natur zu leben - aber jetzt hat der Weiße Mann die ganze Natur zerstört und alles aus dem Gleichgewicht gebracht. Deshalb ist es jetzt beinahe ganz unmöglich, eine Harmonie zu finden. Diese Stürme, Erdbeben, Überschwemmungen, Vulkanausbrüche - alles das ist verursacht durch das Ungleichgewicht des militärisch-industriellen Komplexes. Daher haben wir jetzt eine größere Pflicht zu versuchen, soviel von der Umwelt zu schützen, wie wir nur können.

Tu das Beste, was du kannst

Ich bin immer froh über Greenpeace und alle jene, die es ebenso versuchen - Jacques Cousteau für die Ozeane zum Beispiel - und welche auch immer, die versuchen, ihr Land und die Gewässer zu beschützen. Wir fühlen uns selbst mit diesen Menschen solidarisch, denn du musst das tun, um dieses Leben aufrecht zu erhalten. Deshalb kannst du heute nicht immer in Harmonie mit der Natur leben. Selbst hier in Bad Mitterndorf nicht: Es gibt Technologie, die hereinkommt, es gibt hier keine vollständige Selbstversorgung mehr; du kannst hier nicht einfach vom Rest der Welt getrennt leben, denn es gab Zerstörung hier - sie ist nicht so groß wie in manchen Gebieten, aber sie ist noch da. Deshalb tu das Beste, was du in Anbetracht der Situation tun kannst! Und strenge dich ständig an, anderen zu helfen, um zu erkennen: „Schau, das ist unser einziges Heimatland, das ist der einzige Platz, den wir zum Leben haben!" Deshalb sollen wir darauf achtgeben, es respektieren, es wertschätzen und hochachten - und die große Schönheit dieser Erdenmutter erkennen; nicht unseren Standpunkt als primitiv oder naiv betrachten. Öffne deine Augen und schau! Es ist hier, für jeden zu erkennen.

Und die Kinder benötigen ein Heim - nicht bloß ein Haus, um darin zu wohnen, sondern ein gutes Heimatland mit frischer Luft, mit Bäumen, die Sauerstoff erzeugen; mit Blumen der Schönheit wegen und Regen, um alles in Gang zu halten. Alles wird hier gebraucht. Heute ist alles wie *Koyáanisqatsi*, wie es die Hopi nennen, ein „Leben, das aus dem Gleichgewicht geraten ist; das nach

Veränderung ruft" - es gibt so viele Probleme, regelrecht riesengroß, astronomisch. Aber jeder von uns, auf unserem schmalen Weg, muss darin tun, was wir nur können, muss sich bemühen und für die Bäume und für alles beten, ihm Achtung erweisen und das Beste tun, was wir nur können. Du darfst nicht sagen: „Wir müssen das alles akzeptieren!" Wir können nicht akzeptieren, was uns tötet!

Zum Beispiel künstliche Radioaktivität?

Ja - wir können sie nicht akzeptieren und sagen: „Oh ja, sie ist gut, denn sie liefert elektrischen Strom" und all das. Geh zu Bett, wenn die Sonne untergeht! So mache ich es, und ich stehe auf, wenn die Sonne aufgeht - das ist der beste Weg.

Wenn in der New-Age- und Esoterikszene manche Leute über Radioaktivität und radioaktiven Fallout sprechen, der von einer Atomkraftwerkskatastrophe herrührt; darüber, dass die Wiederkunft Christi in einer mächtigen Atomexplosion stattfinden könne - da muss doch ein großer Unterschied zu dem bestehen, wie du darüber denkst.

Es heißt, dass in den letzten Tagen jeder verrückt würde und die Verrücktesten würden deren Anführer sein, und sie kämen mit allen möglichen verrückten Antworten, verrückten Erklärungen - und ich denke, diese Ausführungen über die Wirkungen der Atombombe und der Radioaktivität gehören auch dazu. Denn es handelt sich um eine Geisteskrankheit; es ist absurd und es gibt keinen Weg, dass irgendeine vernunftbegabte Person das akzeptieren kann. Das ist deren Wirklichkeit, denke ich. Für mich ist es nicht annehmbar, dass wir sagen sollten, es handle sich um eine Art religiöser Erfahrung, über Atomkraft zu verfügen - das ist absurd.

Eine „spirituelle Transformation" würde durch eine große Atomexplosion stattfinden, wie in diesen Kreisen oft behauptet wird . . .

Es bedeutet lediglich, dass Menschen dadurch sterben müssen. Es löst eine sehr große Zerstörung aus, verwandelt die Erde in eine Wüste und vergiftet sie für lange Zeit. So wie es in Hiroshima und Nagasaki geschehen ist - frage die Japaner, was das bedeutet. Sie betrachten es nicht als ein spirituelles Ereignis für sie. Jedes Jahr haben sie eine Gedenkfeier für jene Menschen, die dort getötet wurden, und sie arbeiten am härtesten von allen im Bemühen, die Entwicklung der Atomkraft zu stoppen. Denn sie kennen die Zerstörung, die sie bringt, aus erster Hand. Nichts Gutes kann dabei herauskommen. Es ist Gift, es ist böse. Es ist die böseste Inkarnation und jeder, der sie unterstützt, ist böse, finde ich. Auch wegen des Elends, das die Atomkraft durch den Uranabbau - nicht nur auf Indianerland - verursacht. Der Uranabbau verseucht das Land und tötet die Leute dort durch Krebs, macht alles radioaktiv und ungeeignet für menschliche Besiedelung. Die USA nennen solche Gebiete „Nationale Opferungsgebiete", um riesige Areale im Südwesten, in Süd- und Norddakota und in Montana in eine unfruchtbare Wüste verwandeln zu können.

Wenn man sich im Widerstand gegen alle diese Dinge befindet, welche die Natur aus dem Gleichgewicht bringen und die natürlichen Lebensgrundlagen zerstören - wie soll man deiner Auffassung nach vorgehen, wie gehst du selbst vor?

Wenn du es insgesamt betrachtest, wird es zu gewaltig für jeden, sich zu überlegen: „Wie kann ich irgend etwas tun?" Er wird sagen: „Ich bin doch zu unbedeutend. Wie kann ein einzelner Mensch aufstehen und sich bemühen, all das zu ändern?" Betrachte es nicht auf diese Weise, sondern sei dankbar, dass sich so viele verschiedene Menschen in ihrem eigenen Gebiet bemühen, diese Dinge zu stoppen und das Land und das Wasser zu beschützen - und sich bemühen, die Entwicklung der Atomkraft zu stoppen. Wo immer sie in dieser spirituellen Einheit sind, versuche, dich mit jenen zu solidarisieren, die genauso denken, dieselbe Vision teilen, dass die Welt in ein Desaster und in die Zerstörung geführt wird, wenn es auf diesem Weg weiter geht. Sei glücklich und dankbar, dass es andere gibt, die genauso für den Schutz von Land und Leben kämpfen!

Wem gehört das Land?

Einige Überlegungen, niedergeschrieben von Yet Si Blue

Diese Frage birgt viele Bedeutungen in sich und viele Gedanken kommen mir in den Sinn - so viele, dass es schwer ist, sie zu ordnen, um sie niederzuschreiben.

Zunächst: Es war immer schon unsere Tradition als amerikanische Ureinwohner, dass niemand das Land besitzen kann - denn das Land ist Mutter Erde, ein heiliges Wesen, das uns mit einem Heim, einem Lebensraum, einem Wohnsitz versorgt hat, um dort zu verweilen.

Die Zweibeiner teilen ihr Gebiet mit anderen Lebensformen, von denen alle das Recht haben, zu leben, auf der Mutter Erde zu existieren: die Vierbeiner, die Vögel, die Pflanzen, die Felsen - alles lebt in einer symbiotischen Verwandtschaft -, und alle haben ein Recht, in Frieden zu leben und die Dinge zu nützen, die für ihr Überleben nötig sind; ohne Missbrauch, Verwüstung oder Gier!

Das ist die natürliche Umwelt (die sich von jener menschengemachten Welt aus Städten und Industrialisierung unterscheidet), wo die lebendigen Gesetze des Schöpfers uneingeschränkt wirken und wo die erleuchteten Elders oder Weisen diese Gesetze kennen und sie die Kinder anhand von Schöpfungslegenden, Geschichten, Liedern, Tänzen, Ritualen und Zeremonien lehren.

Das traditionelle Erziehungssystem unseres Volkes B. C. (vor Columbus, Cook oder Cortez - üblicherweise „Before Christ", also vor Christus, d. A.) zielte darauf ab, Kindern den Wert und die Heiligkeit ihres eigenen Lebens und von allem, was lebt, beizubringen, und mit ihrer inneren und äußeren Umwelt inneren Frieden zu finden. Sogar die Vorstellung von Zeit war anders - Zyklen statt Jahre in einem linearen Zeitrahmen. Jeder hatte einen Kreis von Zeit zu leben: einen Frühling, einen Sommer, einen Herbst

und einen Winter - vier Lebensalter, und niemand weiß, wie groß sein Kreis sein wird.
Diese praktische Lebensweisheit existiert noch immer und wird in kleinen Kreisen denjenigen unseres Volkes gelehrt, die klug genug sind, das zu wollen; es braucht eine lange Zeit geduldigen Lernens im Kreis um das Feuer, wohin die Elders kommen und ihr Wissen teilen. Ich persönlich bin dankbar, dass ich diese Lehrer gefunden habe. Sie haben mir den wahren Wert des Lebens beigebracht und mir geholfen, eine Sicht des Lebens zu entwickeln, die mich nährt und aufrecht hält.

Konrad Lorenz, der das Verhalten von Tieren erforschte, sagte einmal, dass der Mensch eine „neue Ethik" entwickeln müsse, wenn das Leben gerettet werden soll; eine neue Art, das Leben zu betrachten, eine neue geistige Einstellung. Das ist eine tiefgründige Behauptung. Aber für die Ureinwohnervölker der Welt ist das nicht neu - wir teilen einen gemeinsamen globalen Standpunkt, und wir wissen, wer das Land besitzt: NIEMAND!

Unglücklicherweise glauben heute viele Ureinwohner, die in den heutigen verbildenden Schulsystemen unterrichtet worden sind, dass sie das Land besitzen, statt dessen Behüter zu sein. Daher sagen uns jetzt unsere Elders, dass alle gleichgesinnten Menschen der Welt, die wissen, dass dieses Land und Leben durch den heutigen Lebensstil bedroht ist, zusammenkommen und ihre Fertigkeiten, Talente und Mittel nützen müssen: um einen Weg zu finden, die Richtung des Pfades zu ändern, der in die Zerstörung führt.

Es ist ein guter Anfang, andere Wege des Denkens über das Land zu finden. Lasst uns damit beginnen, die Keimsaat ins Bewusstsein zu legen, dass das Land den sieben künftigen Generationen gehört - das heißt, allen Lebensformen, nicht nur den Zweibeinern.

Denkt einmal über die wenig bekannte Tatsache nach, dass Kriege noch immer von tierischen Instinkten verursacht werden; um jemandes Gebiet zu beschützen oder gierig zu versuchen, das Gebiet einer Gruppe zu erobern, um es auszubeuten. Beobachtet den Hund, wie er sein Gebiet markiert, indem er um sein Revier herum uriniert, oder die Jugendbanden, die ihr Revier verteidigen.

Oder wie die Führer der Welt imaginäre Linien um ihre Staatsgebiete ziehen. Es hat schon vor langer Zeit begonnen: Dschingis Khan, Hannibal, Alexander, das Römische Reich.

Das Raubtier wird von der Natur gezwungen, draufgängerisch und gierig zu sein, um zu überleben. Nicht immer, wenn es hungrig ist, kann es eine Beute erlegen. Und wenn es so weit ist, kann es das Fleisch nicht einfrieren, konservieren oder trocknen. Es wird von der Natur gezwungen, es zu verzehren, zu essen und zu essen! Weil wir Zweibeiner sind, sind wir nicht automatisch Menschen - wir müssen Menschlichkeit lehren und lernen und die bedeutenden Unterschiede sehen, die zwischen der Welt der Minerale, der Pflanzen- und Tierwelt und der Welt der Menschen bestehen und dann erkennen, dass sie alle in uns als unsere natürliche Welt existieren.

Zweitens müssen wir den wichtigen Unterschied erkennen, der zwischen der natürlichen universellen Welt, deren Gesetze wir erlernen müssen, und der menschengemachten Welt samt ihren Gesetzen besteht. Letztere sind für jede Nation anders und existieren eigentlich nicht, es sei denn, Menschen werden geschult und sie gelehrt, unglücklicherweise unter Ausschluss der natürlichen Welt - die lediglich als ausbeutbare Ressource betrachtet wird.
Man kann nicht vom geistigen und emotionalen Zustand des Tieres in den spirituellen gelangen, ohne vorher zu lernen, Mensch zu sein, wie es heute so viele durch Hexerei, Schamanismus, Ernährungskulte, durch Drogen oder andere sonderbare Experimente versuchen - das führt zur Geisteskrankheit, zum vorzeitigen Tod.

Wie ich zu Beginn gesagt habe, kommen mir viele Gedanken zum Thema „Wem gehört das Land?“ in den Sinn, ich könnte endlos fortfahren. Ich hoffe, dass ich die Sache nicht verwirrt oder durcheinandergebracht habe; Schreiben ist nicht meine große Stärke, und ich tippe nach der Einfinger-Suchmethode. Ich wollte nur einige Gedanken mit euch teilen.

Wir bemühen uns hier in Yelm, unsere Traditionen zu erhalten und arbeiten dabei eng mit dem Elders Circle zusammen. Auf dieser Grundlage soll eine Überlebensschule entstehen.

Unser Anliegen ist es, die uralten Lebensweisheiten der natürlichen Welt und Möglichkeiten eines Lebens in Harmonie innerhalb dieser total verrückten Weil zu lehren.
Lebt wohl und viel Glück!

Yet Si Blue

Dieser Text wurde von Yet Si Blue verfasst, um bei einer öffentlichen Veranstaltung anstelle einer Rede vorgelesen zu werden, nachdem sie daran nicht teilnehmen konnte.
Sie übergab ihn dem *Arbeitskreis Hopi-Österreich*, der sich mittlerweile zum Verein *Für die Erde, für das Leben* erweitert hatte, zur Veröffentlichung, was in seinen Mitteilungen vom Juni 1989 in einer ersten Übersetzung auch geschah .

Es gibt keinen leichten Weg

Ein weiteres Gespräch mit Yet Si Blue

Yet Si Blue, im indianischen Amerika ist oft die Rede von Elders, Leaders („Führern") und Sprechern, die alle eine bedeutende Rolle einnehmen. Kannst du uns den Unterschied erklären?

Gern. Ein *Elder* - das ist ein altes hebräisches Wort, es kommt von *EL. EL* bedeutet soviel wie, denke ich, „Weiser", und wenn wir den Begriff Elder benützen, dann mit dieser Bedeutung, nicht mit der Bedeutung „Alter Mensch". Denn es gibt auch alte Menschen, die über keine Weisheit verfügen, vielleicht niemals eine Familie ernährt und keine Kinder groß gezogen haben - ihr ganzes Leben lang nichts dergleichen taten und lediglich alt wurden. Sie werden hinsichtlich ihres Alters geachtet, aber es sind keine weisen Menschen in dem Sinn, dass sie lebenspraktische Weisheit vermitteln können; mit all den Jahren an Selbstaufopferung und Hingabe, um unsere Lebensweise aufrechtzuerhalten. Ich selbst hatte anfangs Probleme, in den *Elders Circle* (eigentlich „Weisenrat" oder „Kreis der Weisen", im Deutschen bisher gewöhnlich „Ältestenrat", d. A.) aufgenommen zu werden, denn mir wurde gesagt, dass ich nicht alt genug sei, um dazuzugehören. Da stand Phillip Deere auf, der Sprecher des Elders Circle war, und sagte: „Es spielt keine Rolle, wie alt du bist, um zum Kreis dazuzugehören. Wichtig ist, was du einbringst, welches Wissen, welche Weisheit und Hingabe". Und er fügte hinzu: „Bei uns gibt es alte Menschen, die mit den Jungen bei den Zeremonien zusammensitzen - mit grauem Haar -, aber nachdem sie über keinen indianischen Namen verfügen, haben sie kein Wissen über die indianischen Wege. Deshalb müssen sie mit den Kindern beisammensitzen. Die Jahre des Alters machen den Unterschied nicht aus!" Daher gibt es bei uns eine Unterscheidung zwischen Elders und Alten - einfach ein alter Indianer oder eine alte Indianerin zu sein macht dich nicht zu einem weisen Menschen. Die Weisen - die Großväter und Großmütter, da gibt es einen Unterschied.

Du hast mich über den Begriff *spiritual leader* („spiritueller Führer") gefragt. Wir müssen da zunächst einmal überlegen, was *Spirit* bedeutet, was es ist. *Spirit* ist eine Energie von uns, die, wie ich es sehe, von der Spiritualität her kommt (der seelischen Entwickeltheit, d. A.) - und es gibt vielleicht andere Definitionen davon. Es hat nichts mit dem körperlichen Wohlbefinden zu tun, auch nichts mit deinem geistigen! - sondern mit dem, was wir *Tush-Tush* nennen, wo unser Spirit mit uns verbunden ist, hier im Solarplexus. Und wenn du hier (zeigt auf den Solarplexus) dieses Gefühl von Wohlbefinden hast, diese Energie und Macht *(power)* hier fühlst - das ist Spiritualität, in gewisser Hinsicht. Eine Person, die über eine große Spiritualität verfügt, kann ein Heiler sein. Diese Personen können diese Energie mit ihren Händen weitergeben, mit Federn und ähnlichem. Die meisten Leute haben gerade genug, um ihren eigenen Körper in Gang zu halten, sie haben keinen Überschuss davon. Sie können keinen Überschuss erlangen, um ein Heiler zu sein zum Beispiel. Jemand, der einen Überschuss davon hat, der diese hohe Energie, die zu ihm kommt, aufnehmen und dir weitergeben kann - das ist für mich ein *spiritual leader*.

Diese Energie kann genauso durch das kommen, was wir „Heilungsgespräch" *(medicine talk)* nennen, um dem Gemüt, dem Verstand zu helfen. Manchesmal kannst du eine bedeutende Botschaft von einem dieser weisen Menschen hören - einer Frau oder einem Mann - und sie erfüllt dich augenblicklich mit dieser hohen Energie. Es ist gleichsam eine Heilung durch dieses Heilungsgespräch, die du erhalten kannst. Eine solche Person ist meiner Auffassung nach ein spiritueller Führer; so wie ich es sehe. Der Leiter einer Zeremonie ist nicht notwendigerweise ein spiritueller Führer, da besteht ein Unterschied. Einige Leute werden von frühem Alter an geschult, um eine Zeremonie zu leiten. Diese können eine Schwitzhütte, einen Sonnentanz leiten und eine Pfeife benützen. Das bedeutet nicht, dass sie auch über diese spirituelle Energie verfügen. Es bedeutet lediglich, dass sie Zeremonienleiter sind, die das nötige Wissen haben und darin geübt sind. Es macht sie nicht notwendigerweise zu einem Heiler oder Führer; sie sind einfach Leiter einer Zeremonie.

Wie verhält es sich diesbezüglich im „Kreis der Elders" oder „Weisenrat", dem Elders Circle, und mit den Sprechern?

Ich denke nicht, dass wir nur einen spirituellen Führer im Elders Circle benötigen; wir brauchen vier, fünf, sechs, sieben davon. Denn der größere Unterschied bewirkt eine mächtige Energie, eine mächtige Atmosphäre. Je mehr es sind, desto eher können sie aufgrund des Unterschieds eine große Blase aus Energie, eine sehr positive Heilungsenergie zu Wege bringen. Wenn es dort nur einen spirituellen Führer gibt, ist es sehr schwer für sie, das durch die Gebete und alles, was sie tun, zu bewirken. Deshalb glaube ich, dass wir mehr Elders im Elders Circle brauchen, denn wir haben in den letzten Jahren eine große Anzahl von ihnen verloren. Und so versuchen wir, sie zu finden und zusammenzubringen.

Eine Sprecherin oder ein Sprecher ist in unserem Gebiet nicht unbedingt eine Führungspersönlichkeit. Manche Führer mögen eine große Redegabe besitzen, wie sie mein Vorfahre *Chief Seattle* besaß - er war ein großer Redner und wurde zu allem angehört. Er verfügte über eine starke Macht, für den Frieden zu arbeiten. Das war seine Vision: ein Mann des Friedens zu sein. Er war eine große Führungspersönlichkeit und ein großer Redner zugleich. Ein anderer, wie der Friedensstifter der Irokesen zum Beispiel, lispelte und konnte nicht sehr deutlich sprechen. Obwohl er eine bedeutende Botschaft, eine große Vision zu übermitteln hatte - *das Große Friedensgesetz der Irokesen*, das von so vielen in der Welt kopiert worden ist, hätte ihm wegen seines Sprachfehlers niemand zugehört. Er musste daher jemanden finden, der seine Botschaft verbreiten, seine Vision, die er hatte, umsetzen konnte; und das war *Hiawatha*. Er war ein großer, stattlicher Mann mit einer großen Redegabe und wurde so der Sprecher *(the spokesperson)* für den großen Friedensstifter. Die Fähigkeit, ein guter Redner zu sein, bedeutet also nicht, ständig über die große Weisheit eines Elder, einer spirituellen Führungspersönlichkeit zu verfügen.

Hin und wieder werden die Menschen heute zu sehr von einem charismatischen Redner beeindruckt - so wie Hitler einer war. Aber er führte die Menschen auf den falschen Weg, er führte sie nicht auf die richtige Weise. Wir folgen daher nicht immer einem guten Anführer, der gut spricht, sondern beobachten ihn sehr sorgfältig, welches Leben er führt. Sprecher sind deshalb nicht unbedingt bedeutende Führungspersönlichkeiten .

Wir folgen nicht unseren eigenen Vorstellungen

Anführer, die gut sprechen, die Menschen mitreißen, folgen häufig ihren eigenen Vorstellungen, um ihre persönliche Macht auszubauen - das zumindest lehrt die Geschichte europäischer Kulturen. Gewöhnlich steht auch eine Ideologie dahinter, eine menschliche Vorstellung von Welt und Gesellschaft. Inwieweit unterscheiden sich davon die spirituellen Führer im indianischen Amerika, insbesondere jene, die im Elders Circle zusammenkommen?

Wir folgen nicht unseren eigenen Vorstellungen oder dem, was wir aus einem Buch herauslesen. Es sind unsere mündlich überlieferten, Ursprünglichen Anweisungen darüber, wie wir auf unserem Land leben und es behüten sollen; wie wir es aufrecht erhalten, den Lachs am Leben erhalten, den Mais gedeihen lassen. Alles, was wir in der Natur nützen, geschieht nicht auf die Art, dass wir den Lauf der Sonne verändern oder den Mond umdrehen wollen, um zu schauen, was sich dahinter befindet. Wir versuchen, entsprechend den Anweisungen zu leben, die uns gegeben worden sind - sie entstammen nicht dem menschlichen Denken, sind keine menschliche Schöpfung. Es ist ein Befolgen der Ursprünglichen Anweisungen; der Dinge, die wir gelehrt worden sind zu tun. Alle diese Prophezeiungen, die Ursprünglichen Anweisungen, wie wir auf dem Land leben sollen, sind uns zu der Zeit gegeben worden, als wir durch den Schöpfer auf dieses Land gesetzt worden sind. Und sie wurden seit dieser Zeit durch die mündliche Tradition weitergegeben - seit damals, als die Menschen das erste Mal geschaffen worden sind. Das ist die Art, wie wir zu unserem Wissen kommen.

Diese Art der Überlieferung und die Befolgung dieser uralten, Ursprünglichen Anweisungen werden im indianischen Amerika „traditionell" genannt. Seit der Besitzergreifung, der Kolonisierung durch die Weißen ist dieses ursprüngliche Amerika, sind seine Ureinwohner nicht mehr das, was sie einmal waren: viele haben sich von der traditionellen Lebensweise abgewandt, haben sich assimiliert und die wenigen, die noch dazu stehen, sind einem enormen Anpassungsdruck ausgesetzt, insbesondere die Jungen. Wie ist es in so einer Situation noch möglich, den Ursprünglichen Anweisungen zu folgen?

Es ist sehr schwer und beinahe unmöglich zu versuchen, völlig traditionell zu leben - also völlige Selbstversorgung zu betreiben und unsere Kinder traditionelle Werte und Standpunkte zu lehren. Denn unsere Kinder, die öffentliche Schulen besuchen, werden dort gänzlich andere Dinge gelehrt. Das verursacht uns viele Probleme. Alles was wir tun können ist, das Beste zu versuchen, was wir können. Denn niemand von uns ist eine Wunderfrau oder ein Supermann - daher versuchen wir einfach, daran zu bleiben, unsere Kinder zu lehren, das ganze Jahr hindurch Zeremonien durchzuführen; den Sonnentanz, wie in diesem Sommer, aber auch Elders- und Jugendprogramme. Sie campieren und leben im Freien in Tipis und die Elders lehren die Kinder viele Dinge, erzählen ihnen Geschichten, nehmen sie zum ersten Mal in die Schwitzhütte und führen Sonnenaufgangszeremonien mit ihnen durch. Sie lehren sie Legenden, Gesänge, Tänze und den Gebrauch der Trommel; Töpfern, Weben und arbeiten mit Glasperlen. Was immer es ist, was wir wissen, wir bemühen uns, diese Möglichkeiten zu nützen und unsere Kinder in der Hoffnung zu lehren, dass wir ihnen etwas vermitteln können, sodass sie erkennen, was der richtige Weg ist.

Aber in der Tat, wir können niemanden dazu zwingen, unseren Weg zu gehen, auch nicht unsere eigenen Kinder. Was mich betrifft, die ich selber acht Kinder habe: zwei davon sind Alkoholiker und das macht mir großen Kummer. Ich gebe sie niemals auf, höre nicht auf, sie zu lieben - aber ich hasse das zerstörerische Leben, das sie führen. Aber was kann ich tun? Da gibt es nichts, was du tun kannst, denn die Menschen müssen frei sein, um ihre eigenen Entscheidungen zu treffen. Aber eines Tages müssen auch sie die Konsequenzen für das tragen, was sie getan haben .

Du hast unter anderem zwei wichtige Dinge genannt, die den traditionellen Lebensstil kennzeichnen: das Durchführen von Ze-

remonien und das Respektieren der Freiwilligkeit. Inwieweit spielt das auch bei den traditionellen Hopi eine Rolle, von denen manche Leute meinen, dass sie „Regen machen“ können?

Sie können keinen „Regen machen“, sie betrachten es nicht so. Sie führen eine Zeremonie aus, sie fasten und beten. Wenn sie die Wolkenleute hören, dann könnten sie kommen und sie mit Regen segnen. Es geschieht in der Art, dass wir beten und erhört werden - die Wolkenleute kommen und segnen uns mit Regen. Aber wir lassen es nicht regnen, wir können es nicht. Es gibt keine Möglichkeit dafür und kein Traditioneller würde sich auf diese Weise brüsten und damit prahlen: „Ich kann es regnen lassen, ich kann die Sonne aufhalten“ und ähnliches. Das ist arrogant und nicht traditionell. Du kannst nur beten und wenn sie wollen, wird es regnen, wenn nicht, dann nicht. In meinem eigenen Gebiet zu Hause gibt es momentan seit fünf Monaten eine Dürre - keinen Regen - und die Wälder brennen nieder. Die Leute sagen zu mir: „Wie wäre es mit einem Regentanz, wie können wir einen durchführen?“ Und sie lachen und scherzen: „Warum machst du keinen Regentanz?“ Aber jedes Gebet, das wir beten, ist für Regen - wir tun das ständig, und trotzdem regnet es nicht. Wir können es nicht - wenn er zu einem bestimmten Zweck ausbleibt und nicht kommen mag, um das Land zu segnen, gibt es nichts, was wir tun könnten, um es zu erzwingen: wir erzwingen es nicht. Zu versuchen, andere Menschen, auch die Natur zu zwingen etwas zu tun, das ist nicht die Art und Weise, wie unsere Leute, die wirklich traditionellen Leute arbeiten.

Aber ich denke, jede Religion hat einen Schatten und deshalb möchte ich nicht sagen, dass alle unsere Traditionellen immer gut sind. Es gibt einige in unserer Geschichte, die ihre Macht auf die falsche Art und Weise benützt haben. Wir nennen sie „dunkle Mächte“, die sie benützt haben, um Menschen zu schaden, ihren Verstand zu unterjochen und für sich selbst Reichtum zu schaffen. Wir haben genauso Menschen, die das getan haben und heute noch gibt es welche. Jede Religion, denke ich, hat einen Schatten, eine dunkle Seite, weißt du? Wir aber müssen immer vorwärts zu einem Licht schauen und dürfen nicht versuchen, in solche Dinge verwickelt zu werden, denn sie sind sehr gefährlich für uns. Wir wurden davor gewarnt und müssen uns davor in acht nehmen. Wir lassen uns nicht darauf ein, einen Zauber, Hexerei oder irgend etwas dieser Art zu machen, denn es ist ein Schaden für unseren Weg.

Welche Rolle spielt auf dem traditionellen Weg der Gebrauch von Kristallen - vor allem, um zu heilen? In Deutschland ist ja die Auffassung weit verbreitet, dass man mit Kristallen sogar die bereits allgegenwärtige Verschmutzung einschränken, wenn nicht gar beseitigen und so zum Beispiel Waldbäume retten kann, indem man Kristalle auf bestimmte Weise in den Boden pflanzt.

Kristalle sind eine große Sache in Amerika, jeder benützt sie und auch ich mag sie. Vielleicht haben Kristalle die Macht zu heilen - ich weiß es nicht. Aber ich weiß, dass die Sache, die die Menschen krank macht, ihr Lebensstil ist: die ganze Technologie, die zerstörerisch ist, die ganze Industrie, die verschmutzt und alles, was sie tun. Und das ist es, was gestoppt werden muss, um die Qualität des Lebens zu verbessern; damit die ganze Technologie dem Leben zugute kommt, nicht den Banken, eben nicht dem Geld - denn das ist es ja, was all das Elend und die Krankheiten in der Welt verursacht!

Ich denke nicht, dass Kristalle mit der Verschmutzung in der Weise umgehen können, dass sie alles davon aufnehmen; und wenn du einen Kristall in den Puyallupfluss bei mir zu Hause gibst und damit all den Schmutz, den Müll und die Giftigkeit beseitigen könntest, oh, ich wäre die erste, die ihn überall dort hineingeben würde - und ich würde ihn schlucken, wenn ich glauben würde, dass er meine Zuckerkrankheit heilt oder sonst etwas, weißt du? Ich denke, es ist eine Art von Selbstbetrug, eine Illusion, im Umgang mit den Dingen nach einem leichten Weg zu suchen. Ich denke, Kristalle sind sehr schön, die Hopi benützen sie auch - aber sie behaupten nicht, dass sie heilen können, sie behaupten das nicht. Wenn Kristalle heilen könnten (lacht), wie Millionen von Amerikanern meinen, müsste Amerika jetzt gesund sein.

Visionen, Träume und Channeling

Eine andere Sache, die in Europa durch den Kontakt mit dem indianischen Amerika zunehmend hoch im Kurs steht, ist das Bestreben, eine Vision zu erhalten.

Für uns gibt es nur sehr wenige Menschen, die große Visionen erhalten wie *Black Elk* („Schwarzer Hirsch“) oder der Friedensstifter der Irokesen - die großen Visionäre, die die Welt auf bessere Wege gebracht haben oder heute noch bringen. Manche Menschen erhalten große Visionen, die für die ganze Menschheit gedacht sind. Das sind viel höher entwickelte menschliche Wesen als wir es sind. Menschliche Wesen kommen mit einem unterschiedlichen Grad an seelischer Entwicklung in dieses Leben. Die Seelen sind nicht alle gleich entwickelt. Manche haben eine kleine Seele und sie kommen hierher, um ihr zu helfen, zu wachsen. Andere werden mit einer großen Seele geboren; so haben sie eine größere Fähigkeit, größere Visionen, ein größeres Wissen zu erlangen als der Rest von uns. Manchesmal sind wir nicht in einer ausreichend glücklichen Situation, um soweit zu gelangen, aber in diesen Tagen und in diesem Zeitalter scheint es so zu sein. Denn in der Welt ist soviel aus dem Gleichgewicht, dass viel mehr Menschen auf der Suche nach einer Wahrheit sein dürften - einem Weg, einer Vision, wie sie leben sollen. Diese Menschen benützen den Begriff „Vision“ sehr illusionär, sehr großzügig, wie es bei uns nicht der Fall ist. Die Menschen haben Träume - und eine Vision ist gewöhnlich zu verschieden davon.

Ein Traum, den du in der Nacht hast, wenn du schläfst, kann verschiedenen Bereichen zugeordnet werden. Er kann eine Botschaft deines Körpers sein - er will dir gerade mal mitteilen: „Hallo, es wäre gut, wenn du auf diesen Körperteil acht gibst!“ Und du könntest einen Traum haben und musst dann lernen, wie er zu deuten ist oder jemanden finden, der ihn dir deuten kann, um dir mitzuteilen: „He, du machst das falsch und du solltest dein Leben ändern!“ Es bedeutet nicht, dass du geträumt hast, jeder in der Welt soll sich ändern. Es meint dich, dich selbst und ist eine Botschaft deines Körpers an dich !

Manchmal entleert ein Traum dein Gemüt, deinen Verstand. Du machst gerade so viel und nachts träumst du immer wieder davon. Das ist so, als ob du den Abfall aus deinem Gemüt los wirst, wenn es zu sehr verhangen ist - unser Körper leert es aus. Wenn wir viel Flüssigkeit trinken, müssen wir plötzlich Wasser lassen und auf die Toilette eilen. Wenn wir zu viel essen, müssen wir erbrechen - es wird nicht alles benötigt und kommt heraus. Und wenn wir Luft einatmen, muss sie wieder hinaus. Was wir während des Tages sehen und hören oder manchmal tun, häuft zu viel Abfall in unserem Verstand, in unserem Gemüt an, und es entleert sich so in Träumen. Manchmal kann also ein Traum einfach eine Entleerung sein.

Manchmal kann ein Traum eine Botschaft von deinem eigenen spirituellen Selbst sein, von deinem höheren Selbst, weißt du? Der Traum mag wie eine Traumvision sein. Es ist keine wirkliche, keine Vision höheren Grades, bei der du nicht schläfst, sie siehst ohne zu schlafen. In einer Traumvision ist viel Energie da, die mit ihr kommt, denn sie kommt von einer höheren Ebene zu dir und energetisiert deinen ganzen Körper und du fühlst dich wie auf einer Wolke. Du nimmst keine Drogen, du kannst nichts dafür tun und kannst nicht veranlassen, dass es geschieht. Aber sogar ich versuchte es, nachdem ich solche Traumvisionen gehabt hatte. Ich versuchte sogar Fliegenpilze zu essen, verschiedenes Zeug, um dieses Gefühl wieder zu erlangen, denn es war so großartig; es erfüllt dich mit dem Wunsch, es die ganze Zeit zu haben. Aber weil es eine Botschaft von einem höheren Bereich ist, kannst du sie nicht erzwingen. Es kommt, wann es will und wann es nötig ist. Das sind Traumvisionen - und sie kommen ungebeten. Du kannst nichts dazutun, dass es geschieht.

Andere mögen eine *Visionssuche* angehen. Es gibt da eine bestimmte Art und Weise, wie sie durchgeführt wird: Fasten, Beten, bestimmte Gebiete, die du aufsuchst. Dann hast du eventuell vier, zehn Tage lang zu fasten - eventuell einen Monat lang -, bevor du eine Vision erhältst. Und diese Vision habe ich niemals gehabt, daher kann ich dir nicht wirklich genau sagen, was die Leute tun, aber sie erhalten große Visionen dadurch. Dann müssen sie Leute mit sich haben, wenn sie auf diese Visionssuche gehen, um vor

Bösem und allem Möglichen beschützt zu werden; und diese Leute deuten die Vision für sie, denn lange Zeit ist da alles symbolisch, und du verstehst es nicht wirklich. Das ist die Art, wie wir uns als Ureinwohner auf die Visionssuche begeben. Es geschieht nicht so, dass wir einfach über Nacht in die Wälder gehen und so handeln, wie ich es kürzlich in Deutschland erlebt habe, als ein paar Indianer bei einem Camp die Leute in den Wald geholt und veranlasst haben, sich dort hinzusetzen. Diese Menschen können nicht wirklich auf die ursprüngliche Weise eine Vision erlangen. Denn sie wollen entweder keine Fehler zugeben oder sie kommen mit etwas zurück in der Art, wie sie glauben, etwas erzählen zu müssen. Das ist nicht die Art, auf Visionssuche zu gehen.

Visionssuche - vielleicht will die Vision gar nicht zu dir kommen; du kannst sogar sterben, wenn du sie durchführst und niemals eine Vision erhalten. Chief Seattle hatte eine harte Zeit, um seine Vision zu erlangen. Er versuchte alles Übliche und nichts gelang ihm. Aber um ein Mann zu werden musste er eine Vision haben, weshalb er verzweifelte. Er band große Steine an seinen Körper und stieß sich von einer Felswand ab ins Wasser der Bucht, in tiefes Wasser. Er dachte bei sich: „Entweder ich bekomme eine Vision und der Spirit kommt zu mir, oder ich werde sterben", so verzweifelt war er geworden. Als er ins Wasser kam, lösten sich die Steine und er bekam seine Vision - und die Symbole kamen: Er sah sich als ein großer Krieger, der viele Menschen in Verteidigung seiner Leute und auch sonst tötete. Dann aber nahm seine Vision die Gestalt des Friedensvogels an. Und von dieser Zeit an musste er alle Kriegswaffen zugunsten des Friedens weggeben.

Noch heute gibt es einige, die mit dem Kanu auf einen bestimmten „See des Spirits" *(Spirit Lake)* hinausfahren und sich mit Steinen beschwert ins Wasser werfen - eine Situation auf Leben und Tod. Visionen kommen nicht auf leichte Art! Ich kannte Leute, die 30 Tage auf einen Berg gingen, nur mit Wasser, ohne Essen, und um eine Vision beteten. Schlussendlich erhielten sie eine. Es gibt keine leichten, raschen Wege, um zu Visionen zu gelangen, wie manche Leute heute behaupten. Ich kenne keine. Vielleicht gibt es Leute, die sie so erhalten, ich weiß es nicht.

Ich fand heraus, dass die Traumvision, die ich hatte, als ich jünger war, mich veranlasste, mich auf diesen Platz auf dem Land zurückzuziehen, außerhalb der Stadt, und dass die Botschaften, die du erhältst, für dich bestimmt sind. Viele Jahre später erzählte ich einigen Elders diese Traumvision, in der Seattle in Flammen stand und viele Menschen starben - und sie antworteten: „Sie wollten nicht, dass du nach Seattle .zurückkehrst und dort bleibst, denn wenn du dort geblieben wärst, wärst du gestorben." Schließlich wurde ich hier zur Sprecherin für die Fischereirechte und in vieles andere miteinbezogen. Ich denke daher, dass ich hier gebraucht wurde, und hier ist der Ort, wo die Spirits mich haben wollten. Es war eine Traumvision. die mein Leben verändert hat, aber sie war nur für mich bestimmt, für niemanden sonst.

Es gab einen anderen Indianer hier, der eine Menge Katastrophenträume hatte. Eines Tages träumte er von einer großen Springflut, die sein Heim überflutete und alle seine Kinder und seine Frau kamen darin um. Deshalb befürchtete er, dass so etwas kommen würde. Eines Tages bat ich Thomas Banyacya Sr. um Rat, und er antwortete mir, dass ich die Träume genau beschreiben solle, damit er sie seinen Elders erzählen kann. Danach ließen die Elders - damals lebte noch Dan Katchongva (der letzte Kikmongwi des Hopi-Dorfes Hotevilla, d. A.) - fragen: „Wer ist dieser Mann? Was ist sein Hintergrund, seine Religion? Woher kommt er?" Ich erzählte alles, was ich wusste; dass er ein Mormonenpriester gewesen und dann wieder traditionell geworden war. Sie antworteten: „Dieser Traum ist eine Warnung an ihn, dass manches in seinem Leben falsch läuft, das er verändern muss; ansonsten wird seine Familie überall hin zerstreut werden!" Als ich ihm davon berichtete, mochte er diese Botschaft nicht, denn für ihn war es das Ende der Welt, wie es die Mormonen vorhersagen - die Zerstörung der ganzen Welt -, so deutete er es. Aber einige Jahre später ließ sich seine Frau von ihm scheiden und alle ihre Kinder zerstreuten sich, wie die Hopi gesagt hatten.

Diese Visionsträume - auch wenn sie gewaltig sein mögen und du glaubst, sie bedeuten für jeden das Ende der Welt -, die meisten sind für dich bestimmt. Es läuft etwas falsch bei dir und dein

Spirit sagt dir, dass du eine Änderung herbeiführen musst. Deshalb musst du herausfinden, ob solche Träume große Visionen sind, wie sie Black Elk hatte, oder ob sie nur für dich bestimmt sind. Und weil es schwierig ist, haben wir Elders, die sie für uns deuten.

Eine andere Form, mehr über unser Leben und vielleicht auch Bevorstehendes zu erfahren, ist das „Channeling", das Sich-Öffnen, um als Medium Kanal für ein Geistwesen zu sein. Viele Bücher sind darüber bereits geschrieben und bestens verkauft worden - es gibt eigene Schulungszentren, ja sogar Gemeinschaften, die sich um solche Menschen gebildet haben. Ich kann mir schwer vorstellen, dass diese Art des Umgangs mit der Anderswelt jener Tradition entspricht, die der Elders Circle vertritt.

Ich denke, da besteht ein großer Unterschied zwischen Channeling und Visionen, wie sie unsere Leute kennen. Ich weiß, dass beide überhaupt nichts miteinander zu tun haben. Ich habe keine eigene Erfahrungen mit Channeling, denn es entspricht nicht unserer Überzeugung, unser Selbst für Spirits („Geistwesen") zu öffnen, damit sie kommen und von unserem Körper Besitz ergreifen. Ich sprach mit einem unserer Elders, den wir *Sqwa-dalish Man* nennen, was dem Channeling am nächsten kommt. Wenn wir Probleme haben, schlechte Träume, üble Erscheinungen und dergleichen, rufen wir ihn. Er kommt herunter und macht seine Zeremonie für uns. Dann erkennt er, worin die Schwierigkeit besteht und sagt es uns. Er arbeitet mit dem Spirit, der *Sqwa-dalish* genannt wird, einem sehr hohen Spirit in der spirituellen Welt *(spiritual world)*. Es sind keine menschlichen Wesen, die vorher geboren worden sind oder Vergleichbares, aber sie sind mächtige Helfer der Menschen. Alles, was die Elders uns sagen können, ist, dass es hohe geistige Wesen *(spiritual beings)* sind, die durch Holztafeln arbeiten und zu ihnen ins Ohr sprechen; aber sie besetzen nicht den Körper. Du kannst sie sogar in der Holztafel hören, wenn du deine Ohren nahe daran bringst.

Ich fragte den Elder über jenes Channeling und er antwortete: „Nein, wir haben solche Wege nicht. Wir treten mit den Toten nicht auf diese Weise in Verbindung." Wenn wir von ihnen träumen, rufen wir einen *Squa-dalish Man*, um zu schauen, wo das

Problem liegt - vielleicht müssen wir eine Zeremonie für die Toten durchführen, vielleicht müssen wir sie versorgen, denn wir geben den Toten zu essen. Vielleicht gibt es hier etwas, worüber sie beunruhigt sind oder geplagt werden. Denn wir glauben, dass die Toten in der spirituellen Welt leben. Aber diese Welten wurden vom Schöpfer getrennt, daher sollten wir nicht versuchen, in jene Welt zu gehen und jene nicht, uns zu beunruhigen oder zu plagen. Sie sollen dieses Leben nicht zerstören, und wir sollen unser Leben leben und nicht über die spirituelle Welt nachdenken, und nicht unsere Zeit damit verbringen, dorthin zu gehen.

Wir wenden dieses Channeling nicht an - es ist unserem Lebensweg völlig fremd. Wir haben nichts Derartiges und fördern nichts in dieser Richtung, um von einem Spirit besessen zu werden. Du sollst über deinen eigenen Körper verfügen, deinen eigenen Verstand - sogar wenn ein *Sqwa-dalish* oder Spirits zu dir kommen und dir etwas erzählen. Einer könnte ein böses Geistwesen sein, daher musst du zu den Elders gehen, um es herauszufinden, ob das, was dir jene sagten, etwas Richtiges ist oder nicht. Wir vertrauen sogar nicht einmal den Spirits, wenn sie kommen, denn es könnten böse Spirits sein. Channeling hat überhaupt nichts mit dem indianischen Lebensweg zu tun. Es gab wohl früher etwas Derartiges, was in Amerika „Spiritismus“ genannt wird, man rückte Tische und all das; es wurde behauptet, dieses oder jenes würde geschehen - und nichts geschah. Es handelt sich dabei wohl um so etwas wie Schwindler. Es ist dieselbe Sache, nur mit einem anderen Namen.

Die Sonnentanz - Zeremonie

Yet Si Blue, wir haben jetzt viel über Träume und Visionen im indianischen Amerika erfahren. Eine wesentliche Rolle spielt dabei das bewusste Verfügen über den eigenen Körper und Verstand. Der Sonnentanz ist ja eine der kraftvollsten Zeremonien, wo alles das besonders deutlich zum Ausdruck kommt, wie es auch durch den Lakota-Medizinmann Tahca Ushte im gleichnamigen Buch sehr anschaulich beschrieben wird. Dank deiner Initiative kam der Sonnentanz 1987 wieder in den Nordwesten zurück, sodass du aus eigener Anschauung darüber berichten kannst - insbesondere auch darüber, welche Aufgaben die Frauen dabei haben.

Ich meine, dass jeder Stamm, den es in den USA, Kanada, Zentral- und Südamerika gab, eine Zeremonie für die Sonne hatte. Das erzählten mir meine Elders hier im Nordwesten; sie sagten: „Wir hatten im Nordwesten ebenfalls einen Sonnentanz, aber wir erinnern uns nicht mehr daran." Und ich weiß, dass wir hier im Nordwesten eine Zeremonie für den Wind hatten; in Quinault. Ich fand einen alten Zeitungsausschnitt darüber - 1924 haben sie eine für den Wind durchgeführt, und sie hatten eine für den Mond und die verschiedenen Dinge, viele davon. Die Regierung beendete das und viele Stämme verloren das Wissen, wie diese Zeremonien und die für die Sonne durchzuführen sind. Daher scheint es, dass sich der Sonnentanz seit den letzten zehn Jahren vom Zentrum dieses Landes aus, aus Süddakota in die Vier Richtungen bewegt. Er kam nach Kalifornien, ging zurück nach Osten, Norden, in den Süden nach Mexiko, und 1987 kam er in den Nordwesten. Es gibt keinen Grund dafür, warum er wandert, denn es liegt nicht so sehr an uns als vielmehr daran, dass die spirituelle Welt möchte, dass er durchgeführt wird.

Der Sonnentanz ist eine von sieben Zeremonien, die den Menschen der Plains, den Lakota, gegeben wurde. Er ist ein Weg zur heiligen roten Straße *(the sacred red road)*: ein Weg, um sich selbst, die Tänzer und die Menschen zu erleuchten, zu läutern und zu heilen. Aus diesem Grund müssen viele von uns, die den Sonnentanz ansetzen wollen, viele Gespräche mit den Elders in Süddakota und den Leitern des Sonnentanzes dort führen, um zu erklären, warum wir den Sonnentanz hier durchführen wollen. Denn, es gibt Leute, die der Meinung sind, dass er hier nicht stattfinden soll - aber alle Stämme hatten einen Sonnentanz.

Unser Sonnentanz kam durch Visionen und Träume zustande. Einen der Träume hatte ich sogar in eurem Haus: In Bad Mitterndorf hatte ich diesen Visionstraum. Und wie ich dir gesagt habe ist ein Visionstraum eine Art von Energie, und er wirkt auf dein Gemüt, deinen Verstand ein - er ist geradezu lebendig, du siehst ihn regelrecht vor dir. Diese Dinge veranlassten uns, hier einen Sonnentanz stattfinden zu lassen. Die Frauen müssen die Männer dabei unterstützen.

Wir haben hier viel Alkoholismus und Drogenkonsum unter den Männern, aber auch Frauen sind davon betroffen. Viele von uns versuchen jedoch zu beten; in den Schwitzhütten beten wir lange Zeit: Was können wir tun, um den Männern und besonders der Jugend zu helfen? Daher empfinde ich es wirklich so, dass der Sonnentanz dazu da ist, um den Mann zu vergeistigen *(to spiritualize)* und die Frau muss das unterstützen; sie muss dafür sorgen, dass es geschieht. Sie hat das Umfeld dafür vorzubereiten und alles dafür bereit zu machen und zu versuchen, eine Atmosphäre für den Sonnentanz zu schaffen. Frauen, Elders und andere müssen diese Tänzer unterstützen, die tanzen und fasten, beten und ein Opfer bringen. Und dann müssen die Frauen ihre Energie abgeben, um zu helfen, die Energie von Mutter Erde zu sich herauf und über den Sonnentanzbaum auf die Tänzer zu übertragen. Das ist die bedeutende Rolle der Frauen im Sonnentanz.

Meine Tochter Binah hat auf diese Weise als *Sundance Woman* daran teilgenommen, und mein Sohn Jeff als Tänzer. Die Frauen tragen dabei einen Rock und heben ihre Arme bei einem bestimmten Gesang - und strecken ihre Hände aus. Sie richten sie auf die Baumspitze und beten, dass die Energie von der Erde über ihre Füße zu ihrem Solarplexus aufsteigt und über die Hände zum Baum gelangt, um sie von dort den Sonnentänzern zu geben, damit sie sie aufnehmen können. Denn die Sonnentänzer erhalten ihre Energie von diesem Baum. Daher müssen die Frauen helfen, diese Energie auf den Baum zu übertragen. Dabei sind ein lockerer Bauch und Atem wichtig.

Als ich Unterricht in Tai Chi nahm, half mir das, eine Menge davon zu erklären und den ganzen Prozess zu verstehen. Tai Chi ist ja eine Unterweisung darüber, wie die Energie *(Chi)* fließt - es lehrt also den Weg der Energie, des Energieflusses; wie du sie erlangst und weitergibst. Schon die Art, wie du dabei tanzt, ist geradezu so, dass du Energie hochpumpst. Und so wie die Frauen beim Sonnentanz tanzen, pumpst du tatsächlich geradezu die Energie von der

Erde hoch in deine Füße, zu deinen Händen und zum Baum.

Wie lange dauert es, einen Sonnentanz vorzubereiten und durchzuführen?

Es braucht ein gutes Jahr oder sogar länger, um einen Sonnentanz vorzubereiten, weil der Boden in bestimmter Weise zurechtgemacht werden muss. Und du musst alles dort haben, wie zum Beispiel Holz, um die Schwitzhütte zu versorgen, denn sie wird Tag und Nacht beansprucht. Vor dem Sonnentanz, danach und ein ganzes Jahr lang musst du zur Vorbereitung die ganze Zeit Schwitzhüttenzeremonien durchführen, was natürlich eine Menge Holz benötigt. Wenn die Teilnehmer kommen, musst du sie mit Essen versorgen, dich um die Sängerinnen und Sänger kümmern, denn sie müssen an vier Tagen acht bis zehn Stunden täglich singen. Sie singen ständig die heiligen Gesänge, um die Tänzer am Tanzen zu halten. Sie brauchen ihre Nahrung und ihre Betreuung, damit sie ihre Stimme nicht verlieren, weil sie so lange singen. Wir im Nordwesten müssen auch die Führer des Sonnentanzes von Süddakota hierher bringen, was etwa 2400 Kilometer entfernt liegt. Wir müssen sicher sein, sie und die Sängerinnen und Sänger hierher zu bekommen, was eine Menge Geld für die Flugreise ausmacht. Es kostet daher viel Geld und benötigt umfangreiche Vorbereitungen, um so etwas in Gang zu setzen.

Wie lange dauert ein Sonnentanz?

Getanzt wird an vier Tagen, insgesamt dauert er aber acht bis zehn Tage, denn vorher wird vier Tage lang gefastet und gebetet, und diejenigen, die den Sonnentanz leiten, müssen gewöhnlich eine Woche vorher schon da sein, um sicherzugehen, dass alles richtig gemacht wird. Dann kommen die Sonnentänzer, um den Baum vorzubereiten. Insgesamt sind die Leute daher vielleicht zwei Wochen länger da, um alles herzurichten und bereit zu machen; manche kommen früh, um das Camp aufzubauen und den Tanzplatz samt der Sonnentanzhütte vorzubereiten, danach bleiben sie manchmal noch eine Woche.

Welche Rolle spielten beim ersten Sonnentanz auf deinem Grundstück im Juli 1987 Dennis Banks und Wilmer „Stampede“ Mesteth?

Dennis bereitete für uns den Sonnentanz vor, er war der Vermittler und Organisator. Er war derjenige in meinen Träumen, der half, das Nötige hier zu tun. Als er hierherkam, war das die Erfüllung meines ersten Traumes, den ich bei euch hatte; nämlich dass er aus dem Gefängnis entlassen und in unser Gebiet kommen würde. Denn ich war damals bei euch zu Besuch, als er noch im Gefängnis war. Ich träumte schließlich, dass er durch eine Rede die Männer elektrisierte und anführte. Bevor dieser Traum Wirklichkeit wurde, wollte ich mit meiner Tochter Barbara eine Schwitzhüttenzeremonie durchführen, um über den Alkoholkonsum, die Drogengeschichten und all die Probleme hier zu sprechen und zu beten. Und sie sagte: „Mama, vielleicht solltest du darüber nachdenken, hier einen Sonnentanz anzusetzen? Du solltest Dennis Banks fragen - vielleicht bedeutet der Traum, dass Dennis den Sonnentanz vorbereitet!" Und ich antwortete: „Gut , ich werde ihn fragen, wenn er kommt!" Und er kam tatsächlich; traf sich mit unserer Familie, ging in die Schwitzhütte, und ich bat ihn, sich das Grundstück anzuschauen, um herauszufinden, ob er sich vorstellen kann, dass wir hier vielleicht einen Sonnentanz abhalten sollten.

Er machte es und sagte: „Ich habe den Eindruck, dass es gut wäre, einen Sonnentanz hier durchzuführen, aber ich muss zurück nach Süddakota, um dort mit Sonnentanzleuten zu sprechen, wie sie darüber denken." Er fragte sie und rief mich dann an, dass sie übereinstimmten: „Es könnte in Ordnung sein, einen Sonnentanz abzuhalten", daher wollten sie, dass Wilmer „Stampede" herkommen sollte. „Er soll zu euch kommen, sich alles ansehen, sich mit euch, euren Elders und den anderen Leuten beraten und dann die letzte Entscheidung treffen." Er kam, sah sich alles an und sprach mit uns. Wir hatten ihn vorher nicht gekannt, niemals vorher getroffen, und ich sollte ihm im Kreis der Elders ihrer Tradition entsprechend eine Pfeife anbieten. Und wenn er diese Pfeife annehmen würde - nachdem ich erzählt hätte, warum wir einen Sonnentanz ansetzen wollen -, wenn er sie akzeptieren würde, könnten wir ihn durchführen; wenn er sie aber zurückweisen würde, gäbe es keinen Sonnentanz hier. Wir setzten uns also hin und sprachen etwa zwei Stunden lang. dann musste ich ihm die Pfeife anbieten und er nahm sie an. Dann erzählte er uns, was zu tun sei, wie er den Baum und die Sonnentanzhütte um den Platz herum errichtet haben wollte, und alles andere. Danach begannen wir mit den Vorbereitungen dafür. „Stampede“ war daher das Oberhaupt dcs Sonnentanzes *(the Sundance Chief)*; er ist derjenige, der den Sonnentanz geleitet hat und Dennis Banks arbeitete mit ihm zusammen. Insgesamt waren damals mit den Helfern aus unserem Gebiet bis zu zwanzig Leute da, darunter 14 Tänzer und Tänzerinnen. Sie tanzten vom Sonnenaufgang bis zum Sonnenuntergang, standen etwa um halb fünf auf, führten dann jeden Morgen eine Schwitzhüttenzeremonie durch und tanzten danach von Sonnenaufgang bis zum Sonnenuntergang. Danach gingen sie wieder in die Schwitzhütte und abschließend in ihren speziellen Bereich, vier Tage lang.

Teilnahme an Zeremonien

Es gibt immer wieder Nichtindianer, die an solchen traditionellen Zeremonien wie Sonnentanz, Schwitzhütte und Rauchen der heiligen Pfeife teilnehmen wollen und etwa innerhalb der New-Age-Bewegung und durch sogenannte „Plastikmedizinmänner und -frauen“ auch tatsächlich die Möglichkeit erhalten, ohne lange Vorbereitung und auf eigene Gefahr das zu tun. Nun steht dem aber gegenüber, dass unter solchen Umständen der soziale und kulturelle Zusammenhang und die damit verbundene Verantwortlichkeit nicht mehr gegeben sind. Darauf beziehen sich unter anderem die aufrüttelnden Warnungen des Elders Circle und des Lakota-Pfeifenhüters Arvol Looking Horse. Denn es gibt es die erschreckende Tatsache, dass etliche Teilnehmer, insbesondere in Deutschland und Österreich, nach so einer Zeremonie erhebliche Probleme bekommen haben. Sie kommen danach nicht mehr mit sich selbst zurecht, was bis zu schweren seelischen Störungen, in manchen Fällen sogar nahe an das Stadium des Irreseins geführt hat. Es ist ein Phänomen, das auch in der Esoterikszene bekannt ist, wo Psychotherapeuten alle Hände voll damit zu tun haben, den Leuten wieder auf die Beine zu helfen. Offensichtlich gibt es da spirituelle Gesetze, die beachtet werden müssen.

Die spirituellen Gesetze - wie die Naturgesetze -, du verletzt sie nicht oder handelst nicht gegen sie, denn du kannst dadurch sehr zu Schaden kommen. Ich nehme an keiner Zeremonie teil, die ich nicht verstehe und über die ich nicht Bescheid weiß: was sie bedeutet und was durch sie erreicht werden soll. Denn du kannst dadurch dir selbst und deiner Familie schaden. Es ist wie mit den unsichtbaren Kräften und der Macht unserer Elektrizität, die im Moment das Licht in diesen Raum bringt, wo wir gerade sprechen und du dieses Gerät benützt, um all das aufzunehmen: Du kannst diese Kraft der Elektrizität und deren Macht nicht sehen, aber sie ist jetzt überall. Auf eine bestimmte Weise kann der Mensch sie anzapfen, sie nützen, Licht machen und dergleichen. Aber wenn du die Stromleitungen betrachtest, die die Elektrizität in dein Haus bringen - sie schauen ganz harmlos, nach gar nichts aus. Wenn du sie jedoch ohne genaue Kenntnis berührst und in die Hand nimmst, kannst du zu Tode kommen oder so.

So verhält es sich mit Zeremonien oder spirituellen Gesetzen: Du musst sehr vorsichtig sein, denn du kannst selber Schaden erleiden, wenn du an etwas teilnimmst, worüber du nichts weißt. Und ich weiß von einem Vorfall, der meiner Familie durch Unwissenheit widerfahren ist. Aber Unwissenheit gilt nicht als Entschuldigungsgrund, wenn du die spirituellen Gesetze übertrittst. Deshalb lasse ich mich nicht auf irgend etwas ein, was ich nicht zur Gänze überblicken kann. Sondern ich nehme nicht teil, außer, wenn ich durch irgend etwas weiß, was es ist oder ich habe einen Traum oder eine Vision, dass ich es tun soll - so, wie es beim Sonnentanz war; denn ich hatte eine Botschaft, ihn durchzuführen, sonst hätte ich es niemals getan.

Kannst du Beispiele nennen, auf welche Weise Menschen durch die Teilnahme an einer Zeremonie Schaden erleiden können?

Es ist wie bei von Menschen gemachten Gesetzen, die dir eine Höchstgeschwindigkeit vorschreiben, dich vor Gefahren warnen oder durch Warntafeln auffordern, langsam zu fahren - du darfst sie nicht missachten, sonst kannst du dich zerstören oder inhaftiert werden; oder man könnte dich finden und aufgrund des Gesetzes bestrafen, weil du durch die Übertretung dir oder jemand anderem

Schaden hättest zufügen können. Mit den Gesetzen der natürlichen Welt ist es dasselbe: Wir sehen all diese Krankheiten bei den Menschen, Tieren, Pflanzen, Fischen - bei allem -, denn wir haben die Naturgesetze übertreten und es gibt eine Bestrafung dafür. In der spirituellen Welt ist es genauso: du kannst geisteskrank werden, sterben oder jemanden in deiner Familie dadurch töten.

Wie sieht es da zum Beispiel mit der Teilnahme an Schwitzhütten aus?

Ich habe von Teilnehmern gehört, die eine Schwitzhütte falsch benützt haben, dass sie darin tot aufgefunden wurden und niemand weiß, warum. Eine Schwitzhütte ist ein mächtiger Ort. Du musst sorgfältig damit umgehen, denn manche Leute könnten ein krankes Herz haben, Diabetiker sein oder so - und es ist zu viel für sie. Es kann sie töten, wenn sie daran teilnehmen, ihr Herz zum Stillstand bringen. Daher ist es etwas, was zuverlässig verstanden und respektiert werden muss.

Obwohl der Elders Circle wiederholt davor gewarnt hat, indianische Zeremonien aus ihrem sozialen und kulturellen Zusammenhang zu reißen und woanders durchzuführen, scheint es doch gewisse Ausnahmen zu geben.

Es gibt Zeremonien, die durchgeführt werden können - Zeremonien universeller Art -, nicht der Sonnentanz zum Beispiel. Es gibt universelle Gebete, wie sie uns Thomas Banyacya Sr. lehrte. Es ist keine Hopi-Zeremonie, sondern eine, die aus der „Bewegung der spirituellen Einheit“ *(Spiritual Unity Movement)*, im Laufe der fünfziger und sechziger Jahre bis 1975 entstanden ist, als all die verschiedenen Stämme zusammenkamen. Jeder hatte seine unterschiedlichen Zeremonien. Aber um in Einheit zum Gebet zusammen zu kommen, wandten sie eine Zeremonie an, die universell für alle Stämme war, gleichsam *intertribal*, und nicht nur die eines einzigen Stammes. Das waren der Kreis, das Gebet, der Mittelpunkt oder das Zentrum (meist ein Feuer, d. A.), das Verbrennen von Tabak und das Rauchen der Pfeife. Das war universell und nichts in der Art, was anderen verboten war. Traditionelle Indianer sind autorisiert, so etwas auch hier zu tun, wenn sie zum Beispiel für jemanden in bestimmter Weise beten; so wie es Thomas Banyacya Sr. tut, der dazu berechtigt ist. Auch ich darf einiges in dieser Richtung tun. Aber es hat nichts mit den Zeremonien unseres abgeschlosssenen innersten Kreises zu tun. Es gibt universelle Zeremonien, wie Gebete für Menschen, die krank sind, die Heilung brauchen oder verwirrt sind - solche Gebete können verrichtet werden.

Das heißt, es ist keinesfalls möglich, spezifische Zeremonien aus dem indianischen Amerika, die ja alle in einem engen Bezug zu Land und Leben dort stehen, zu uns zu transferieren und hier eine Art Kopie zu anzuwenden, wie es in der New Age-Szene immer wieder geschieht - auch nicht, um möglicherweise den Menschen hier zu helfen, auf eine solche Weise Heilung und das innere Gleichgewicht wiederzufinden, wie es oft behauptet wird?

Wir wurden immer gelehrt, dass wir wirklich unsere eigenen Zeremonien wiederbeleben müssen. Denn die Zeremonien haben jeweils mit dem zu tun, was wir hier tun müssen, wie zum Beispiel die Lachszeremonien, in denen wir für den Lachs beten; in anderen für die Wurzeln, Beeren und alles das, was wir in unserem Gebiet nutzen. Die Hopi haben Regenzeremonien, in denen sie um Regen beten, die Irokesen welche für den Mais, die Erdbeeren und für verschiedene Dinge, die mit unserem Lebensweg zu tun haben. Warum sollte jemand mit so einer Zeremonie nach Europa kommen und zum Beispiel im Gebirge eine Lachszeremonie durchführen?

Mit unseren Zeremonien bemühen wir uns, das Gleichgewicht, die Harmonie in der Natur zu erreichen; nicht allein für den Menschen - das gibt es bei uns nicht. Du betest niemals für dich selbst, immer für jemanden, für irgend etwas. Das ist wichtig.

Viele dieser New Age-Leute um uns herum - Leute, deren Land und Leben konfus und verpfuscht ist -, sie glauben, sie können einen Weg finden, um über ihre Umwelt hinauszuwachsen, in der sie leben, statt sie zu verändern. Sie möchten auch ihren Anteil am Kuchen, möchten all die Dinge aufrecht erhalten, welche Ungleichgewicht, Disharmonie, Hässlichkeit und Lügen in diese Welt bringen. Das möchten sie aufrecht erhalten, weil andererseits auf diese Weise das Geld hereinkommt. Sie möchten das nicht ändern

- jetzt aber fühlen sie sich schlecht wegen dieses Lebensstils, sind unglücklich, haben keinen Frieden. Deshalb suchen sie hier bei uns nach einem Weg, um diesen Frieden und die Freude zu finden, obwohl sie gleichzeitig beides aufrecht erhalten, nach beidem streben. Du kannst es nicht - du kannst nur dieses oder jenes haben.

Der indianische Weg bedeutet, alles zu geben. Es ist diese Bereitwilligkeit, alles, was du hast, was du bekommen und erreichen kannst, dafür einzubringen. Er bedeutet Verzicht - gib alles, und nicht umgekehrt. Nicht so, wie es dieser eine weiße „Schamane" in Westberlin gemacht hat, der mir sagte: „Wir müssen eine Menge Geld für unsere Zeremonien verlangen, weil sie sonst niemand beachtet. Wenn die Leute nicht viel dafür bezahlen müssen, glauben sie, es ist nichts wert; deshalb muss ich Geld dafür verlangen." Das erzählte er mir damals! Für ihn ist es ein Geschäft. Er gab ganz offen zu, dass er ein Geschäft daraus macht, dass er die Zeremonien vermarktet. Nichts von dem, was er tut, hilft irgendjemandem - er ist einfach ein Lump, wie wir solche Leute hier nennen; einer, der den Menschen etwas vormacht und sie ausnimmt. Das ist nicht gut, denn du darfst für solche Dinge nichts verlangen. Wenn du es machen würdest und ich es gemacht hätte, könnte ich meiner Familie Schaden zufügen.

Wenn ich nach Europa komme, dann um zu versuchen, Verständnis zu schaffen, um Menschen zu helfen zu verstehen. Ich bin nicht in Europa, um etwas zu probieren und den Leuten tatsächlich zu sagen: „Ah, das ist ein Weg, wie du alles verändern kannst!" Die Menschen müssen erkennen, wie sie selber, von sich aus die Dinge verändern können. Ich bemühe mich lediglich, ihnen zu helfen, mehr über die natürliche und die spirituelle Welt zu verstehen - und worin sie sich von der menschlich gemachten Welt unterscheidet.

Die Legende von den Hirschmenschen

Vermittelt von Yet Si Blue

Bevor wir erschaffen wurden, waren Hirsche die Bevölkerung dieser Erde. Vor den Hirschmenschen waren es andere Tiere, aber jetzt, da wir den Hirsch zu unserer Nahrung jagen, werde ich dir die Geschichte erzählen, wie es dazu gekommen ist:

Als die Hirschleute geschaffen waren, wurden ihnen Anweisungen darüber gegeben, wie sie auf diesem Land leben sollten, welche Nahrung sie essen, auf welche Weise sie einander und alle Lebensformen achten und wie sie Zeremonien und Riten durchführen sollten.

Daraufhin lebte und arbeitete der Schöpfer eine Zeitlang mit ihnen, bis er sie schließlich zu einer Ratsversammlung zusammenrief und sprach: „Ich muss euch jetzt verlassen. Ich habe euch das gute Leben gelehrt; wenn ich jetzt noch länger bleibe, werdet ihr von mir abhängig und niemals erwachsen werden. Seid aber gewarnt; folgt dem Heiligen Weg, respektiert das Leben in all seiner Vielfalt! Ihr werdet vier Zyklen, vier Zeitalter haben, um zu sehen, ob ihr meinen Anweisungen folgen könnt. Ich werde unsichtbar sein, aber ich werde euch beobachten. Weicht nicht von eurem Pfad ab, sonst werdet ihr dies bereuen, wenn ich am Ende eurer zugeteilten Zeit zurückkehre!“

Die Hirschleute lebten eine Zeitlang in Frieden und Harmonie. Sie hatten viel Verstand und nutzten und teilten ihre Begabungen, um das Leben zu verbessern - bis zum dritten Zeitalter, als sich die Führer gegen die Weisen erhoben und behaupteten: „Es gibt keinen Schöpfer; wir sind die Leute, die über alles gebieten und haben die Herrschaft über die Erde und alles Leben; wir können tun, was uns gefällt - wir sind Götter!“ Bald gab es kein Teilen mehr, Gier und Ausbeutung verdarben die Hirschleute. Nur ganz wenige blieben übrig, die dem Heiligen Pfad und den ursprünglichen Lehren und Anweisungen folgten. Diese Elders versuchten, die Hirschleute zu warnen, nicht weiter gegen einander Krieg zu führen, die Gewalt, die Gier und die Zerstörung der Erde zu beenden; aber ihre Worte wurden nicht beachtet, sie wurden ausgelacht und einige wurden ermordet.

Religion wurde zur Zauberei. Das Heilige wurde entweiht. Der freie Verstand wurde durch Drogen versklavt. Es war eine Zeit des Schreckens, der Angst, der Gewalt; ja sogar die Natur wurde gewalttätig als Antwort auf den getrübten Verstand und die finster gewordenen Herzen der Hirschleute.

Es war eine Zeit, in der die Hirschfrauen um ihre Kinder weinten. Einige weigerten sich, Kinder zu bekommen, und sie wurden hart bestraft und gezwungen, zu gebären. Die Erde war dunkel, Wolken verbargen die Zerstörung, da die Sonne die Gewalt nicht sehen wollte, die gegen Land und Leben ausgeübt wurde. Dann ging der letzte Zyklus zu Ende, und wie am Anfang vorausgesagt, erschien der Schöpfer wieder, alle hirschgemachten Technologien standen still und das Gericht kam.

Die Hirschleute weinten vor Angst und Qual. Sie baten um Erbarmen, und sagten dem Schöpfer: „Wir wussten es ja nicht, vergib uns und unsere Verfehlungen!“

Der Schöpfer antwortete ihnen: „Ich habe Propheten geschickt, um euch zu warnen, und ihr habt euch geweigert, ihnen zuzuhören, ja schlimmer noch, ihr habt sie gefoltert und ermordet!

Nun hört mich! Nicht länger werdet ihr eure Hände für böse Werke verwenden, denn ich werde sie zusammenschmelzen! Nicht länger werdet ihr böse Worte aus eurer bösen Gesinnung sprechen, denn ich nehme euch die Macht zu sprechen. Nicht länger werdet ihr aufrechtgehen: Ihr sollt auf allen vieren gehen, springen!

Ich gebe euch große Ohren, damit ihr hören könnt, große Augen, um zu sehen, und ich mache euch zur Nahrung für die nächsten Menschen, die ich erschaffen werde. Ihr werdet euer vergangenes Leben und die Möglichkeit, die ich euch gab, und die ihr nicht beachtet habt, niemals vergessen. Dies wird eure Läuterung sein für den Schrecken und das Böse, das ihr diesem heiligen Land und Leben angetan habt!

Ich werde einen Knochen in eure Vorderarme setzen - als Zeichen für die nächsten Menschen. Wenn sie euch töten und euer Fell abziehen, werden sie diesen Knochen finden und sich an meine Anweisungen und Warnungen erinnern; und sie werden Mitleid mit euch haben und für eure Seele beten!"

Das ist die Geschichte der Hirschmenschen; deren Bilder noch immer in Höhlen und Felsen auf der ganzen Mutter Erde zu sehen sind, wie sie meinem Mann *Don McCloud* als Jugendlichem von seinem Onkel auf einer Hirschjagd erzählt worden ist. Er forderte ihn auf, die Warnung zu beachten, niemals aus Lust zu töten, sondern nur zur Nahrung.
Achte daher das Leben des Hirschen und des Lachses, denn es ist heilig. Sei großzügig und teile alles, was auch immer du hast, mit denjenigen, die vom Glück weniger begünstigt sind. Sei gütig und liebenswürdig, dennoch stark. Halte deinen Verstand klar und frei von Drogen oder Alkohol. Behandle deinen Körper mit Achtung, besonders deine Füße, denn sie müssen dich jeden Schritt in diesem Leben tragen. Und erinnere dich an die Lektion, die in dieser Geschichte erteilt wurde.
Heute folgen wir falschen Führern auf dem Pfad der Zerstörung und bald wird das letzte unserer vier Zeitalter enden. Was wird mit uns geschehen?

Alle meine Verwandten

Yet Si Blue
(Janet McCloud)

Diese Legende gehört zum Allgemeingut der Indianer vom Gebiet der Nordwestküste Nordamerikas. Yet Si Blue übergab sie dem *Arbeitskreis Hopi-Österreich*, der sie in seiner Aussendung vom Dezember 1987 erstmals in Deutsch veröffentlichte.
Bei dieser Gelegenheit danke ich Matthias Neitsch, dessen Übersetzung ich geringfügig bearbeitet habe.

Alles muss geläutert werden

Noch ein Gespräch mit Yet Si Blue

Im August 1990 konnte der Arbeitskreis Hopi-Österreich Yet Si Blue und Thomas Banyacya Sr. dank der engen Zusammenarbeit mit *Incomindios Schweiz* zu einer internationalen Tournee einladen, die nach Zürich, Bern, München, Salzburg, Wien und zum ersten Mal auch nach Bratislava in der Slowakei führte. In Wien nahm Janet auch zu den Gründen ihres Kommens Stellung:

„Einer der Gründe, warum wir in andere Länder kommen, die Sympathie oder manchmal auch Mitgefühl mit unserer Situation in Amerika haben mögen, ist der, dass mehr und mehr Menschen die Bedeutung jener Ureinwohner verstehen können, die ihre traditionellen Lehren und ihr Wissen aufrecht erhalten. Denn wenn diese das nicht tun und nicht die Möglichkeit haben, es zu lehren und weiterzugeben, beginnt die Welt viel darum zu leiden. Denn es ist ein kostbareres Wissen als alle die Diamanten, als Gold, Silber und aller Reichtum der Welt. (...)

Ich wünsche mir auch, dass wir mehr und mehr in eine engere Beziehung zu Leuten treten können, die wissenschaftlich denken, damit sie mehr und mehr unsere Lehren verstehen, bevor es zu spät ist. Jetzt bemerken wir überall in der Welt den sauren Regen, verursacht von den Autos und anderen Verschmutzungen, überall - und die Kinder werden krank davon. Es ist genau das, worüber unsere Elders gesprochen haben und sie sagten: ‚Alles, was wir in die Luft hinaufschicken, kommt bald wieder herunter.' Eines davon ist der radioaktive Ausstoß der Atomkraftwerke. Die Ältesten erzählten uns über diese Zeit, wenn die verschmutzte Luft herunterkommt: und junge, gesunde, athletisch gebaute Männer würden laufen, vielleicht joggen - und ganz plötzlich bricht einer tot zusammen, der schlechten Luft wegen ."

Yet Si Blue, in der Legende von den Hirschmenschen ist die Rede von einer Läuterung, wie sie auch die traditionellen Hopi immer wieder ansprechen. Nun gibt es nach dem uralten Kalen-

der der Mayas ein Datum, das aufgrund einer bestimmten Gestirnkonstellation das Ende der „neun Zyklen der Hölle" anzeigt, die nach der Landung von Columbus (1492) mit den Grausamkeiten von Cortez 1519 tatsächlich begonnen hatten. Gleichzeitig soll ein neuer Zyklus beginnen, eingeleitet durch eine Läuterung. Gemeint ist die Nacht vom 16. zum 17. August 1987. Inwieweit teilst du diese Meinung, und wie schätzt du unsere Situation ein?

Ich denke, dass wir rund um dieses Datum eine Menge Dinge zu erkennen beginnen, die auf dem Land geschehen, wie sie die Hopi in ihren Prophezeiungen über die Naturkräfte vorausgesagt haben: dass sie heftiger und heftiger werden, wie in unserem Gebiet im Nordwesten, wo wir diesen Sommer eine Dürre hatten und die Bäume abbrannten. Es gab Erdbeben in Kalifornien, Hurrikane in Florida, Vulkanausbrüche und jetzt, nach dem 16. August, wurde am 18.August das erste Mal der Aktienmarkt erschüttert. Auch das ist es, was uns die Hopi-Elders sagten: „Das Geldsystem ist dabei, zusammenzubrechen - sei nicht abhängig von ihm, vom Supermarkt und von all den Dingen, die durch Geld erwerbbar sind. Sei vielmehr imstande, mit dem Land und wiederum von ihm zu leben."

Und nun, seit ich hier in Österreich bin, ist der Aktienmarkt (im Oktober 1987, d. A.) erneut erschüttert worden und sie sagen, dass er das dritte Mal zusammenbricht - dann ist es wie beim Dominospiel, dass alle anderen Geldsysteme der Welt der Reihe nach zusammenbrechen. Soweit ich die Mayas verstehen kann, bin ich der Meinung, dass sie ebenfalls von großen Desastern sprechen, die auf uns zukommen, weil der Weiße das gesamte Gleichgewicht der Natur, das, was wir „des Schöpfers lebendige Gesetze" nennen, durcheinandergebracht hat durch seine militärisch-industriellen Arten von Technologien, die sich im Krieg mit der Natur befinden. Diese Menschen achten nicht darauf, was sie verschmutzen, was sie zerstören. Sie kommen einfach in die heiligen Gebiete, reißen nieder, was ihnen im Weg ist und errichten eine Überlandstraße, irgendwelche Gebäude und haben keine Achtung vor dem Land, vor der Natur. Jetzt haben sie diese zerstörerischen Kräfte in der Natur geschaffen, die auf die menschlichen Wesen reagieren.

Ich bin der Ansicht, dass wir jetzt in der Periode sind, in der alles geschehen kann: der Dritte Weltkrieg vielleicht, von Menschen verursachte Katastrophen, ein Zusammenbruch des Geldsystems. Das ist es, was ich fühle - wir befinden uns in sehr gefährlichen Zeiten. Wir nennen sie „das Ende des Kreises". Wir nennen es nicht „New Age", was da kommt, sondern eine große Veränderung, die sehr schwer für jeden auf dieser Erde sein wird, denn so viele Menschen achten nicht mehr länger Mutter Erde und das Leben.

Gibt es deiner Auffassung nach überhaupt noch eine Möglich keit, diese gefährliche Situation abzuwenden oder abzuschwächen?

Ich denke, dass die Menschen irgendwie ihren Lebensstil beenden müssen, der so weit von der Natur entfernt ist. Sie müssen, wie hier in eurem eigenen Gebiet, diese Art von Entwicklung beenden, die das Land zerstört, die Wasser verunreinigt und versuchen, wiederum ein viel einfacheres Leben zu führen, bevor es die Kräfte tun - dann haben sie nichts mehr. Das ist die einzige Wahl, die sie haben, es gibt keine andere. Entweder sie tun es jetzt und bereiten sich darauf vor, oder sie werden möglicherweise nicht überleben, wenn es geschieht . . .

Was du beschreibst, bedeutet die Zeit der Läuterung, von der die Hopi immer sprechen - stimmt das?

Ja. das ist es, von dem ich glaube, dass es geschehen wird. Wenn die Menschen es beendet hätten, die Dinge zu zerstören und ihren Frieden mit der Natur geschlossen hätten, müssten sie vielleicht nicht durch solche Desaster gehen. Aber sie haben nicht gehört und jetzt ist es zu spät für sie, etwas zu ändern. Dann muss alles geläutert und gereinigt werden, was bedeutet, dass viele Menschen viel erleiden müssen.

Auch die Unschuldigen?

Ja, auch die Unschuldigen. Alle werden leiden, ob wir es wollen oder nicht; denn jeder muss diese Läuterung durchmachen, egal ob es Kinder oder Elders sind - es wird eine harte Zeit für alle sein.

Gibt es eine Möglichkeit, den Menschen in dieser Zeit zu helfen oder einen Weg, wie sie es besser überstehen können?

Es gibt keinen leichten Weg dafür. Aber es würde vielleicht einen geben, wenn die Menschen vorher gehört und ihren Lebensstil geändert hätten. Aber die Menschen in führenden Positionen haben von nichts Notiz genommen und die Menschen erkennen die Zeichen der Natur nicht mehr; sie schauen einfach fern, lesen die Zeitung. Es ist wie in unserem Gebiet, bevor der Vulkan ausbrach (der Mt. St. Helens, d. A.) - als die Wissenschaftler behaupteten: „Nein, nein, er wird nicht ausbrechen!“ Aber der Vulkan gab eine Fülle von Warnungen ab, die Leute hörten jedoch auf die Wissenschaftler und so starben viele Menschen; das waren unschuldige Menschen. Das waren keine bösen Menschen, die da starben, weißt du ... Andererseits gibt es heute eine Menge Leute, die denken: „Oh, ich höre auf Schamanen, und sie besorgen sich Kristalle, gehen hierhin und dorthin. Aber alle heiligen Gebiete sind durcheinandergebracht, beschädigt oder zerstört - ich denke nicht, dass Kristalle Menschen retten. Wenn sie es tun, bin ich froh darüber, aber ich denke nicht, dass es so sein wird. Ich würde die Rettung meines Lebens nicht von einem Kristall abhängig sein lassen.

Versuche, eine bessere Welt zu schaffen

Du hast bereits gesagt, dass zur Vorbereitung auf diese schwere Zeit die Rückkehr zur traditionellen Lebensweise gehört, wie sie durch die „Karawane der spirituellen Einheit“ (Spiritual Unity Caravan) in Gang gesetzt worden ist, wie du sie im SAPA DAWN CENTER zu vermitteln suchst und uns in den vorhergehenden Gesprächen skizziert hast. Innerhalb der US-Friedensbewegung gibt es nun Frauen, die eine Schwangerschaft verweigern, bis die Männer all die falschen Dinge gestoppt haben, die das Leben bedrohen. Inwieweit gibt es da eine Übereinstimmung mit der indianischen Tradition?

Gewiss. Das war eine sehr starke Art von Macht der indianischen Frauen. Darüber hinaus unterbrachen sie völlig den Geschlechtsverkehr mit den Männern und verweigerten jeden sexuellen Kontakt mit ihnen, solange diese Krieg führten und Blut vergossen.

Wäre es auch heute möglicherweise eine gute Idee, so zu handeln?

Oh - Frauen sprachen oft darüber, und ich höre viele Frauen

darüber sprechen, dass sie keine Kinder bekommen möchten, weil sie den Zustand, in dem sich die Weil befindet, nicht gutheißen. Ich kann das gut verstehen, denn als Mutter von acht Kindern und über 30 Enkelkindern bin ich die ganze Zeit über ihre Zukunft besorgt und manchmal möchte ich wohl wissen, ob es klug war, so viele Kinder zu haben. Ich möchte nämlich wissen, wie die Zukunft für sie sein wird - deshalb verstehe ich das und verstehe sehr gut, warum Frauen heute keine Kinder haben wollen. Und ich finde, das ist eine individuelle Entscheidung. Es handelt sich nicht um etwas, wo ich sagen könnte es ist richtig oder falsch; jede Frau muss diese Entscheidung selbst aus freien Stücken, aus ihrer eigenen Überzeugung heraus fällen. Niemand soll dir da sagen: „Du sollst das nicht!“ oder „Du sollst das!“ - es handelt sich um eine freie Entscheidung, die eine Frau zu fällen hat, denn sie soll diejenige sein, die über ihren eigenen Körper verfügt. Sie gehört niemandem außer sich selbst und sie ist diejenige, die zu bestimmen hat, ob sie Kinder bekommen will oder nicht. Nicht ich, nicht du - niemand, weißt du! Die Gesellschaft soll es nicht; es soll ihre eigene Entscheidung sein.

„Die Frau ist das Rückgrat der indianischen Familie“, hast du einmal formuliert. Bei uns in Europa gibt es nur wenige vergleichbare Gruppen von Frauen und Familien, in denen die Frauen nicht nur selbst- und verantwortungsbewusst im vorhin geschilderten Sinn agieren können, sondern auch gemeinsam mit den Männern das Wohl ihrer Familien und von Land und Leben generell im Auge haben. Kannst du uns aus deinem großen Schatz an Erfahrungen einige Hinweise geben, welche Schritte besonders beachtet werden sollten, wenn Menschen hier in Europa untereinander und von hier aus mit euch zusammenarbeiten wollen?

Es ist wie bei unseren großen Zusammenkünften, die wir hier haben, bei unseren großen Zeremonien wie dem Sonnentanz. Wenn ich es allein versuchen wollte, mit niemandem, der mir dabei hilft - es gäbe keinen Weg, so etwas durchzuführen. Aber wenn du Frauen und Familien hast, die bereit sind, zusammenzuarbeiten, damit so etwas stattfindet, dann kannst du es verwirklichen. Es ist daher besser, mit mehr Familien zusammenzuarbeiten und einen solchen Kreis von Menschen zu bilden, die sagen: „Wir wollen diese Dinge tun und es geht leichter, wenn wir zusammenarbeiten!“ So entsteht euer Kreis; er entwickelt seine Philosophie, den Grund seiner Existenz, seine Ziele und Vorhaben, die er verwirklichen will. Dann setzt ihr euch zusammen, überlegt gemeinsam und sagt: „Wir wollen das und das tun - was brauchen wir, um es zu verwirklichen?“ Ihr listet die Punkte auf, die alle getan werden müssen. Zuerst könntet ihr vielleicht sagen: „Hm, wir wollen ein kleines Treffen veranstalten und Leute hier zusammenbringen. Wir möchten Janet McCloud, Thomas, die oder den dabei haben. Was brauchen wir zuerst? Einen Ort, Geld für die Reisekosten; Essen, Getränke und eine Unterkunft. Was kochen wir? Wer sorgt sich um die Unterkunft, wer betreut die Gäste? Wer tut was?“

Jeder übernimmt eine Aufgabe. Wenn du so einen Kreis von Leuten hast und sich ihm jeder verpflichtet fühlt und jeder bereit ist, soviel Arbeit zu verrichten, wie er nur kann - das ist der Zweck eines Kreises, denn er ist ebenso eine natürliche Organisation von Menschen. Keine Person macht all die Arbeit allein, überlegt allein - aber jemand ist nötig, um zu helfen, das zu organisieren und zu sagen, was notwendig ist, um so etwas auf die Beine zu stellen. Es muss etwas sein, was die Leute wollen. Das ist ein Beispiel. Ein anderes, wenn wir sagen, dass wir einen Garten brauchen, um Nahrung anzubauen. Wir mieten einen Gemeinschaftsgarten, wo alle viel Zeit hineinstecken, und wir teilen die Nahrung daraus. Das ist einiges, was du mit einem Kreis von Leuten machen kannst - auch eine Art Zeitung zum Beispiel. Für mich ist das wichtig, was wir eine Entwicklung von ganz unten, von den Graswurzeln her nennen *(grassroots development)*. Es hat nichts mit einem Regierungsprogramm zu tun, das von oben für euch entwickelt worden ist - es ist eure eigene Entwicklung; eure eigene Errungenschaft; ihr erreicht eure eigenen Ziele. Diese Bedeutung hat ein Kreis für mich.

Und wozu ich die Menschen immer wieder ermuntere, ist folgendes: Wenn du die Welt verändern willst, musst du mit diesem Prozess beginnen, genauso auf kleine Weise; erstens mit dir selbst, dann arbeite in der Familie und schließlich in der Gemeinschaft, in der du Menschen findest, die bereit sind, zusammenzuarbeiten, um diese Veränderung zuwege zu bringen. So beginnt es - für mich ist es wie eine Saat.

Ich glaube nicht an die großen Visionen, die vom Himmel fallen; aber an den gesunden Menschenverstand - verändere deine Ess- und Lebensgewohnheiten, diese einfachen Dinge, und lerne, sie aufzugeben. Da gibt es sicher einiges, was die Menschen lernen müssen zu tun. Versuche, eine bessere Welt zu schaffen, heißt wirklich zu versuchen, dich selber zu einer besseren Person zu machen. So, wie die alten Heilkundigen *(medicine people)* sagen: „Zeige nicht mit dem Finger auf andere Leute, sondern erinnere dich daran, dass immer drei da sind, die mit dem Finger auf dich zurückzeigen, wenn du so etwas tust! Wenn du Veränderungen willst, dann verändere du das, was am bedeutendsten ist: Mache dich selbst zu jener Person, von der du wünschst, dass jeder so sein soll. Daher musst du wissen", sagen sie, „wer du bist, du musst auf dich selbst schauen - das ist die größte Vision, die du haben kannst, indem du geradewegs auf dich selbst achtest."

Wenn du eine Vision hast, die dich - dich - zeigt (so wie du bist), das ist eine großartige Vision. Und du magst vielleicht nicht, was du siehst, wenn du eine über dich selbst hast. Denn du könntest darin nicht so aussehen, wie du glaubst, dass du in einer Vision aussehen solltest. Du schaust vielleicht groß und fragst: „Wer ist diese hässliche Person, die mich da ansieht?" Und da ist nichts, was so aussieht, wie du sein solltest. Die Veränderung beginnt immer bei dir zuerst; nicht bei den Leuten um dich herum oder sonstwo!

Heute können wir für morgen arbeiten

Heute werden wir dafür bestraft, dass der Mensch die Natur aus dem Gleichgewicht gebracht hat. Aber heute können wir für morgen arbeiten, indem wir unsere Denkweise und unseren Lebensstil ändern. Diese Art von Appellen richten wir an die Welt. Aber es scheint so zu sein, dass so viele Menschen in der Welt alles schnell erledigt haben wollen - sie wollen uns als Schausteller *(showmen)*, ihr nennt sie Shaman („Schamane") - wir aber Showmen, denn sie sollen den Leuten einen Gesang oder einen Tanz beibringen, damit sie sich besser fühlen und ihnen alle ihre Probleme abgenommen werden. Andere wollen einen Guru aus Indien, und diese geben ihnen eine rasche Erörterung ihres Problems. Aber es gibt keine leichten Lösungen; es ist eine harte Arbeit und sie verlangt Verzicht! Das ist die einzige Art und Weise, wie wir die Welt verändern können.

Und ich denke oft an die Leute, die Kristalle tragen - ich mag sie auch, als Schmuck. Aber so viele Menschen glauben, Kristalle können jeden heilen und ich sage: „Mein Gott, es sind so viele Kristalle in Gebrauch, dass es uns allen gut gehen müsste, dass es keine Krankheit mehr geben dürfte!" Ich denke nicht, dass es irgend etwas Müheloses wie Kristalle, einen Gesang oder eine Meditation gibt, was dieses Leben umschwenken lassen könnte. Es handelt sich vielmehr um eine harte Arbeit, um gesunden Menschenverstand, um das Wiedererlangen deiner Identität als ein Kind dieser Mutter Erde. Und es geht darum, daranzugehen, uns alle als von derselben Familie dieser Erde zu betrachten - und die Umwelt zu beschützen, in der du lebst, das Wasser, die Luft.

Ich möchte den Gedanken der Erdenfamilie aufgreifen. Neben der Arbeit an uns selbst und dem Engagement auf dem Land und in der Gemeinschaft, wo wir uns heimisch fühlen, spielt doch die Solidarität mit jenen Völkern eine entscheidende Rolle, die das praktizieren, wovon wir meist nur reden. Im Arbeitskreis Hopi-Österreich haben wir die Erfahrung gemacht, dass wir von ihnen am meisten lernen, wenn wir uns für Menschen wie dich und Thomas einsetzen, mit euch in eine Art solidarischen, engagierten Austausch treten, um so einer erneuten Ausbeutung vorzubeugen. Dabei geht es vor allem darum, ein Umfeld zu schaffen, in dem das Überleben nicht nur unserer, sondern insbesondere auch eurer und anderer traditioneller Kulturen gewährleistet wird. Gibt es da eine Art des Engagements, auf die wir besonders achten sollten?

Für mich ist es wichtig, dass es Menschen gibt, die diese Botschaft verbreiten, dass es noch Ureinwohner gibt, die sich abmühen, die uralten Lehren und dergleichen aufrecht zu erhalten; denn in Zukunft werden wir sie mehr benötigen. Es wird eine Zeit geben, in der die Indianer für die Menschheit alle Türen zu den heiligsten Zeremonien öffnen werden - aber noch ist es nicht so weit und ich weiß nicht, wann es so weit sein wird. Es liegt an den Hopi - an sonst niemand -, den Zeitpunkt dafür zu bestimmen. Es müssen bestimmte Dinge geschehen, meinen die Hopi, bevor die Tore geöffnet werden. Wenn sie geöffnet werden, wird es ganz von selbst geschehen, weißt du - in deinem Denkvermögen, um zu verstehen; egal, wo du gerade bist. Es wird einfach kommen. Geradezu auf diese Weise werden, wie die Hopi wissen, die Tore geöffnet werden. Du musst kein Buch lesen, an keiner Zeremonie teilnehmen oder dergleichen; es ist einfach ein neues Ding, das Wirklichkeit wird und jeder wird es, je nachdem, wie es seine Auffassungsgabe erlaubt, erhalten und Bescheid wissen, was zu tun ist. Daher wird dann jeder, der jetzt schon seine spirituelle Fähigkeit, zu empfangen, entwickelt und zu entwickeln sucht, umso besser empfangen, je besser er es jetzt schon kann und dafür bereit ist. Weil wir das wissen, ist es nötig, diese Menschen zu schützen und zu unterstützen, die sich abmühen, diese Dinge zu tun, um dieses Land und Leben aufrechtzuerhalten - das ist wichtig.

Ich kann dir nicht sagen, was du unterstützen sollst - es liegt an euch, zu sehen und zu erkennen, wie ihr helfen könnt. Wir können nicht den Leuten sagen: „Ihr sollt dies oder das tun!“ Auch wenn ich schreibe: „Ich brauche wirklich Hilfe, Alexander!“ liegt es an euch, ob ihr könnt oder nicht. Wir können tatsächlich den Leuten nicht sagen, was sie tun können, das ist nicht gut. Manchmal, wenn ich das tue, fühle ich mich herabgesetzt wie ein Bettler - ich bin in dieser Hinsicht gezwungen, um mein Brot und meine Butter zu betteln. Ich mag solche Dinge wirklich nicht den Leuten sagen ...

Für mich ist es bedeutend, dass Leute wie du, die publizieren können, die Botschaft verbreiten, worum wir kämpfen, was wir zu erreichen trachten, was und wie wir es tun. Dann liegt es an euch, euren Verstand einzusetzen, um zu sagen:„Schau, wir können auf diese oder jene Weise helfen!“, wenn ihr es wollt. Ihr seid diejenigen, die das entscheiden müssen, nicht ich. Wir brauchen Freunde und Verbündete, das ist alles. Die Menschen müssen selbst wissen, wozu sie selber imstande sind.

Öffentliche Erklärung von Kirchen in den USA

An die Stammesräte und traditionellen spirituellen Führer der Indianer- und Eskimovölker des pazifischen Nordwestens

Überreicht an Jewell Praying Wolf James, Lummi; veröffentlicht im Herbst 1987

Liebe Brüder und Schwestern!

Dies ist eine formelle Entschuldigung seitens der Kirchen für deren langandauernde Teilnahme an der Zerstörung der traditionellen spirituellen Praktiken der Ureinwohner Amerikas. Wir fordern unsere Gläubigen zur Anerkennung und Respektierung Eurer traditionellen Lebensweise sowie zum Schutz Eurer heiligen Plätze und zeremoniellen Gegenstände auf. Wir waren nur allzu oft unbewusst und ohne Einfühlungsvermögen, und sind Euch nicht zu Hilfe gekommen, als Ihr einer ungerechten staatlichen Politik und deren Praxis zum Opfer gefallen seid. In vielen anderen Fällen haben wir den überhand nehmenden Rassismus und die Vorurteile der herrschenden Kultur, mit der wir uns allzu willig identifizierten, geteilt. Anlässlich der 200-Jahr-Feier der Verfassung der USA möchten wir, die leitenden Vertreter unserer Kirchen im pazifischen Nordwesten, unsere Entschuldigung ausdrücken. Wir bitten um Eure Vergebung und um Euren Segen.

Während der Schöpfer fortfährt, die Erde, die Pflanzen, die Tiere und alle lebenden Dinge zu erneuern, fordern wir unsere Gläubigen und Anhänger auf, ihren Beitrag zur Unterstützung Eurer Bemühungen zu leisten, das Erbe Eurer eigenen traditionellen spirituellen Lehren zurückzufordern und zu beschützen. Zu diesem Zweck sichern wir unsere Hilfe und Unterstützung zur Einhaltung des American Religious Freedom Act zu (P.L. 95-134, 1978) und bestätigen im Rahmen dieses gesetzlichen Präzedenzfalles folgendes:

1. Das Recht der Ureinwohnervölker, unter demselben Schutz, wie er allen Religionen in der Verfassung gewährt wird, traditionelle Zeremonien und Rituale auszuüben und an solchen teilzunehmen.

2. Den Zugang zu heiligen Plätzen und öffentlichem Land sowie seinen Schutz für zeremonielle Zwecke.

3. Den Gebrauch religiöser Symbole (Federn, Tabak, Süßgras, Knochen und dergleichen) in traditionellen Zeremonien und Ritualen.

Die spirituelle Kraft des Landes und die alte Weisheit Eurer bodenständigen Religionen kann, wie wir glauben, ein großes Geschenk an die christlichen Kirchen sein. Wir bieten unsere Hilfe an, bisheriges Unrecht zu beseitigen; die Bemühungen Eurer Völker um eine Besserstellung der spirituellen Lehren der Ureinwohner zu schützen; die Mitglieder unserer Kirchen zu ermutigen, in diesen wichtigen religiösen Belangen mit euch solidarisch zu sein; für angemessene Rechtshilfe und spirituelle Unterstützung bei den diese Belange betreffenden laufenden Verhandlungen mit staatlichen Stellen und Bundesbehörden zu sorgen.

Mögen die Versprechungen dieses Tages allen unseren Gemeinden öffentlich dargelegt und den amerikanischen Ureinwohnervölkern des pazifischen Nordwestens mitgeteilt werden. Möge der Gott Abrahams und Sarahs und der Geist, der sowohl in den Zedern- als auch in den Lachsvölkern lebt, geehrt und gefeiert werden.

In Aufrichtigkeit
Rev. Thomas L. Blevins (Bischof der Lutherischen Kirche), *Rev. Dr. Robert Bradford* (Baptistische Kirche), *Rev. Robert Brock* (Northwest Regional Christian Church), *Right Rev. Robert H. Cochrane* (Bischof der Episkopaldiözese von Olympia), *Rev. W. James Halfaker* (United Church of Christ); *Most Rev. Raymond G. Hunthausen* (r.k. Erzbischof von Seattle), *Most Rev. Elizabeth Knott* (Presbyterianische Kirche), *Rev. Lowell Knutson* (Bischof der Lutherischen Kirche), *Most Rev.Thomas Murphy* (Koadjutor des r.k. Erzbischofs von Seattle), *Rev. Melvin G. Talbert* (Bischof der Methodistenkirche)

Menschen sind wie Bäume

Botschaften und Verlautbarungen des Traditionellen Kreises indianischer Elders und der Jugend

Der „Traditionelle Kreis indianischer Elders und der Jugend" *(Traditional Circle of Indian Elders and Youth)*, im Deutschen oft als „Jugend- und Ältestenrat" bezeichnet, ist eine lose organisierte Zusammenkunft von indianischen Elders, Heilkundigen und Sprechern Nordamerikas. Er gilt als jenes Forum, dessen Aussagen von traditionsbewussten Indianern als verbindlich und richtungsweisend betrachtet werden und entwickelte sich aus den Versammlungen der „Karawane der spirituellen Einheit", dem *Spiritual Unity Caravan.*

Zum ersten Mal tagte er 1977 im Gebiet von Missouri Headwaters - bei Three Forks: dort, wo sich im US-Bundesstaat Montana mehrere Flüsse zum Missouri vereinigen. Seither finden die Zusammenkünfte meist ein- bis zweimal im Jahr an verschiedenen Orten Kanadas und der USA statt, darunter 1981 und 1990 bei den Irokesen in Onondaga im US-Bundesstaat New York. In diesen beiden Jahren hatten die Oberhäupter (Chiefs) der Sechs Nationen der Irokesenkonföderation die Mitglieder des Kreises zu sich geladen.

Schon 1986, als die Oglala-Sioux in Pine Ridge in Süddakota Gastgeber waren, wurde der Kreis um die auszubildende Jugend erweitert, daher trägt er seit damals den Namen *Traditional Circle of Indian Elders and Youth* anstelle der vorher verwendeten Bezeichnung *Traditional Indian Elders Circle*. Die Aufgaben sind dieselben geblieben: der Kreis führt Zeremonien durch und tauscht traditionelles Wissen aus.

Vor diesem Hintergrund berät er aktuelle Fragen, die insbesondere die Ureinwohner, aber auch die gesamte Menschheit und die Erde als unsere Heimstätte betreffen. Mitunter nimmt er in schriftlicher Form öffentlich Stellung dazu.

Seit dem Weltenwechsel des Muskogee-Medizinmannes *Phillip Deere* im Jahre 1986, der die Einbindung der Jugend in den Kreis vorangetrieben hatte, gibt es keinen offiziellen Sprecher mehr. Dadurch haben die gemeinsam gebilligten Kommuniqués besonderes Gewicht erlangt. In den 1980ern standen darin überwiegend der Missbrauch und die Vermarktung indianischer Spiritualität, die Missachtung der Naturgesetze durch die Menschheit und die Verletzung der Menschenrechte verschiedener Ureinwohnervölker im Vordergrund (vgl. „Unser Ende ist eucr Untergang“ und „Mit der Erde - für das Leben“).

1989 nahmen erstmals auch Vertreter der Lacandona Maya und anderer mittelamerikanischer Ureinwohnervölker an den Versammlungen teil. 1990 schließlich sogar Vertreter aus Afrika, Australien und Grönland, was in einem Bericht der Dogon aus Westafrika im Anhang zum Kommuniqué Nr. 13 seinen Niederschlag fand. In ihm beklagen sie den zunehmenden Druck, der durch die Modernisierung und Islamisierung auf ihre traditionelle Gemeinschaft ausgeübt wird. Ähnlich geht es den Lacandona Maya in Mexiko und den Inuit in Kanada und Grönland, deren Lebensgrundlagen und traditionelle Lebensweise durch die wachsende Umweltzerstörung und den Anpassungsdruck der weißen Gesellschaft immer mehr zugrunde gerichtet werden.

Entsprechend dieser Erweiterung des Kreises um Ureinwohner aus aller Welt gehen auch zwei öffentliche Verlautbarungen auf die gesamte, sich zuspitzende Situation von Menschheit und Erde in sehr umfassender Weise ein. Dabei wird der Aspekt des gemeinsamen Überlebens betont, denn: „Die Zeit des Warnens ist vorbei!“, wie es im zwölften Kommuniqué von 1989 heißt. Es entstand aufgrund der Ratsversammlung des Kreises im Land der Haida, auf den Queen Charlotte Inseln im Küstenbereich von British Columbia in Kanada. Yet Si Blue schickte mir eine Kopie des Originaltextes zu, der seiner großen Bedeutung wegen bereits im März 1990 im Rahmen einer außerordentlichen Aktion vom mittlerweile gegründeten Verein *Für die Erde, für das Leben - Arbeitskreis*

Hopi-Österreich gedruckt und international verschickt wurde. Im Mai desselben Jahres wurde in den Mitteilungen des Vereins eine erste deutsche Übersetzung veröffentlicht.

Die vorliegende Fassung stellt eine weitere Bearbeitung der Erstübersetzung von Matthias Neitsch dar, dem ich hiermit für seine Mithilfe besonders danke.

Rechte und Verpflichtungen gegenüber Mutter Erde

Der Traditionelle Kreis indianischer Elders und der Jugend Haida Gwaii, Queen Charlotte Islands, Skidegate - Massett

14. Juni 1989

Kommuniqué Nr. 12

Der Traditionelle Kreis indianischer Elders und der Jugend gibt im Anschluss an sein Ratstreffen in Haida Gwaii, im Land der Haida-Nation, diese Verlautbarung heraus. Als Einführung in die Auffassungen, die zur Sprache gekommen sind, möchten wir ein Zitat des Haida-Chiefs Skidegate (Lewis Collinson) vom März 1966 voranstellen:

„Menschen sind wie Bäume, und Gruppen von Menschen sind wie Wälder. Während die Wälder aus vielen verschiedenen Arten von Bäumen bestehen, verflechten diese Bäume ihre Wurzeln so stark untereinander, dass es selbst für die stärksten Winde, die hier auf unseren Inseln wehen, unmöglich ist, den Wald zu entwurzeln, da jeder Baum seinen Nachbarn stärkt; und ihre Wurzeln sind unentwirrbar miteinander verbunden.

In der gleichen Weise beginnen die Menschen auf unseren Inseln, die aus verschiedenen Nationen und Rassen aus aller Welt bestehen, ihre Wurzeln so stark untereinander zu verflechten, dass sie kein Unheil befallen kann.

So wie ein Baum, der allein steht, sehr bald vom ersten starken Wind, der daherkommt, zerstört würde, so ist es unmöglich für jede Person, jede Familie oder Gemeinschaft, allein den Schwierigkeiten dieser Welt gewachsen zu sein.“

Die Weltsicht der Ureinwohner mit anderen teilen

Alle Völker sind Teil der Schöpfung und haben gemeinsame Rechte und Verpflichtungen gegenüber Mutter Erde. Es gibt einige wichtige Aspekte unserer Lebensweise, die mit denjenigen geteilt werden können, die daran interessiert sind, traditionelles Wissen und traditionelle Weltsicht zu verstehen.

Es ist wichtig, die Tatsache zu respektieren, dass einiges an zeremoniellem Wissen heilig und intim ist; nur für jene Medizingesellschaften bestimmt, die für diese besonderen Funktionen verantwortlich sind. Diese Zeremonien kommen allen Menschen zugute. Es ist ein großes Vergehen, heiliges Wissen auszubeuten. Richtige Durchführung und Teilnahme ist die Pflicht der ernannten traditionellen Leiter der Zeremonien *(religious leaders)*. Viele dieser Zeremonien sind in ihren jeweiligen Nationen der Ureinwohner an einen bestimmten Platz gebunden.

Aspekte der Weltsicht der Ureinwohner, die mit anderen geteilt werden können, enthalten Prinzipien des Lebens und der Beziehungen zur natürlichen Welt. Wir sind eins mit dem unaufhörlichen Prozess der Schöpfung. Menschen sind gleichberechtigte Partner der Pflanzen und Tiere, nicht ihre Gebieter, die sie ausbeuten.

Heute brauchen die vier Farben der Menschenfamilie - Rot, Weiß, Schwarz und Gelb - ein besseres Verständnis unserer Verwandtschaft mit Mutter Erde, um das Überleben von Menschen, Pflanzen und Tieren zu sichern. Es gibt da viele Gemeinsamkeiten, die mit unserem Überleben untrennbar verbunden sind. Indem wir unsere Lebensweisheit mit anderen teilen, können wir Harmonie und Gleichgewicht fördern.

Als Familie leben - Eine geteilte Verantwortung

Männer und Frauen haben die gleiche Verantwortung, die Stärke der Familie wiederherzustellen, die das Fundament aller Kulturen ist. Eltern werden Partner bei der Pflege der spirituellen, kulturellen und sozialen Gesundheit der Familie. Diese Partnerschaft sollte auf gegenseitige Achtung aufgebaut sein.

Unsere Kulturen vermögen Eltern zu lehren, wie sie fähig sind, auf friedvolle und konstruktive Art zusammenzuarbeiten, wie sie miteinander umgehen und gute Worte verwenden können, um Probleme zu lösen. Auf diese Weise werden unsere Kinder produktiv und in Obhut leben. Dieses Leben beinhaltet kulturelle Erziehung, spirituelle Erfüllung, kreativen Ausdruck und ein positives Selbstbild für alle Mitglieder der Familie.

Eltern müssen für die Kinder Rollenvorbilder sein, ebenso für ihre Nichten und Neffen. Eltern müssen den Wert von Vertrauen, Achtung und Würde veranschaulichen. Eltern müssen auch in ihren eigenen Handlungen Disziplin, Mäßigung und Fairness zeigen. Wie es sich im Laufe der Zeit erwiesen hat, werden Kinder wie ihre Eltern handeln und nicht unbedingt so, wie es die Eltern ihnen vorschreiben. Diese Veränderungen können ohne die Verpflichtung des einzelnen zur Selbstdisziplin im täglichen Leben nicht stattfinden. Wenn persönliches Wohlergehen und unmittelbare Befriedigung wichtiger werden als unsere Kinder, dann steuern wir ernsthaften Problemen entgegen.

Jede Nation hat Ursprüngliche Anweisungen darüber, wie sie leben soll. Diese Traditionen können den Familien Stärke und Zusammenhalt geben, um mit den Gegebenheiten des modernen Lebens fertig zu werden.

Großeltern und die Elders einer Gemeinschaft haben bei der Erziehung unserer Jugend eine bedeutsame Rolle inne. Ihre Erfahrung, ihre Sorgen und Sichtweisen sind wichtig. Kinder sind Teil eines größeren, ausgedehnten Familien-Clans, der ihnen einen einzigartigen Platz in der Welt gibt und sie mit ihrer Kultur verbindet.

Kinder brauchen die Sicherheit eines Zuhauses, eine Verbindung zu ihrer Gemeinschaft und eine Beziehung zu ihrer traditionellen Umgebung. Kinder sind die Zukunft unserer Nationen, und es muss ihnen ihre Muttersprache, ihre Spiritualität und Identität gelehrt werden. Damit unsere Kinder in der Welt überleben können, brauchen sie ein sicheres Verstehen der Grundprinzipien des fürsorgenden Teilens, der Freiheit und der Achtung vor der Individualität sowie einen unerschütterlichen Glauben daran.

Nahrung

Ein bedeutender Aspekt, dem sich unsere Familien dringend zuwenden müssen, ist eine Veränderung zu einer gesünderen Ernährung. Krankheiten wie Diabetes und Krebs verbreiten sich seuchenartig unter unseren Leuten. Gifte in vielen modernen Nahrungsmitteln, von Konservierungsstoffen bis zu Pestiziden, können großen Schaden an Körper, Geist und Seele verursachen. Wir brauchen eine Rückkehr zu vollwertigeren, traditionellen Nahrungsmitteln, die nahrhaft und haushälterisch sind. Familien benötigen es, vermehrt ihre eigene Nahrung anzubauen, die, sofern nach altbewährten kulturellen Verhaltensmustern richtig angebaut, helfen wird, Gesundheit, Stärke und Glück unserer Familien wiederherzustellen.

Bedeutung der Frauen

Das Naturgesetz gibt den Frauen die Verantwortung, neues Leben in die Welt zu bringen. Jeder muss aus dem Schoß geboren werden. Mütter müssen die Menschenleben beschützen, denen sie geholfen haben, sie in diese Welt zu bringen. Der Traditionelle Kreis indianischer Elders und der Jugend möchte die Frauen in ihren heiligen Verpflichtungen bestärken und seine Dankbarkeit und Ermutigung den Frauen überall ausdrücken, die angesichts vieler Hindernisse darum kämpfen, Leben zu nähren und zu schützen.

In unserer traditionellen Lebensweise ist die Frau das Fundament der Familie. Es ist die Mutter, die ihrem Mann und ihren Kindern gegenüber für spirituelle Orientierung und Inspiration sorgt. Die Möglichkeit der Frauen, ihren Familien zu helfen, höhere Ebenen spirituellen Bewusstseins zu erreichen, sind unbegrenzt. Ein Mann kann eine mächtige Kraft für das Gute in dieser Welt werden, wenn er von einer besonnenen und liebenden Gefährtin spirituell unterstützt wird.

Damit die Frauen ihre Verpflichtungen wahrnehmen können, ist zu Hause eine Atmosphäre der gegenseitigen Achtung, der Sicherheit und der Harmonie erforderlich. Eine Mutter, die sich geschützt im Mittelpunkt des Kreises ihrer Familie befindet, wird

eine Quelle der Stärke für alle sein.
Misshandlung und Unterdrückung haben keinen Platz in einer traditionellen Familie.

Umweltethik auf der Basis der Tradition

Wir stehen heute der ernsten Herausforderung gegenüber, die globale Harmonie der Umwelt wiederherzustellen. Wir erkennen, dass die Erde unsere Spirituelle Mutter ist, ein Lebewesen, das Leben aufrechterhält - und dass jede Bedrohung der Umwelt uns alle gefährdet. Wir stehen vor einer Existenzkrise dieses lebendigen Planeten, den wir Mutter Erde nennen.

In unserer traditionellen Lebensweise behandeln wir die Erde mit jener Achtung, die der Quelle unseres spirituellen und kulturellen Wohlbefindens gebührt. Wir wurden vor einer Zeit gewarnt, in der die Menschen das grundlegende Gesetz der Natur nicht beachten und in ihrem eigenen Abfall ersticken würden.

In unserer traditionellen Lebensweise betrachten wir Land nicht als eine Ansammlung von Reichtümern, die nach einer Erschließung verlangen. Statt dessen betrachten wir diese Ressourcen als lebendige Wesen *(living entities)*, die durch Danksagungszeremonien geehrt werden müssen. Wir sind an einem Punkt angelangt, wo wir handeln müssen, um die Erde für alle Kulturen zu retten. Unsere Prophezeiungen haben sich bewahrheitet. Die Zeit des Warnens ist vorbei. Wir stehen jetzt vor dem gemeinsamen Problem des Überlebens.
Die Konsequenzen des Verstoßens gegen die Naturgesetze werden von jenen getragen werden, die sich am meisten auf diese guten Gesetze verlassen. Es ist unsere Verpflichtung, der Welt verständlich zu machen, wie ihre politischen, wirtschaftlichen und die Erholung betreffenden Entscheidungen auf die Gesundheit und das Wohlergehen jener Umwelt einwirken, in der Nationen der Ureinwohner leben.

Das Naturgesetz ist absolut. Es kann schnell und grausam sein, wenn es nicht beachtet wird. Menschen können eine Sache ändern. Wir müssen sicherstellen, dass alle Kulturen, alle Nationen, alle Völker unverzüglich beginnen, die schwindende Freigebigkeit von Mutter Erde zu beschützen.

Wir müssen Habgier in füreinander sorgendes Teilen umwandeln, materiellen Wohlstand in spirituelles Wohlbefinden und individuelles Unternehmertum in den vereinten Willen, sicherzustellen, dass es für künftige Generationen ein sauberes und sicheres Zuhause geben wird.

Wir benötigen eine Koalition von Nationen der Ureinwohner und Umweltschutzgruppen, um zur Rettung unserer Mutter Erde enger zusammenzuarbeiten. Versöhnung ist der Schlüssel zum Überleben. Friede ist das Ziel. Friede zwischen Menschen und der Umwelt. Dieser Friede wird es uns erlauben, unsere verschiedenen Kulturen ebenso zu respektieren wie die spirituellen Kräfte der Erde und aller lebenden Dinge. Wir können uns nicht von der Erde trennen. Wir können nicht fortfahren, unsere Mutter zu misshandeln. Das künftige Wohlergehen von Mutter Erde liegt direkt in unseren Händen. Wir alle müssen Hüter der Erde werden.
Um damit zu beginnen, müssen wir jene Elders retten, die nicht für sich selbst sprechen können - die Bäume. Die Redwoods werden angegriffen. Die Regenwälder werden in einem unglaublichen Ausmaß zerstört. Der Ahornbaum stirbt vom Wipfel abwärts durch die tödliche Wirkung des sauren Regens.

Schon die Luft, die wir atmen, kann uns jetzt schaden. Der Sauerstoff, den wir benötigen, ist der Atem des Lebens, der von unserer Mutter Erde kommt. Sie erzeugt diese Luft durch die Bäume und Regenwälder überall auf der Welt. „Fortschritt" bedroht nun diese Bäume, die uns helfen zu leben. Ein besseres Verstehen unserer Weltsicht kann Wertschätzung und Verpflichtung für unsere Verantwortlichkeit den Lebenskräften der Schöpfung gegenüber bewirken.

Unsere Gesundheit ist in Gefahr. Ein sicherer Wasservorrat - das lebenswichtige Blut von Mutter Erde - muss bewahrt werden. Gute Nahrungsmittel wie die Drei Schwestern Mais, Bohnen und Kürbis müssen frei von giftigen Chemikalien angebaut werden. Sonst begehen wir eine Form von Selbstmord. Indem wir Nahrung essen, der das Leben entzogen wurde (weil industriell bearbeitet), vergiften wir uns selbst.

Die Erde ist lebendig und muss vor dem weiteren Missbrauch

sowohl durch einzelne als auch durch multinationale Konzerne beschützt werden. Diese verletzen das Gesetz der Natur. Es ist eine heilige Treuhandschaft, die um der künftigen Generationen aller Menschen willen wiederhergestellt werden muss. Selbstsucht und Habgier müssen Einhalt geboten werden, um die Plünderung der Geschenke der Schöpfung zu beenden. Hinsichtlich der Grundsätze des Miteinander-Teilens und Füreinander-Sorge-Tragens muss Einmütigkeit unter allen Menschen bestehen. Das Überleben aller Kinder von Mutter Erde hängt von unserem gemeinsamen Vorgehen ab. Gemeinsam können wir den Holocaust gegen die Umwelt beenden. Mutter Erde benötigt es dringend, dass wir alle dem Naturgesetz Beachtung schenken. Die Ureinwohner benötigen Hilfe von allen Kulturen, Religionen und Nationen, um die Harmonie unseres Heimatplaneten wiederherzustellen.

Rechte der Ureinwohner auf Land

Ureinwohner überall auf der Welt haben ein Geburtsrecht auf ihr angestammtes Land und eine Verantwortung ihm gegenüber. Sie haben eine Identität, die auf dem Land beruht. Sie haben ein unumschränktes Recht, die natürliche Welt vor Ausbeutung zu schützen. Wenn die Nationen ihrer traditionellen Lebensweisheit und der Wertschätzung gegenüber dem Land treu bleiben, ist ihre Zukunft gesichert. Die Menschen müssen dieses Naturgesetz wiederentdecken, das ihnen im Gegenzug den Zutritt zum Land gewährt, solange sie es nicht zerstören .

Unsere Kulturen beruhen auf zwei wichtigen Voraussetzungen, die das Land miteinbeziehen: Erstens sind wir der Ansicht, dass die Erde unsere Spirituelle Mutter ist; erschaffen, um uns zu erhalten - vorausgesetzt, wir leben nach den Ursprünglichen Anweisungen unseres Schöpfers. Zweitens erhalten unsere verschiedenen Kulturen ihre jeweils individuelle Identität von ihrem Land. Das schafft eine lebenswichtige Beziehung zu unseren angestammten Gebieten, die erhalten werden muss.

Unsere kulturelle und spirituelle Identität hängt von einer Landbasis ab. Das Land stattet uns aus mit Nahrung, Obdach, Inspiration und der jeweiligen Verantwortung, alle Elemente dieses Landes zu achten. Das Land ist ein heiliges Treuhandgut, welches für das zukünftige Wohl unserer Nationen gemeinsam verwaltet wird.

Land ist kein Wirtschaftsgut, das verkauft werden kann. Wir können nicht länger fortfahren, unsere wirtschaftliche Zukunft auf die Gewinnung und Ausfuhr seiner Bodenschätze aufzubauen. Der Zugang zu den Schätzen des Landes ist dem Naturgesetz unterworfen. Wenn wir das Land zerstören, werden wir keine Nahrung, kein Zuhause und keine Zukunft für die nächsten Generationen haben. Wenn wir die Reichtümer des Landes zerstören, haben wir unsere heilige Treuhandschaft gebrochen. Unsere Nationen müssen Maßstäbe für die Landnutzung setzen, bei denen spirituelle Gesetze unsere Entscheidungen leiten. Wir brauchen eine vom gesunden Menschenverstand getragene Haltung, um den Menschen zu helfen, Nutzen aus den Reichtümern des Landes zu ziehen und gleichzeitig die langfristige Unversehrtheit dieser Reichtümer sicherzustellen.

Die Menschen, die Clane und die Nationen sind mit der Oberhoheit über das Land betraut worden. Es ist ein kollektives Recht, das spirituelle Konsequenzen nach sich zieht. Der Missbrauch dieser Verantwortung wird zur Zerstörung unserer Nationen, unserer Kulturen und all unserer Ressourcen führen.

Wir wurden durch die profitorientierten Motive des industriellen Zeitalters vom rechten Weg weggeführt. Wir müssen uns wieder erinnern, warum uns das Land überhaupt gegeben worden ist. Jede Stammeskultur hat eine Landnutzungsethik, die wiederhergestellt werden muss.

Das Land wurde durch eine lange Linie von unseren Vorfahren ererbt. Jene haben die Verantwortung an uns weitergegeben. Wir verwalten das Land nicht um des finanziellen Gewinns, sondern um der künftigen Generation willen - damit sie ein Zuhause haben, eine Landbasis, eine sichere Zukunft. Wir müssen ihnen eine tiefe Achtung vor all den Geschenken der Schöpfung beibringen.

Religiöse Rechte der Ureinwohner

Es scheint, dass das Kanu der Spiritualität der Ureinwohnervölker noch immer im Schatten der Religionsschiffe der westlichen Welt

treibt. Wir alle schaukeln sanft auf dem Meer des Lebens und teilen ein gemeinsames Los, was den Schutz des Wohlergehens von Mutter Erde betrifft.
Zunehmend beginnt die Welt die Rechtschaffenheit der heiligen Grundsätze der Ureinwohner anzuerkennen. Unsere spirituellen Einsichten erlangen Gleichberechtigung und Unterstützung auf internationaler Ebene.

Dennoch leiden unsere heiligen Grundsätze unter Ausbeutern; darunter Gelehrte, die versuchen, unsere spirituellen Einsichten zu widerlegen; einzelne, die sich unsere Glaubensanschauungen zu ihrem eigenen Gewinn aneignen; Menschen, die mit dem Wegschaffen menschlicher sterblicher Überreste und heiliger Gegenstände von unseren heiligen Plätzen und Medizingesellschaften Geschäfte machen.

Wir müssen alle Menschen daran erinnern, dass die Praxis unserer spirituellen Wege bestimmte Elemente erfordert. Wir benötigen den Zugang zu heiligen Plätzen, welcher gewahrt werden muss. Wir benötigen zu heiligen Tieren den Zugang, welcher vor einer Durchführungsbeschränkung bewahrt werden muss. Wir benötigen die Rückgabe heiliger Gegenstände; viele davon sind jetzt in Museen, bei Historiker-Vereinigungen, in Universitäten und privaten Sammlungen.

Heilige Gegenstände sind das nationale väterliche Erbteil und ein religiöses Recht unserer Nationen. Niemand hat das Recht, unseren Leuten diese Gegenstände vorzuenthalten. Damit fortzufahren stellt eine Verletzung unserer Menschenrechte dar. Heilige Gegenstände müssen an internationalen Grenzen respektiert werden, sodass es uns erlaubt ist, unsere Religion zu praktizieren, wohin auch immer wir reisen. Die sterbichen Überreste unserer Vorfahren müssen an jene Nationen zurückgegeben werden, die deren Wiederbeisetzung wünschen. Hinzugefügte Grabbeigaben sollten ebenso zurückerstattet werden, damit unsere Toten in Frieden ruhen können. Es ist ein unzivilisierter Akt, weiterhin unseren Nationen das religiöse Recht zu verweigern, in angemessener Weise für ihre Toten zu sorgen.

Die religiösen Rechte von Ureinwohnern werden eingeschränkt

durch Bundes- und Landesregierungen, durch Provinz- und Ortsverwaltungen. Die Politik dieser Organe und kulturellen Institutionen muss geändert werden, um jede Diskriminierung unserer heiligen Grundsätze auszuschalten. Strafvollzugsanstalten müssen die religiösen Rechte einsitzender Ureinwohner anerkennen. Die heilenden Kräfte unserer Zeremonien und religiösen Wege können für die menschliche Entfaltung sehr wichtig sein. Gefängnisinsassen, die Ureinwohner sind, müssen Zugang zu unseren spirituellen Praktiken und heiligen Gegenständen haben, die zur Durchführung von Zeremonien notwendig sind. Dies gilt ganz besonders für Kinder in sozialen Einrichtungen oder in Institutionen für jugendliche Straftäter.

Es ist Zeit, dass die religiösen Praktiken der Nationen der Ureinwohner die gleiche Anerkennung und die gleiche Achtung erhalten wie die anderen etablierten Religionen dieser Welt, besonders in unseren eigenen Gebieten.

Abschließend hofft der Traditionelle Kreis indianischer Elders und der Jugend, dass sich alle Menschen bemühen werden, traditionelle Werte in ihr Leben aufzunehmen. Wir sind der Überzeugung, dass es dringend nötig ist, die zerstörerischen Wege zu ändern, die für den friedfertigen und natürlichen Lebensstil schädlich sind. Mit dieser Verlautbarung wendet sich der Traditionelle Kreis indianischer Elders und der Jugend an die Welt um Unterstützung und Zusammenarbeit, um das Gleichgewicht und die Harmonie allen Lebens wiederherzustellen und Mutter Erde zu,beschützen.

„Daalang gii giinahl sudaas naa gi dang gyust'aa sqawdaagii uu daalang gahl kil 'laa gaa. Gaa gang at t'aa ts'ii."

(Danke für das Anhören der Worte, die gesprochen wurden. Howa. Schreite behutsam, wenn du gehst.)

Der Traditionelle Kreis indianischer Elders und der Jugend

Die Erde braucht uns überhaupt nicht

Ein Gespräch mit Oren Lyons

Oren Lyons, geboren 1930, wuchs in den Traditionen der Onondaga und Seneca auf. Er ist Gründungsmitglied vom Traditionellen Kreis indianischer Elders und der Jugend und der UN-Arbeitsgruppe für indigene Völker in Genf *(Working Group on Indigenous Peoples at the United Nations)*. Er gehört damit zu den wenigen Elders, dic auch die Welt bereisen und internationale Kontakte pflegen. Als *Faithkeeper* (Glaubenshüter) des Schildkröten-Clans der Onondaga ist er derjenige, der seiner Clan-Mutter und dem Tadodaho hilft, die spirituellen Anweisungen, insbesondere das Zeremonialsystem, aufrecht zu erhalten. Von Zeit zu Zeit fungiert er als Sprecher des Großen Rats der Sechs Nationen der lrokesenkonföderation, deren Gebiete sich im heutigen US-Bundesstaat New York und im Südosten Kanadas befinden.

Die Onondaga, wenige Kilometer südlich der Stadt Syracuse in den USA zu Hause, stellen auch seit dem Wirken des Friedensstifters den Sitz für die Ratsversammlungen der Konföderation und gelten als die Hüter des Ratsfeuers. Zitat des Onondaga-Chiefs *Louis Farmer* (gefunden in *Wisdomkeepers*, im Deutschen „Hüter der Erde“): „Wir Chiefs (Oberhäupter) sind die Hüter des Zentralfeuers. Aber es ist nicht nur ein Feuer aus Holz und Flammen. Es ist auch das Feuer hier drinnen“ (er deutet auf sein eigenes Herz), „und ebenso das Feuer da drinnen“ (pocht auf seine Stirn). „Ein gutes Herz und eine gute Gesinnung - das brauchst du, um ein Chief zu sein.“

Der Tradition entsprechend kommt aus der Mitte der Onondaga der *Tadodaho*, der Vermittler und koordinierende „Sprecher des Hauses“ der 50 gleichgestellten Friedens-Chiefs, die den Großen Rat aller Sechs Nationen in Onondaga bilden. Ihre Namen: Mohawk, Seneca, Onondaga, Oneida, Cayuga, Tuscarora (letztere kam als sechste Nation erst um etwa 1700 dazu).

Seit 1968 hatte Chief Leon Shenandoah (1915 - 1996) bis zu seinem Weltenwechsel das Amt des Tadodaho inne, ohne den keine bedeutende Entscheidung im Großen Rat getroffen werden kann. Wie Chief Farmer gehörte Leon Shenandoah zum Traditionellen Kreis indianischer Elders und der Jugend. „Ich selbst habe keine Macht“, erklärt der Tadodaho den Autoren von Wisdomkeepers, „es sind die Menschen, die hinter mir stehen, die die Macht innehaben. Wirkliche Macht kommt allein vom Schöpfer. Sie liegt in Seinen Händen. Aber wenn ihr Stärke, nicht Macht meint, dann kann ich euch sagen, dass Güte die größte Stärke ist.“ Und weiter: „In unserer Religion geht es darum, dem Schöpfer zu danken. Das tun wir, wenn wir beten. Wir bitten Ihn nicht um Dinge, wir danken Ihm.“ Indianer danken dem Schöpfer für alles, was existiert; und sie beten für den Gleichklang der Welt. „Der Schöpfer will bedankt sein“, fährt er fort, denn wenn er seine eigenen Kinder beten hört, „hält er sich für eine Weile zurück, die Welt zu zerstören.“

Das sind ernste Worte in einer ausserordentlich ernsten Zeit.

Beide, Leon Shenandoah und Oren Lyons, haben seit langem mit den traditionellen Hopi eng zusammengearbeitet, besonders mit deren Dolmetscher und Botschafter Thomas Banyacya Sr., der durch den *Spiritual Unity Caravan* schon in den fünfziger Jahren gemeinsam mit den Irokesen den Grundstein für den Traditionellen Kreis indianischer Elders und der Jugend gelegt hat.

Als indianische Vertreter Nordamerikas nahmen diese drei im Jänner 1990 zusammen mit der Onondaga-Clanmutter Audrey Shenandoah (einer Schwägerin von Leon Shenandoah) und José Lucero vom Santa Clara Pueblo in New Mexiko an einer internationalen Tagung in Moskau teil. Die Rede ist vom „Globalen Forum über Umwelt und Entwicklung für das Überleben“: Damals hatten der Oberste Sowjet unter ZK-Generalsekretär der KPdSU, Michail Gorbatschow, religiöse Gemeinschaften der UdSSR, die Russische Akademie der Wissenschaften und die internationale *Stiftung für das Überleben und die Entwicklung der Menschheit* (mit Sitz in New York) Delegierte aus aller Welt eingeladen. Rund 600 ausländische Wissenschaftler, Geschäftsleute, Journalisten, Künstler, Pädagogen, Parlamentarier und spirituelle Oberhäupter zahlreicher religiöser Glaubensrichtungen konferierten fünf Tage lang mit beinahe ebenso vielen Vertretern verwandter Bereiche innerhalb der UdSSR. Ein gravierender Schwachpunkt war zweifellos, dass aus der Sowjetunion selbst keine Ureinwohner eingeladen waren. Immerhin aber konnten durch diese Konferenz erstmals spirituelle Führer beider Amerikas, aus Hawaii, aus dem Pazifik, von den Philippinen, aus West- und Ostafrika, aus Lappland und der Arktis mit führenden Vertretern der entstehenden GUS, der Gemeinschaft unabhängiger Staaten, direkt Kontakt aufnehmen. Äußeres Zeichen dieses Wandels war schon die Eröffnung: Nach Gro Harlem Brundtland, die als norwegische Premierministerin durch ihr politisches Umweltengagement bereits in den achtziger Jahren internationales Ansehen erlangt hatte, ergriff als Vertreterin der Ureinwohner Audrey Shenandoah das Wort. Die offizielle Erklärung der gesamten Ureinwohnerdelegation findet sich im Kommuniqué Nr. 13 vom August 1990 in bearbeiteter Form wieder (siehe S. 99).

Was für die Leser dieses Buches besonders erfreulich ist: Im Rahmen jener Konferenz kam auch ein Gespräch mit Oren Lyons zustande, das Tonia Moya für den *Svensk Indianska Förbundet,* eine schwedische Unterstützungsorganisation für nordamerikanische Indianer, geführt hat. Bei dieser Gelegenheit danke ich Tonia insbesondere für die Übersetzungs- und Abdruckrechte für dieses Buch. Oren Lyons gehört zu jenen Bewohnern der Schildkröteninsel, die viele Kontakte zu internationalen Organisationen pflegen und immer wieder neue knüpfen. Er ist daher bei solchen Anlässen leichter als zu Hause vor das Mikrofon zu bekommen.

„Die Aufgabe des Menschen besteht nicht darin, auszubeuten, sondern Hüter, Treuhandverwalter zu sein“, erklärt er in Wisdomkeepers. „Der Mensch hat Verantwortung, nicht Macht.“ In diesem Sinn entwickelte sich das folgende eindrucksvolle Gespräch zwischen Tonia Moya und Oren Lyons, das zugleich einen Einblick in eine Epoche gewährt, die mittlerweile Geschichte gemacht hat.

Können Sie sich ein wenig selbst vorstellen?

Gern. Ich komme aus Onondaga und bin einer der Chiefs dort. Wir beschäftigen uns mit dem Überleben der Ureinwohner - uns selbst und der ganzen Menschheit zuliebe. Für mich ist das geradewegs zu einer Art von Lebensweise geworden.

Sie sind auch Professor?

Ja - ich muss mir meinen Lebensunterhalt selbst verdienen und werde von nirgendwoher unterstützt. Ich bin ein arbeitender Mensch und habe dabei auch Verantwortung zu tragen.

Welches Fach unterrichten Sie?

Ich unterrichte Amerikanische Geschichte an der Universität in Buffalo im US-Bundesstaat New York.

Da unterrichten Sie bestimmt die tatsächliche Geschichte ...

Das will ich wetten!

Wie sehen Sie die Welt zu diesem Zeitpunkt der Menschheitsgeschichte?

Ich möchte darauf so antworten: Die Welt dreht sich in ihrem eigenen Tempo und sie tut, was sie will. Es wäre wahrscheinlich zutreffender, zu fragen, wie ich die Menschen in der Welt sehe und was mit ihnen geschieht. Denn die Welt wird alles, was wir tun, überleben. Wir mögen uns in jeder Hinsicht großen Schaden zufügen, aber

- das Universum -

-Ja, es wird weitergehen. Die Arroganz der Menschenwesen zu glauben, dass die Welt ihretwegen völlig zum Erliegen kommt, während sie nur kurz leiden, indem sie sie begraben, hat nichts mit dem Fortbestand der Welt an sich zu tun. Wir sind die Kinder der Erde und als solche brauchen wir die Erde, um zu überleben. Die Erde hingegen braucht uns überhaupt nicht. Wenn es gar keine Menschen gäbe, würde es jetzt der Erde wahrscheinlich sehr gut gehen.

Glauben Sie, dass es eine Hoffnung auf Lösungen für die Probleme gibt, denen die Menschheit jetzt gegenübersteht?

Natürlich gibt es Hoffnung, das ist ja die Botschaft dieses Forums! Und der Grund, weshalb wir hier sind, ist, zu sehen, was wir für das Überleben tun können. Auch glaube ich nicht, dass man tausend Menschen hier versammeln könnte, wenn sie nicht Hoffnung hätten.

Und was können wir tun?

Natürlich, das ist der Grund, warum wir hier beisammen sind: herauszufinden, was wir tun können und uns fallen jetzt alle möglichen Ideen dazu ein. Ich meine aber, im Grunde müssen wir uns selbst und auch andere Menschen bilden; wir müssen viel besser miteinander kommunizieren lernen und wir müssen uns um die

Menschen auf der ganzen Erde kümmern und begreifen, dass das, was auf der anderen Seite der Weltkugel geschieht, auch uns betrifft - dass wir alle eine Familie sind, ganz egal, wie viele Farben es gibt; denn es gibt nur ein Menschengeschlecht. Ich finde, dass diese Versammlung Hoffnung macht. Sie spiegelt auch die Veränderungen wider, die vollzogen werden - denn diese Zusammenkunft fände hier nicht statt, wenn es nicht die Führung Gorbatschows im Sinne einer kompletten Umstrukturierung der Geldmittel der Regierung gäbe, die das Mensch-Sein mehr miteinbezieht.

Sie würden also sagen, dass Michail Gorbatschow ein Katalysator für den Weltfrieden und für positive Veränderung ist?

Oh ja, absolut. Mir scheint, wenn das die Leute jetzt nicht begreifen, verstehen sie überhaupt nichts. Schließlich hat er fast im Alleingang die ganze Richtung dieser Welt, die Richtung der Nationen geändert. Er hat sie herausgefordert, indem er selbst einseitig abrüstet. Sie wissen, er hat Dinge getan, über die die Leute reden. Er fordert sie dazu heraus.

Veränderung ist offensichtlich nötig. Gorbatschow hat sie auf seine Weise begonnen. Wie sollen wir uns, ihrer Auffassung nach, verändern, um die Probleme, die wir auf der Erde geschaffen haben, zu lösen?

Nun, wir müssen uns innerlich wandeln, die Veränderung muss innerhalb des Selbst vor sich gehen. Das Treffen über Werte, das wir noch vor Konferenzbeginn hatten, war ein sehr gutes Treffen, ein Gespräch über Werte; es war ausgezeichnet. Es zeigte nämlich auf, dass die Werte, die unseren Regierungen fehlen, uns selbst fehlen. Jeder hier im Forum sagt das - und alle stimmen überein, dass es heute in den Regierungen und im Leben der Völker einen Mangel an spirituellen Werten gibt. Heutzutage scheint der Materialismus Hauptantrieb des Lebens zu sein. Man redet nicht über die Zukunft. Jeder denkt nur an sich selbst. Also ja, ich meine, wir müssen zu unseren spirituellen Werten zu rückkehren. Das ist unsere Aussage dazu - darauf bezieht sie sich. Sie wissen ja, die einfachen Dinge - Achtung oder Respekt - da ist nicht genügend gegenseitige Achtung. Es ist nicht kompliziert, nicht intellektuell. Es ist einfach gegenseitige Achtung. Wissen Sie, ich glaube, es geht schlicht um Anständigkeit. Aber Anständigkeit ist heutzutage sehr ungewöhnlich. Ich denke, dass wir an diese Dinge erinnert werden müssen.

Bevor Großvater David starb (David Monongye, er war spiritueller Führer - spiritual leader - im Hopi-Dorf Hotevilla, d. A.), hatte ich noch Gelegenheit, ihn zu sprechen, und ich fragte ihn: „Was würdest du heute den jungen Leuten, die auf der Suche sind, sagen?" Er ergriff meine Hand und antwortete: „Sag ihnen, sie sollen ihrem spirituellen Pfad folgen!" Möchten Sie zu dieser Aussage noch etwas hinzufügen?

Nun, es gibt nicht viel, das man dem hinzufügen könnte, außer, dass jede Generation für sich selbst verantwortlich ist und jede Generation ihre eigenen Führer *(leaders)* besitzt, ihre eigenen Helden - und jede Generation ist der nachfolgenden Rechenschaft schuldig. Es gilt, Disziplin zu beachten. Das ist eine Frage des Verstehens und des Gewissens. Es ist, wie wir sagten, nichts Intellektuelles, sondern ein Bemühen, sich auf all das zu beziehen.

Es ist ein Bemühen um deinen kleinen Bruder: Gib einfach so acht auf deinen kleinen Bruder, wie du solltest - und alles wird in Ordnung sein.

Tonia Moya arbeitet seit 1990 eng mit Oren Lyons zusammen und hat neben einer Reihe von Dokumentarfilmen für das schwedische Fernsehen die TV4-Serie *The wise Indians* über die Kultur, Perspektive und Botschaft der nordamerikanischen Indianer produziert. Sie ist seit 2013 Geschäftsführerin von *GREEN CROSS Schweden*. Diese NGO ist Teil von *Green Cross International*, die 1993 vom Friedensnobelpreisträger Michail Gorbatschow gegründet wurde. Sie setzt sich weltweit für eine soziale, ökologische und wirtschaftliche nachhaltige Entwicklung ein - zusammen mit der Erdcharta-Erklärung, die die ethische Leitlinie und Grundlage von Green Cross definiert: *https://green-cross.se/greencross/*

Zitat von Michail Gorbatschow (1931 - 2022): „Wir brauchen ein neues Entwicklungsparadigma, in dem die Umwelt Priorität hat. Die Weltzivilisation, wie wir sie kennen, wird bald enden. Wir haben sehr wenig Zeit und müssen handeln. (...) Wir müssen unsere Denkweise ändern, die Art und Weise, wie die Menschheit die Welt sieht."

Wir müssen zu den spirituellen Werten zurückkehren

Der Traditionelle Kreis indianischer Elders und der Jugend; Onondaga-Nation, via Nedrow, New York

21. August 1990

Kommuniqé Nr. 13

Einleitung

Die Ureinwohner der westlichen Hemisphäre erklärten bei ihrem Treffen im Juli 1990 in Quito, Ecuador, dieses Jahr zum „Jahr des Kondors und des Adlers“. Diese Benennung kennnzeichnet das Zusammengehen der Ureinwohnervölker Nord und Südamerikas hinsichtlich ihrer Auffassungen und ihrer Gesinnung.

Das Jahr 1990 ist für unsere Leute auch deshalb von Bedeutung, weil sich das Massaker an der Gruppe der Minneconjou-Lakota von Chief Big Foot und die Ermordung von Sitting Bulls Hunkpapa am 29. Dezember 1890 in Wounded Knee, Süd-Dakota, zum einhundersten Mal jährt. Etwa 375 unbewaffnete Personen, sowohl Männer als auch Frauen und Kinder, wurden in einem Massengrab verscharrt. Es ist vielsagend, dass die US-Armee 24 Tapferkeitsmedaillen für das tödliche Werk dieses Tages verliehen hat. Die Weigerung, diese Medaillen für null und nichtig zu erklären, veranschaulicht die anhaltende rassistische Haltung gegenüber der indianischen Bevölkerung.

Die jährliche Ratsversammlung des Traditionellen Kreises indianischer Elders und der Jugend wurde dieses Jahr in Onondaga, in Central New York abgehalten. Es gab einige innovative Anfänge, am bedeutsamsten wohl die Einbindung der Delegationen von Ureinwohnern aus Australien, Afrika, Grönland und Zentralamerika. Auch wurde ein Tag einem gemeinsamen Treffen zur Einführung gewidmet, bei dem unsere nichtindianischen Freunde einbezogen wurden, die die Richtung und den Zweck des Traditionellen Kreises indianischer Elders und der Jugend unterstützen.

Im Januar 1990 wurde in Moskau, UdSSR, ein großes internationales Treffen abgehalten. Das *Globale Forum über Umwelt und Entwicklung für das Überleben* lud Beauftragte des Traditionellen Kreises indianischer Elders ein, eine Delegation von traditionellen Führungspersönlichkeiten der Ureinwohner aus aller Welt zusammenzustellen, um am Globalen Forum als eine der Delegationen der spirituellen Führer teilzunehmen. Zur Eröffnung des Forums hatten die Frauen mit einer programmatischen Rede das Wort. Am bedeutendsten für unser Volk und für die Ureinwohner der ganzen Erde war eine Sprecherin: die Irokesen-Clanmutter Audrey Shenandoah aus Onondaga. Die Eröffnungsansprache hielt die ehemalige norwegische Premierministerin Gro Harlem Brundtland.

Dieses Kommuniqué stellt eine Bearbeitung der Erklärung der Delegation der Ureinwohner beim Moskauer Globalen Forum dar, in der Mitglieder des Traditionellen Kreises indianischer Elders vertreten waren. Dem Kommuniqué ist eine Reihe von Berichten beigefügt, herausgegeben von der Ratsversammlung des Traditionellen Kreises indianischer Elders und der Jugend, die in Onondaga vom 16. bis 21. August 1990 abgehalten wurde. Ebenso beigefügt sind Erklärungen von sowohl nationalen als auch internationalen Abgesandten zur Ratsversammlung in Onondaga.

Bestätigung der Erklärung, die von der Delegation der Ureinwohner beim *Globalen Forum über Umwelt und Entwicklung für das Überleben* in Moskau, UdSSR, im Jänner 1990 abgegeben wurde:

Der Traditionelle Kreis indianischer Elders und der Jugend bestätigt die Auffassungen der Delegation der Ureinwohner, die beim Moskauer Forum präsentiert wurde: dass wir alle Kinder der Erde sind; dass die Erde von den Großen Gesetzen des Universums regiert wird, und dass wir Menschen für die Missachtung und Übertretung dieser Gesetze verantwortlich sind.

Wir sind uns darin einig, dass es gegenwärtig auf diesem Planeten eine Krise des Lebens gibt, weil wir Menschen die lebenspendenden Kräfte der natürlichen Welt aus dem Gleichgewicht gebracht und die Strukturen und Kreisläufe von Luft, Land und Wasser beeinträchtigt haben.

Diese großen Mächte des Universums wenden sich jetzt gegen uns. Regen, das Geschenk des Lebens, das die Erde bewässert, verseucht und tötet nun die Gärten und Bäume des Lebens, das uns erhält.

Unser ältester Bruder, die Sonne, die wir feiern und schätzen, weil sie uns die Dämmerung jedes neuen Tages bringt, beginnt nun Strahlen krebserregenden Lichtes auszusenden, und neue Krankheiten befallen die Erde. Wir erzittern im Erkennen dessen, was wir unserer Mutter Erde angetan haben und noch antun.

Durch unsere Gier und unsere Machtgelüste haben wir die Zukunft kommender Generationen aufs Spiel gesetzt. Die Warnungen sind eindeutig, und die Zeit drängt.

Wir haben die Geselze des Universums herausgefordert, die die natürliche Welt regieren. Wir haben Freude an unseren neuen Technologien, die Erträge einbringen, ohne Rücksicht auf die Kreisläufe der natürlichen Welt zu nehmen.

Wir sprechen von unseren Kindern, verwüsten aber noch immer die Laichgebiete von Lachs und Hering, und töten die Wale in ihrem Zuhause. Wir rücken durch die Wälder der Erde vor, indem wir wahllos unsere bewurzelten Brüder fällen, ohne Samen für die Zukunft übrigzulassen. Wir beuten das Land und die Bodenschätze der Armen und der Ureinwohnervölker der Erde aus. Wir sind zu Riesen der Zerstörung geworden und nun haben wir uns hier versammelt, um dies einzugestehen und um zu sehen, was wir tun müssen, um eine Änderung herbeizuführen.

Die Völker der Ureinwohner verfügen über viele verschiedene Kulturen und Lebensweisen; aber alle anerkennen, dass sie Kinder von Mutter Erde sind und dass wir von Ihr unser Leben erhalten, unsere Gesundheit; die Luft, die wir atmen, das Wasser, das wir trinken, unsere Nahrung und unsere Energie. Die Erde erleidet Grausamkeit aus Mangel an Respekt. Alle von uns können die Bedeutung der Gesundheit von Mutter Erde verstehen und für alle besteht eine Möglichkeit, ein Leben in größerer Harmonie mit den Kräften, die Leben hervorbringen, zu genießen.

Brüder und Schwestern, wir müssen zu den spirituellen Werten zurückkehren, die die Grundlage des Lebens sind. Wir müssen alles Leben lieben und achten. Wir müssen Erbarmen mit den Armen und den Kranken haben. Wir müssen die Frauen und das gesamte weibliche Leben dieser Erde, das das heilige Geschenk des Lebens trägt, achten und verstehen.

Wir müssen zu den Gebeten, Zeremonien, Meditationen, Ritualen und Feiern der Danksagung zurückkehren, die uns mit jenen spirituellen Mächten verbinden, die uns erhalten, und wir müssen unsere Kinder diesen Respekt durch unser Vorbild lehren.

Wir müssen allen Ernstes damit beginnen, die riesigen Massen von Menschen, die arm und unterdrückt sind, zu schulen und zu bilden. Wir müssen ihr Land und seine Bodenschätze für sie retten, und ihre Selbstversorgung unterstützen. Forschung nach sicherer und angepasster Technologie, die das ländliche und kleindörfliche Leben verbessern kann, sollte unverzüglich beginnen.

Wir müssen die großen Lehren der Toleranz, der Großzügigkeit und der Liebe, die uns Frieden und eine Zukunft für die siebente kommende Generation bescheren werden, wiedererlernen. Der Pfad zum Überleben des Menschen erfordert, dass wir ein neues Zeitalter einleiten, das gekennzeichnet ist durch einen globalen kulturellen Pluralismus, der alle Rassen, Volksgruppen und Religionen der Menschheit würdigt.

Kulturen der Ureinwohner können helfen, Anregungen für eine Zukunft zu geben, in der Liebe über die Grenzen der menschlichen Gesellschaft hinausgeht, um die gesamte natürliche Welt miteinzubeziehen. Sprachen der Ureinwohner, die Augen der Kultur, sind der Natur am nächsten. Diese Sprachen und die Erzählungen der Menschen begründen eine reiche Tradition, durchdrungen von großer Freude an den Wunderwerken der Schöpfung und einer dankbaren Würdigung unserer Verwandten, den Tieren, die unser ganzes Leben bereichern und eine Atmosphäre der Achtung und Liebe schaffen kann. Kulturen der Ureinwohner haben ein einzigartiges und der Umwelt angepasstes, häufig ihrer spezifischen Situation entsprechendes Wissen, das verwendet werden kann, um gefährliche Trends umzukehren.

Die Kinder sind jene Gruppe, die am nachteiligsten von der Schwächung des Landes und seiner Reichtümer betroffen ist. Den Bedürfnissen der Kinder sollte besondere Aufmerksamkeit geschenkt werden. Jede religiöse Tradition hat einen Zugang zur Heiligkeit des Lebens und zum Zusammenhang zwischen Natur und Leben. Alle Traditionen müssen dazu ermutigt werden, diesen Aspekt durch vertiefte Bildung und wiederholte Betonung zu fördern und darauf aufzubauen.

Wir sind verantwortlich und werden verantwortlich gemacht, wenn wir scheitern. Unsere Verantwortung ist es, Mutter Erde zu beschützen. Die Natur ist ein nahtloses Gewebe des Lebens, in dem sämtliche Lebensformen mit allen anderen verwandt sind - die Vögel, die Fische, die Bäume, die Felsen -, wir alle sind mit diesem Gewebe verbunden.

Die Völker der Ureinwohner sind die Repräsentanten der Natur gegenüber der modernen menschlichen Gesellschaft - einer Gesellschaft, die das Leben der Ureinwohner zerstört.

Die gegenwärtige Wachstums- und Entwicklungsideologie behauptet, dass die Anwendung von Technologien, um eine Produktion in großem Maßstab zu bewirken, von allgemeinem Nutzen wäre. Die Praxis von Wachstum und Entwicklung lockt aber häufig finanzielle Investitionen in Projekte, die eine große Anzahl von Menschen von ihrem Land verdrängen, um ein Erzeugnis für den Markt herzustellen. Dieser Prozess führt allzu oft zu einer Schuldenlast, welche die ärmsten Völker der Welt trifft. Die zerstörerische Wirkung vieler Projekte dieser Art ist die wirklich umfassende Zerstörung von Völkern, von Wasser, Luft, Land, Pflanzen, Tieren und künftigen Möglichkeiten. Eine dauerhafte Entwicklung würde genau das Gegenteil bewirken, deshalb muss die Denkweise über Entwicklung mit dieser Realität in Übereinstimmung gebracht werden.

Völker der Ureinwohner - und nur diese - haben Wirksamkeit darin bewiesen, auf die Erde zu achten. Ureinwohnervölker haben die einzigen historischen Modelle für dauerhafte Entwicklung bereitgestellt. Eine wohlwollende Entwicklung muss als ein Prozess definiert werden, der allen zugute kommt, einschließlich den Völkern der Ureinwohner.

Wir, die Ureinwohnervölker der Erde, haben eine lange Erfahrung darin, in Übereinstimmung mit den Bedingungen der Erde zu leben. Ist es möglich, dass wir unser uraltes Wissen mit anderen Völkern teilen können? Ja, sicher. Wir sollten in Vertrauen und Zuversicht zusammengehen, und wir werden unsere Seelen retten. Das ist der Schlüssel zur Rettung.

Wir sind Angehörige der Erde. Die Erde ist unser Aufenthaltsort. Lasst uns an ihn glauben und lasst uns ihn beschützen, so wie wir unsere Kinder, unsere Eltern und Großeltern beschützen. Wir sind Angehörige der Erde.

Wir müssen uns vor Augen halten, dass wir die Wohltaten der Mutter Erde vom Schöpfer erhalten und dass wir eine große Verantwortung haben, uns um sie zu kümmern und sie zu heilen. Wir haben diese Pflicht und dieses Privileg aus Achtung gegenüber unseren Vorfahren und den kommenden Generationen gegenüber auszuüben.

Daw Nay Toh

Der traditionelle Kreis indianischer Elders und der Jugend

Gute Gesinnung - Gute Gedanken

Erklärung der Onondaga-Clanmütter vom August 1990

(Aus dem Anhang zum Kommuniqué Nr. 13)

Wir drängen euch, von der Übung *Hoeyianah*, der „Guten Gesinnung“ *(Good Mind)*, Gebrauch zu machen. Bemüht euch, eurer Gedanken bewusst zu sein. Konzentriert euch bewusst auf die Richtung und den Zweck eurer Gedanken. Lasst vorsätzlich von jenen Gedanken ab, die von Schmerz, Ärger und Furcht durchdrungen sind. Bestärkt diejenigen Gedanken, die aufbauend und hegend sind, die Leben achten und ermutigen.

Seid euch dessen bewusst, dass Gedanken mächtig sind, da sie Gefühle an beiden Enden der emotionalen Schaukel von Freude und Hass nähren können. Indem ihr eure Gedanken willentlich lenkt, habt ihr die Möglichkeit, eure Gefühle zu kontrollieren und für sie verantwortlich zu sein.

Wenn ihr danach trachtet, die Welt zu verändern, so ist der beste Ort, damit zu beginnen, in euch selbst. Die „Gute Gesinnung“ ist eine sehr anstrengende Selbstdisziplin, insbesondere, wenn wir uns bemühen, uns unserer Gedanken von Augenblick zu Augenblick, Tag für Tag bewusst zu sein. Sie können ein mächtiges Werkzeug für eine Veränderung sein. Da unsere Handlungen von Gedanken stammen, hat die Schulung der „Guten Gesinnung“ eine direkte Auswirkung auf das, was wir in unserem Leben tun.

Umgekehrt hat die Veränderung, die wir in uns selbst beobachten, eine Auswirkung auf diejenigen rund um uns.

Die Onondaga - Clanmütter

Wir wollen unsere Kinder zurück!

Erklärung der Frauen des Traditionellen Kreises indianischer Elders und der Jugend vom August 1990

(Aus dem Anhang zum Kommuniqué Nr. 13)

Eine Botschaft der Frauen vom Traditionellen Kreis indianischer Elders und der Jugend an die nächste Generation:

Als Ureinwohner kamen wir mit Ehrerbietung und Achtung für alles, was lebt, in diese Welt. Es gab eine Zeit, als sich alles Lebendige miteinander verständigen konnte. Wir alle sind Verwandte, geschaffen vom Großen Geist.

Das Leben ist ein „Kreis"; es kann auf natürliche Weise beschrieben werden. Als Menschen gehen wir durch die „Jahreszeiten" wie Frühling, Sommer, Herbst und Winter. Ihr, unsere Kinder, seid im Frühling und Sommer dieses Kreises. Wir, Eure Mütter und Großmütter, befinden uns im Herbst und Winter. Im Frühling erwachen alle natürlichen Dinge wie Pflanzen, Tiere und Vögel schlagartig zu neuem Leben . Es ist eine Erneuerung. Ihr, als junge Menschen im Frühling des Lebens, seid kostbar. Wir haben Leben hervorgebracht. In einem gewissen Sinne sind wir alle eure Mütter und Großmütter. Wir schätzen jede und jeden von euch.

Wenn ihr leidet, sind Tränen in unseren Herzen und Gedanken. Die gegenwärtige Gesellschaft stellt an euch viele Anforderungen. Eure Gedanken, eure Spirits und euer körperliches Befinden sind ständig fremden Lebensstilen unterworfen. Gewalttätigkeit wird als eine willkommene und aufregende Lebensweise beschrieben. Die Medien schildern ständig diese negative und zerstörerische Lebensweise durch so Dinge wie Fernsehen, Radio, Filme und Veröffentlichungen.

Welche Willenskraft und welchen Vorsatz auch immer wir haben - so wie steter Tropfen den Stein höhlt, so erreichen uns diese negativen Kräfte. Sie billigen stillschweigend derartiges Unrecht wie körperliche und geistige Misshandlung, die euch widerfahren mag. Das kann bei euch zu Hause geschehen, das ein Himmel sein sollte, aber es ist nicht immer so. Vieles davon geschieht wegen des Konsums von Alkohol und Drogen: sie sind die Zerstörer alles dessen, was gut ist. Die Folge ist eine Verarmung von Gemüt und Körper, die körperlichen und sexuellen Missbrauch, am meisten aber Verzweiflung hervorruft. Wir verlieren unsere Achtung vor dem Leben und der Schönheit des Lebendigen.

Die Unterweisungen der gegenwärtigen Gesellschaft möchten euch glauben machen, dass wir unser Land, unsere Rechte und unsere Freiheit verloren haben. Freiheit ist eine Frage der Entscheidung. Das Land - die Erde - ist noch immer da. Mutter Erde ist dort, wo ihr seid, sie ist nicht irgendwohin gegangen. Sie versorgt euch mit der nötigen Nahrung, sowohl körperlich als auch spirituell, wo immer ihr auch seid. Die Elders unserer Gemeinschaft sind noch immer da: viele hüten noch immer die Ursprünglichen Anweisungen, die uns erlauben, zu überleben. Sucht nach ihnen. Sie leben nicht nur in ihren ursprünglichen Gebieten, sie leben genauso in den Städten. Sie warten darauf, dieses große Wissen um das Überleben an euch weiterzugeben.

Viele der traditionellen Wege sind im Gedächtnis behalten und mündlich überliefert worden. Wir haben diesen Weg gewählt, um euch zu erreichen, denn wir wollen euch nicht jemals verlieren. Wir wollen, dass ihr wisst, dass wir euch zurückhaben möchten, dass wir auf euch warten. Wir achten sehr darauf, was euch geschieht.

Der Sommer eures Lebens sollte das Schönste sein. Es ist eine Zeit, in der ihr das Leben erneuert. Habt einen klaren Verstand, und schaut euch um - da ist soviel Schönheit überall. Ihr habt die Wahl. Eine andere Entscheidung führt euch dazu, Verpflichtungen zu ignorieren, die dazu da sind, den Großen Kreis aufrechtzuerhalten. Ihr könnt nicht des Schöpfers großes Geschenk des Lebens missachten; das führt nur zu Verzweiflung. Wir haben nicht das Recht, diesen Lebenszyklus zu beenden, um ein vorübergehendes Problem zu lösen. Leben ist Kampf, und es gibt viele Hindernisse für ein erfülltes und ertragreiches Leben: das sind die Stürme des Lebens, aber erinnert euch, dass es keine Regenbögen ohne die Stürme geben kann. Stürme hören auf; sie gehen vorüber.

Wir sind die Mütter und Großmütter, die die Stürme überstanden haben. Wir haben sie als Teil unseres Lebens angenommen. Wir werden nicht Gericht halten. Wir sind da, um euch unsere Hände zu reichen, euch unsere Herzen und Gedanken zu schenken. Ihr seid unsere Regenbögen - der Lohn unseres Lebens. Ihr seid unsere Hoffnung für die Zukunft. Ihr seid die Zukunft!

Unsere Botschaft lautet: **Wir wollen unsere Kinder zurück!**

Die Frauen des Traditionellen Kreises
indianischer Elders und der Jugend

Wir brauchen Menschen des Friedens

Ein Schreiben des Tadodaho der Haudenosaunee an die UNO

Am 24. Mai 1982 veröffentlichte Chief Leon Shenandoah als Tadodaho eine Erklärung des Rats der Onondaga-Chiefs der Irokesenkonföderation. Dieses Schreiben war an den Abrüstungsausschuss der UNO gerichtet. In eindringlichen Worten erläutert es die Qualifikationen und Aufgaben eines Chiefs der Irokesen und stellt sie der politischen Wirklichkeit unter den Führern der nichtindianischen Welt gegenüber. Dabei wird besonders darauf verwiesen, dass diese versagt haben, weil sie es unterlassen haben, auf die Frauen und Mütter zu hören. Am 25. Oktober 1985 wurde der Inhalt dieses Dokuments in Verbindung mit dem Vorschlag eines Friedenstages an die UN-Generalversammlung in New York gerichtet. Es ergänzt in hervorragender Weise die bereits vorgestellten Kommuniqués des Traditionellen Kreises indianischer Elders und der Jugend, insbesondere die Erklärungen der Frauen und Clanmütter.

Gisela Posch, die auch bei der Übersetzung des Kommuniqués Nr. 13 behilflich war, gilt hier mein spezieller Dank: ebenso meiner Frau Angela für die Mithilfe bei der Übersetzung der Texte, welche die Frauen verfasst haben.

Mit allen diesen Texten möchte ich die Frauen und Mütter als jene, die an erster Stelle die Last und Verantwortung für das Werden und Gedeihen unserer Kinder tragen, ermuntern, sich ihrer Position bewusst zu werden und entsprechend zu handeln. Der Appell gilt natürlich auch für die Männer in entsprechender Weise.

Das Beispiel der *Haudenosaunee* (sprich: „Hodenoschonie“), zu deutsch: „Volk des Langhauses“, wie sie sich in ihrer Sprache selber nennen, spricht deutlich genug für sich: Ihre Chiefs werden von den Clanmüttern bestellt und können wegen falscher Lebensführung und nachlassender guter Gesinnung von ihnen wiederum ihres Amtes enthoben werden.

An den Abrüstungsausschuss der Vereinten Nationen in New York

Brüder, hört auf die Worte des Schöpfers, die vor über tausend Jahren den ersten Vereinten Nationen, den Haudenosaunee, mitgeteilt wurden:

Die Oberhäupter *(Chiefs)* der Haudenosaunee sollen für alle Zeit Ratgeber der Menschen sein. Die Dicke ihrer Haut soll sieben Spannen betragen, was bedeutet, dass sie Zorn, Beleidigungen und Kritik gegenüber gewappnet sein sollen. Ihre Herzen sollen voll Frieden und guten Willens sein und ihr Denken erfüllt von Sehnsucht nach dem Wohl der Menschen. Mit grenzenloser Geduld sollen sie ausführen, was ihre Pflicht ist. Ihre Standhaftigkeit soll durch Güte für ihr Volk gemildert sein. Weder Ärger noch Zorn sollen in ihrem Denken Platz haben und alle ihre Worte und Taten sollen durch ruhige Überlegung gekennzeichnet sein.

In jeder Nation gibt es weise und gute Männer. Diese sollten zum Chief ernannt werden. Sie sollten die Berater ihres Volkes sein und für das Wohl aller Menschen arbeiten; und all ihre Macht erhalten sie vom „Großen Frieden". Ein Chief darf niemals vergessen, den Schöpfer der Menschheit um Hilfe zu bitten. Der Schöpfer wird unsere Gedanken leiten und uns Kraft geben, solange wir daran arbeiten, unserer heiligen Verantwortung treu zu bleiben und Harmonie zwischen allen Völkern, allen Lebewesen und Mutter Erde wiederherzustellen.

Uns wurde gesagt, dass am Anfang die Menschen, die auf der Erde wandeln, mit allen lebensnotwendigen Dingen ausgestattet wurden. Wir wurden angewiesen, füreinander Liebe aufzubringen und allen Wesen dieser Erde großen Respekt zu erweisen. Uns wurde gezeigt, dass unser Leben zusammen mit dem der Bäume Bestand hat, dass unser Wohlergehen vom Wohlergehen des Pflanzenlebens abhängt und dass wir nahe Verwandte der vierbeinigen Lebewesen sind. Für uns ist spirituelles Bewusstsein die höchste

Form der Politik ... Wenn die Menschen aufhören, alle diese Dinge zu achten und ihnen Dank zu erweisen, dann wird alles Leben zerstört und das menschliche Leben auf diesem Planeten geht zu Ende.

Dies ist unsere Zeit und unsere Verantwortung. Jeder Mensch hat eine heilige Verpflichtung, das Wohlergehen unserer Mutter Erde, von der alles Leben kommt, zu schützen. Um das zu tun, müssen wir den Gegner erkennen - den Feind in uns. Wir müssen bei uns selbst beginnen.

Lasst eure Ängste beiseite, die euch dazu gebracht haben, blindlings die Anordnungen der Regierungen zu befolgen, deren Motive Macht und Profit sind.

Öffnet eure Augen und seht die Ausschreitungen von Gewalt, die im Einflussbereich der Regierungen unschuldigen Menschen im Namen von Macht und Profit angetan werden. Öffnet eure Ohren und hört die Schmerzens- und Todesschreie, die euren Brüdern und Schwestern in aller Welt aufgebürdet werden: in Gefängnissen und Konzentrationslagern, in Städten und Dörfern - im Namen von Kapitalismus oder Kommunismus oder irgendeiner der anderen Ideologien, die auf Macht oder Profit auf Kosten von uns, dem Volk, begründet sind.

Öffnet eure Kehlen und erhebt eure Stimme gegen die Verbrechen an der Natur, an der Menschheit und an unseren künftigen Kindern.

Wir müssen unsere Feinde erkennen, die Mächte der Dunkelheit, die jetzt quer durch das ganze Land in die Vier Heiligen Richtungen ziehen und dabei den Schatten des Todes und der Zerstörung sogar bis in die siebente kommende Generation vorauswerfen.

Die politischen, wirtschaftlichen und militärischen Mächte sind in einer unheiligen Allianz mit den dunklen Mächten vereint, und die Großmächte dieser Welt führen diesen Marsch an.

In den Köpfen der Führer der Nationen hat Ideologie den Platz des gesunden Menschenverstandes eingenommen. Die unaufrichtige Rede ist zur gewohnten Sprache geworden - mit dem ständigen Gebrauch solcher Begriffe werden Ideen und Einstellungen zu „Tatsachen“, folglich wird das höchste und aggressivste Militärbudget, das jemals in der Geschichte der Weltmächte veranschlagt worden ist, zu einem „Verteidigungsbudget".

Die Saat der Zerstörung, die durch den Verkauf von Waffen an kleinere Nationen gesät worden ist, wird als Ernte Krieg einbringen.

Weshalb übersteigen solche natürlichen Schlussfolgerungen das Begriffsvermögen von Regierungschefs, wenn wir, das Volk, es so leicht verstehen können?

Wir müssen von den Nationen die Mütter versammeln und ihre Schmach über die sinnlose Verausgabung des Lebens ihrer Kinder für Profit, Macht und die Vorherrschaft irgendeiner Ideologie, welche auch immer es sein mag, vernehmen.

Die Männer haben als Führungspersönlichkeiten versagt, einfach deshalb, weil sie es unterlassen haben, der anderen Hälfte der Schöpfung zuzuhören, nämlich der weiblichen, die die Last und das heilige Geschenk des Lebens trägt.

Wir müssen im Einklang mit der natürlichen Welt leben und erkennen, dass maßlose Ausbeutung nur zu unserer eigenen Zerstörung führen kann. Wir können nicht das Wohlergehen unserer künftigen Generationen gegen jetzigen Gewinn eintauschen. Wir müssen dem Naturgesetz treu bleiben oder Opfer seiner endgültigen Wirklichkeit werden .

Wir, die vier heiligen Farben der Menschheit, müssen im Interesse des Friedens als die eine Familie, die wir sind, zusammenstehen.

Wir müssen nukleare und konventionelle Waffen des Krieges abschaffen.

Wenn Krieger Führungspositionen innehaben, wird es Krieg geben - ganz einfach. Wir müssen Menschen des Friedens großziehen und in Führungspositionen bringen.

Wir müssen die Religionen der Welt zu derjenigen spirituellen Kraft vereinen, die stark genug ist, sich auf friedliche Weise zu behaupten.

Es genügt nicht mehr, „Frieden!" zu rufen.

Wir müssen Frieden tun, Frieden leben und im Bündnis mit den Menschen der Erde in Frieden voranschreiten.

Wir sind die spirituelle Energie, die tausende Male stärker ist als Kernenergie. Unsere Energie ist der mit dem Spirit der natürlichen Welt vereinte Wille aller Menschen, in Gemeinsamkeit als ein Herz und eine Seele für den Frieden einzutreten.

Dah nay toh

Tadodaho Chief Leon Shenandoah
Haudenosaunee
Die Irokesen-Konförderation der Sechs Nationen

Am 25. Oktober 1985 wurde das vorliegende Schreiben um den folgenden Absatz ergänzt und in dieser erweiterten Form als Eingabe an die Generalversammlung der Vereinten Nationen gerichtet:

„Als eine Resolution für den Frieden schlagen wir vor, dass der 24. Oktober zum Tag des Friedens erklärt und ein weltweiter Waffenstillstand unseren Kindern und der siebenten kommenden Generation zu Ehren eingehalten wird."

Du bist nicht allein auf der Erde

Thomas Banyacya Sr.:
Dolmetscher und Sprecher der traditionellen Hopi

23. Mai 1941, Phoenix, Arizona. Sechs junge Hopi, die sich geweigert hatten, ins Wehrregister eingetragen zu werden, warten auf ihre Gerichtsverhandlung. *Dan Katchongva* vom Sonnen-Clan und *James Pongyawma* (sprich: „Pongaiama“) vom Feuer-Clan, beide spirituelle Führer aus dem Hopi-Dorf Hotevilla, begleiten sie. Ihr Ziel: die jungen Wehrdienstverweigerer (darunter Katchongvas Sohn), die das aus eigenem Antrieb tun - ohne von ihren Elders dazu aufgefordert worden zu sein -, nach Kräften zu unterstützen. Dazu zeigt Pongyawma die Steintafeln des Feuer-Clans und erläutert ihre Bedeutung auch vor den Redakteuren des *Arizona Republic*, wie ein Artikel samt Foto eindrucksvoll bestätigt. Seine Überschrift: „Hopi beanspruchen Religion als Hindernis für Wehrdienst“.

Wie zu erwarten, werden die Kriegsdienstverweigerer aus Gewissensgründen auch prompt zu drei Jahren Zwangsarbeit - Straßenbau auf den Mount Lemon - verurteilt und in das Gefangenenlager nach Tucson gebracht (die „Religion“ der Hopi stellte damals noch keine anerkannte Glaubensgemeinschaft dar). Unter den Begleitern der Angeklagten befinden sich *Oswald White Bear Fredericks* aus Alt Oraibi und *Thomas Jenkins* aus Moencopi, beide vom Wolf-, Fuchs- und Cojote-Clan. Jenkins übersetzt für Pongyawma, dem Hüter der Tafeln des Feuer-Clans.

Mit etwa zehn Jahren war er - wie die meisten Hopi-Kinder jener Zeit - im Auftrag des „Büros für indianische Angelegenheiten“ (BIA) gewaltsam in die *Sherman Indian Internatsschule* nach Riverside, Kalifornien, gebracht worden. Dort wurden ihm diese einem Hopi fremd klingenden Namen aufgezwungen. Bei seiner Geburt jedoch hatte er nach dem Clan seines Vaters, dem Regenwolken-, Regen(wasser)- und Mais-Clan entsprechend, den Hopi-Namen *Banyacya* (sprich: „Banjachja“) erhalten, was soviel wie „im Wasser“ oder genauer „Mais steht im Maisfeld im Regenwasser“ bedeutet.

Banyacya alias Thomas Jenkins war ein guter Schüler: Er erlernte zunächst das Maurerhandwerk und erhielt 1930 ein Zweijahresstipendium für das *Bacone College* in Oklahoma. Wollte er zunächst Kleriker werden, so entschied er sich bald für den Lehrerberuf und machte sich als Marathonläufer einen Namen. Alles das sollte er bald gut gebrauchen können.

Mit seinem Studienkollegen *Medicine Crow* aus Montana gründete er auf dem College eine „Indian Lodge", um indianische Gesänge und Zeremonien auf traditionelle Weise durchzuführen und eine eigenständige spirituelle Entwicklung vorzubereiten. Später erhielt er eine gut dotierte Anstellung bei der staatlichen Hopi-Agentur in Keams Canyon, „um seinen Leuten zu helfen", wie der Irokese *Craig Carpenter* in einem Brief schreibt. Aber auch hier holte ihn rasch die Wirklichkeit ein, denn „er fand bald heraus, dass er weniger den Indianern als der US-Verwaltung half, Indianer zu untergraben und zugrunde zu richten". Schließlich besuchte er die damaligen Führer der traditionellen Hopi, um herauszufinden, warum sie jede Art von Regierungsprogramm und -politik ablehnten.

1941, im Juni gerade 32 Jahre alt geworden, befand er sich dann aus eigener Überzeugung in bester Gesellschaft: Er verweigerte ebenso wie sechs Hopi vor ihm die Registrierung zum Wehrdienst aus Gewissensgründen, kündigte seine Anstellung, „um voll und ohne Bezahlung dafür zu arbeiten, Land und Leben der Hopi aufrechtzuerhalten", wie Craig formuliert, und wurde zum Gelegenheitsarbeiter; überwiegend als Maurer und Stukkateur. Banyacya Sr. begann, Gürtel und Tücher zu weben, baute Mais und Bohnen an und errichtete ein Haus für seine neu gegründete Familie in Kykotsmovi (Neu Oraibi), während seine Frau *Fermina* als Christin der Missionsschule der Mennoniten kochte und später im Postamt des Ortes eine Stelle annahm, um so sein Engagement zu unterstützen.

Banyacya Sr. hatte ernst gemacht: Als Zeichen seiner Verpflichtung der Hopi-Lebensweise gegenüber nahm er wieder seinen ursprünglichen Namen an und verweigerte aus Gewissensgründen standhaft den Kriegs- und Wehrdienst. Dafür wanderte er insgesamt rund sieben Jahre immer wieder ins Gefängnis zur Zwangsarbeit am Mount Lemon, bis 1948. Vom Gefängnis aus schrieb er an US-

Präsident Eisenhower, um ein Treffen zwischen traditionellen Hopi-Elders und Militärs zu erbitten, damit über die Freistellung der Hopi vom Wehrdienst verhandelt werden konnte. 1953 kam schließlich ein solches Treffen mit der Wehrdienstbehörde in Holbrook zustande, und den Hopi wurde die Freistellung von der Wehrpflicht aus Gewissensgründen zugebilligt. Diese Konsequenz, seine Unbeirrbarkeit und seine Ausdauer; sein unbeugsamer Wille, unter Hintanstellung seiner Person dazu beizutragen, Land und Leben der Hopi aufrechtzuerhalten und seine guten Englischkenntnisse ließen Thomas Banyacya Sr. schon im Dezember 1948 zum offiziellen Dolmetscher und Sprecher der traditionellen Hopi-Elders werden.

Nach einer viertägigen Zusammenkunft, in der sie ihre uralten, mündlich überlieferten Anweisungen und Prophezeiungen in Shungopavi auf der zweiten Mesa ausgetauscht hatten, wurde er von den erblichen Kikmongwis, von denen jeweils eine Frau oder ein Mann als höchste spirituell-politische Führungspersönlichkeit *(spiritual leader)* einem traditionellen Hopi-Dorf vorsteht, und von den Zeremonienvorstehern *(religious leaders)* neben drei weiteren Hopi dazu erwählt. Zwei lehnten ab, mit dem dritten, *Dan Katchongva*, arbeitete Thomas Banyacya Sr. zusammen.

Einige der Gründe dieser ersten Zusammenkunft der spirituellen und religiösen Führungspersönlichkeiten der Hopi waren die wachsende atomare Gefahr und die drohende Zerstörung des Hopi-Landes durch Öl- und Kohleabbau sowie die Aufforderung, ihren Landrechtsanspruch an die US-Regierung gegen finanzielle „Entschädigung" abzutreten.

Danach ging alles sehr rasch: Am 28. März 1949 wurde an den US-Präsidenten Harry S. Truman ein Schreiben verfasst, in dem der Verkauf des Hopi-Landes und seine Verpachtung an Abbaukonzerne zurückgewiesen wurde. Ebenso wurden Abgeltungen irgendwelcher Art und die Teilhabe am Nordatlantischen Verteidigungsbündnis NATO abgelehnt, „da die Hopi eine unabhängige Nation sind", die niemals irgendwelche Verträge unterzeichnet oder ihre Landeshoheit an eine fremde Macht oder Nation abgetreten hat: „Wir wollen unser Ziel auf unserem eigenen Weg erreichen. Wir wollen zu diesem Zeitpunkt niemanden auf unsere Pfeile und Bogen verweisen.

Vielmehr verbieten uns unsere Tradition und die Lehren unserer Religion, irgend jemanden zu verletzen, zu töten oder sonst wie zu belästigen. Wir erheben daher Einspruch dagegen, dass unsere jungen Männer für den Krieg ausgebildet werden, um zu Mördern und Zerstörern zu werden“, zitiert Frank Waters im Buch der Hopi. „Dem Hopi-Volk wurde die Aufgabe erteilt, über dieses Land zu wachen, jedoch nicht mit Waffengewalt, nicht durch Töten, nicht dadurch, dass anderen ihr Eigentum weggenommen wird, sondern durch demütiges Beten, durch Gehorsam gegenüber unseren überlieferten religiösen Lehren und durch die Treue gegenüber unserem Großen Geist, *Maassau'u.*“

Diese Treue halten die traditionellen Hopi noch immer aufrecht, und Thomas Banyacya Sr. hat über 50 Jahre seines Lebens in den Dienst dieser Sache gestellt; sein Leben dafür geopfert, wie viele indianische Elders betonen. „Ich arbeite für alle Traditionellen; wo immer sie mich brauchen gehe ich hin und setze ihnen einen Text auf oder spreche für sie. Eigentlich folge ich dem Gesetz des Großen Geistes, das besagt, solange einige Hopi an diesen spirituellen Wegen und an dieser traditionellen Form der Selbstverwaltung festhalten - an diesem Ort des Pfades, den der Große Geist festgelegt hat - solange jemand daran festhält, werde ich ihm helfen.“

Und diese Hilfe ist nötig, denn es gilt nicht nur, das Land der Hopi und ihre Kultur vor der Zerstörung durch die Eingriffe der weißen Gesellschaft zu bewahren, sondern auch, entsprechend ihren uralten Prophezeiungen, nach dem wahren Weißen Bruder zu suchen, der ihnen helfen soll, wahre Gerechtigkeit für sie, für alle Ureinwohner dieser Erde und alle Menschen guten Willens wieder herzustellen - und ebenso die natürlichen Grundlagen für Land und Leben, weltweit.

Zugleich sollten die Hopi die Führungspersönlichkeiten der Welt, vertreten im „Haus aus Glas, im Osten des Landes“ - der UNO -, vor dem Tag der Reinigung warnen. Er würde im Land der Hopi seinen Beginn nehmen und von dort aus spiralförmig auf die gesamte Erde übergreifen, sofern die Menschen mit schlechter Gesinnung Land und Leben wieder in den bedrohlichen Zustand wie vor der letzten Großen Flut bringen und so eine große Zerstörung herauf beschwören. Zu diesem Zweck sollten die Hopi nicht nur im Weißen Haus, je nach Situation, beim gerade amtierenden US-Präsidenten als oberstem Verantwortlichen vorstellig werden, sondern auch in der Generalversammlung der UNO ihre Friedens- und Überlebensbotschaft vortragen: damit sie von dort aus alle Regierungen und Völker der Erde erreicht. Schließlich sollten ihre Botschafter, von denen nach Dan Katchongvas Weltenwechsel 1972 Thomas Banyacya Sr. als einziger in dieser Funktion blieb, die Friedensbotschaft der Hopi in alle Welt hinaustragen, so weit wie möglich. Die Absicht: zuerst die noch standhaft Gebliebenen unter den eigenen Leuten und anderen Ureinwohnern Nordamerikas zu finden und zu bestärken, dann die anderen Menschen „mit einem guten Herzen", wie Craig Carpenter formuliert; schließlich „die Übeltäter" - jene Menschen, die sich in Führungspositionen befinden, aber falsch handeln, anzusprechen und zuletzt eine breite Öffentlichkeit, damit sie eine Chance hat, sich selbst und ihre Regierungen zu korrigieren, solange noch Zeit dafür bleibt.

Dabei geht es nicht darum, jemanden zu missionieren oder zu „bekehren", sondern die Menschen sollen ermutigt werden, zu ihren eigenen, heiligen Anweisungen zurückzukehren, „die jeder ursprünglichen Nation am Beginn dieses Weltenzeitalters anvertraut worden sind" und das gleiche, grundlegende Lebensmuster wie das der Hopi enthalten.

Noch 1948 reiste daher eine Delegation von Hopi-Elders mit Thomas Banyacya Sr. in den Bundesstaat New York, um Verbündete für ihren geplanten Auftritt im „Haus aus Glas" an der Ostküste zu finden - der UNO in New York. Sie wurden bei den Irokesen in Onondaga fündig und es wurde eine enge Zusammenarbeit vereinbart, da diese einen ähnlichen Auftrag überliefert bekommen hatten. Damit war der Grundstein für den Versuch, in der UNO-Generalversammlung zu sprechen, gelegt. Der vierte und endgültig letzte Versuch erfolgte im Oktober 1991 (vgl. die Seiten 213 ff. und 221 ff.).

Im selben Jahr hatte eine intensive Schulung unter den Hopi selbst begonnen, da dieses Wissen bis dorthin lediglich in den Geheimbünden weitergegeben und unter diesen nicht verglichen worden war. Danach konnten weitere Schritte nach außen unternommen werden.

Karawanen der spirituellen Einheit

Im Sommer 1952 startete Banyacya Sr. im Auftrag seiner Elders unter den indianischen Nationen Nordamerikas mit Hilfe der Irokesen den ersten von insgesamt sechs *Spiritual Unity Caravans* („Karawanen der spirituellen Einheit"). Mit Wohnwagen und Zelten wurde jeweils eine Woche lang gelagert und Wissen ausgetauscht. „Indem sie von Stadt zu Stadt, von Reservation zu Reservation reisten, sollten diese kulturellen Konvois einen gründlichen und anhaltenden Effekt in der Erneuerung der kulturellen und spirituellen Entwicklung der Indianer bewirken. Die Karawanen bezogen die größten Denker, spirituellen Führungspersönlichkeiten und Heilkundigen *(medicine people)* mit ein und waren erfolgreich im Zusammenbringen der indianischen Völker aller Nationen", erinnert sich Thomas Banyacya Sr.. „Die Zusammenkünfte lockten oft Tausende von Teilnehmern an, nachdem die Karawanen ihren Weg quer durch den Kontinent nahmen. Und sie erreichten die erhoffte Wirkung durch die Wiederbelebung der Sprache, des kulturellen Stolzes und eine Rückkehr zum spirituellen Weg."

Über eine Viertel Million Kilometer wurden insgesamt zurückgelegt. Neben dem Mohawk Craig Carpenter, der nach vierjähriger Vorbereitungszeit in Kalifornien weitere vier Jahre lang von den Hopi noch unter dem Hopi Elder *John Lansa* aus Alt Oraibi dafür geschult worden war, unterstützten vor allem *Seneca-Chief Beeman Logan* und *Tuscarora-Chief Mad Bear Anderson*, damals Sprecher der Irokesenkonförderation, dieses Projekt, wobei Mad Bears Organisationstalent besonders zur Geltung kam.

Neben diesen Aktivitäten warnten die Hopi-Elders ihre Brüder und Schwestern der Schildkröteninsel in einer Serie von zehn Treffen von 1956 bis 1966, wie Craig Carpenter berichtet:

„Wenn wir - jede einzelne Nation von uns - uns nicht selbst und unsere Führungspersönlichkeiten berichtigen, indem wir zu den Heiligen Anweisungen zurückkehren, die unseren Nationen am Beginn dieses Weltenzeitalters anvertraut worden sind, könnten wir in zunehmendem Maß an folgendem leiden: (1) an unheilbaren Krankheiten, (2) an Geisteskrankheiten, (3) an Kriminalität und Kriegen - denn sie sind dasselbe -, (4) am Zerfall der Familien. Wenn wir versagen, ‚uns selbst zu berichtigen' würden die ‚Kräfte der Natur' fortfahren, uns durch zunehmend ‚aus dem Gleichgewicht gebrachte' Aktivitäten zu warnen, wie (1) Erdrutsche, Erdbeben und Sandstürme, (2) zu viel oder zu wenig Wind oder Luft, (3) zu viel oder zu wenig Wasser (Regen), (4) zu viel oder zu wenig Wärme, Kälte; Frühling und Herbst ‚aus dem Gleichgewicht'; unerklärliche Brände. Und wenn wir selbst versagt haben, diese ‚Warnzeichen' zu beachten und ‚uns selbst zu berichtigen', dann könnten wir uns selbst zerstören oder zerstört werden. Es gibt keine Wahl - bereue oder stirb."

Diese eindringlichen Worte gelten natürlich auch für uns, für alle Nationen dieser Erde, an die sie sinngemäß erst nach und nach, insbesondere durch Banyacya Sr. gerichtet wurden.

Während Craig Carpenter gebeten wurde, auch die in Kalifornien erstarkende Hippie-Bewegung gemeinsam mit dem Shoshone-Medizinmann *Rolling Thunder* und anderen zu betreuen (Craig startete damit 1965 nach einem viel beachteten Radiointerview mit ihm), begann Banyacya Sr. vor allem Indianer zu schulen, unter ihnen der bis zu seinem Tod im Juni 1992 heftig umstrittene Anishinabe *Sun Bear,* der ebenso die jungen Weißen ansprechen sollte, sich dann aber völlig verselbständigte und eigene Wege einschlug.

Craig brachte anlässlich seiner ersten Reise nach Europa, die ihn 1973 auch in die Bundesrepublik Deutschland führte, seinem Reiseführer Gisbert Bölling gegenüber den Begriff *traditionell leben* auf den Punkt (entdeckt in Werner Pipers erster „Grünzeitschrift" *Der Grüne Zweig*, Nr. 22): denn es ist „die einfache, demütige, harte Art zu leben, die einzige Art zu leben, von Generation zu Generation, von Jahrhundert zu Jahrhundert, von Jahrtausend zu Jahrtausend, die der Erde ihr Ziel sich erfüllen lässt: Leben hervorbringen, soviel Leben wie möglich, nicht nur menschliches Leben, sondern Leben aller Arten." Und über den Glauben an materielle Stärke und industrielle Macht, der bei uns noch immer tief verankert ist: „Es stimmt nicht einmal in der Natur, dass der materiell Stärkere siegt - warum gibt es dann so viele Ameisen und so wenig Elefanten? Alles in der Natur steht in einem bestimmten, gewollten Verhältnis zueinander und auch der Mensch hat seinen vorbestimmten Platz. Und wer von uns Menschen diesen Platz einnimmt, der wird am Ende siegen - ohne jede Gewalt, auf ganz natürliche Weise."

Thomas Banyacya Sr. hielt sich exakt daran. Obwohl er - so wie Craig und andere traditionelle Irokesen - über keinen US-Reisepass verfügte und mit einem selbst angefertigten, vom Kikmongwi von Shungopavi unterzeichneten und einer Gebetsfeder versehenen Hopi-Pass reisen musste, überwindet er mit Hilfe der ihn Einladenden und gut gesinnter Regierungsstellen immer wieder diese bürokratische Grenzbarriere.

1972 konnte er auf diese Weise mit mehreren Elders erstmals ins europäische Ausland nach Stockholm zur UNO-Umweltkonferenz reisen und dort auch Vertreter der nordeuropäischen Ureinwohner, der Sami treffen. Später folgten neben zahlreichen Vorträgen und Auftritten in den USA auch Reisen nach Kanada (1976 zur UNO-Habitat-Konferenz in Vancouver), in die Schweiz, nach Österreich und in die BRD, nach Frankreich, Italien, Hawaii, Puerto Rico und El Salvador. Später - 1988 erstmals nach Japan und England, wo Banyacya Sr. und Oren Lyons an der „Weltkonferenz von spirituellen und parlamentarischen Führungspersönlichkeiten über das Überleben der Menschheit" teilnahmen (darunter der 14. Dalai Lama und der ehemalige Wiener Kardinal König). 1990 war er gemeinsam mit nordamerikanischen Elders nach Moskau zum „Globalen Forum über Umwelt und Entwicklung für das Überleben" gekommen (vgl. S. 94 ff.), und für Neuseeland und Sibirien lagen Einladungen vor. Sogar aus China wurde Interesse bekundet.

Mittlerweile hatte sich der *Spiritual Unity Caravan* immer weiter durch die USA bewegt. 1975 fand er seinen Abschluss mit der letzten Station bei *Mina Lansa* (1903 - 1977), der letzten traditionell eingesetzten Kikmongwi von Alt Oraibi auf der dritten Mesa. „Die erfolgreichste Wiedergeburtsbewegung des Roten Mannes", wie Craig formulierte, hatte reichlich Früchte gebracht. Nicht nur das *American Indian Movement (AIM)* wurde davon inspiriert, sondern auch Yet Si Blue und die gesamte indianische Frauenbewegung der Gegenwart.

Aus der Auseinandersetzung mit der Hippiebewegung der sechziger Jahre, die in den USA bis heute tragfähige Gemeinschaftsprojekte entstehen ließ, sprang der Funke in den siebziger und achtziger

Jahren auf die mittlerweile international erstarkte Alternativ- und Ökobewegung, die Friedens- und Anti-Atombewegung über.

Frieden kann nur durch spirituelle Wege hergestellt werden

Heute ist aus dem *Spiritual Unity Caravan* eine Bewegung der spirituell-ökologischen Einheit geworden, die nicht nur die indianischen Nationen, sondern die ganze Welt und immer mehr Bereiche erfasst hat. Begriffe wie „ökologische Ethik“, „spirituelle Ökologie“, „Tiefenökologie“ und „dauerhaftes, nachhaltiges Wirtschaften“ legen Zeugnis davon ab. Verstärkt wurde diese Tendenz mit Hilfe eines Literatur- und Filmbooms über die Hopi, der durch die Verbreitung der Hopi-Botschaft, wie sie auch genannt wird, und den Kinofilm *Koyáanisqatsi* („Leben aus dem Gleichgewicht“) angeregt wurde. Es folgten Filme wie *Powaqqatsi* - eine (schwarzmagische) Lebensart, die die Lebenskräfte anderer Wesen aufbraucht, um ihr eigenes Leben zu unterstützen - und *Naqoyqatsi* als das dritte und letzte Stadium vor der „Großen Läuterung“, ein Leben im Kriegszustand, in einer Welt ständiger Gewalt und Zerstörung.

Im indianischen Amerika fand in direkter Nachfolge der Spiritual Unity Caravans bereits 1977 die erste Zusammenkunft des Traditionellen Kreises indianischer Elders und der Jugend statt (vgl. S. 80), bei der die hohen Reisekosten der Teilnehmerinnen erstmals vom *American Indian Institute* in Montana übernommen wurden. Mittlerweile hat sich der Kreis zu einem internationalen Forum ausgeweitet.

Ebenfalls 1977 kam die erste Reise einer panindianischen Delegation nach Genf zur UNO-Menschenrechtskommission zustande, und 1979 reiste Thomas Banyacya Sr. mit mehreren Hopi-Elders zum Weißen Haus in Washington, um dort für Präsident Carter, der sich vertreten ließ, eine heilige Gebetsfeder zu überreichen und ihn um Hilfe für ihre Anliegen zu bitten. Im selben Jahr trafen *Earl Pela* als damaliger Sprecher des Kikmongwi von Shungopavi, *David Monongye* als spiritueller Führer von Hotevilla und Banyacya Sr. als Übersetzer in Los Angeles erstmals mit dem 14. Dalai Lama zusammen. Dem folgte ein Treffen des Dalai Lama mit Irokesenvertretern in Syracuse (USA) und am 12. Oktober 1980 eine weitere

Begegnung in Toronto, Kanada. An ihr nahmen im Rahmen einer Feuerzeremonie Faithkeeper Oren Lyons, Tadodaho Chief Leon Shenandoah und Thomas Banyacya Sr. als Vertreter der Hopi teil. 1981 schließlich fand ein drittes Treffen in Boston an der Harvard-Universität statt, und der 16. tibetische Karmapa besuchte mit einigen Elders die traditionellen Hopi in ihrer Heimat, wobei Banyacya Sr. wieder übersetzte und viel altes Wissen ausgetauscht wurde, wie er berichtete.

Schon 1978 war Banyacya Sr. einem bedeutenden Vertreter des Buddhismus begegnet: dem japanischen Mönch Nichidatsu Fuji, Gründer des buddhistischen Nipponzan-Myohoji-Ordens für Männer und Frauen. Fuji, der schon nach dem Ersten Weltkrieg öffentlich vor dem wachsenden Militarismus der Japaner gewarnt hatte, initiierte nach dem Zweiten Weltkrieg von Hiroshima ausgehend die Errichtung von Friedenspagoden in aller Welt. 1978 nahmen beide am indianischen Friedens- und Vereinigungsmarsch *The Longest Walk* von Los Angeles nach Washington, D. C., teil, wo eine abschließende Friedenspfeifen-Zeremonie stattfand. Fuji damals: „Ich glaube, letztendlich wird die Zivilisation der Indianer an die Stelle der amerikanischen Zivilisation treten. (...) Das scheint der einzige Weg für das Überleben der menschlichen Rasse zu sein." Er bat dann, ein vom japanischen Filmregisseur Kiyoshi Miyata begonnenes Filmprojekt über die nordamerikanischen Indianer auf die Hopi auszuweiten, woraus 1986 unter Mitwirkung von Banyacya Sr. der Film *Die Prophezeiung der Hopi* entstanden war. Miyata: „Ich bemerkte, dass die Lehren des Lotus Sutra und die der Hopi sehr ähnlich sind. (...) Menschen in aller Welt können sich von diesem Film angesprochen fühlen, denn es geht in ihm um die Rückkehr zu unseren Wurzeln." Der Film verbindet die prophetischen Warnungen der Hopi vor einem „Kürbis voll Asche" - der Atombombe - mit den leidvollen Erfahrungen nach den Atombombenabwürfen in Japan und den dramatischen Folgen des Uranabbaus bei Navajo und Hopi.

Aus den Kontakten mit Nichidatsu Fuji entwickelten sich mehrere Zusammenkünfte mit buddhistischen Mönchen im Land der Hopi und schließlich ergab sich daraus die erste Einladung nach Japan anlässlich der Einweihung einer Friedenspagode in Hiroshima am

6. August 1988, wo Banyacya Sr. das Eröffnungsgebet sprach. Die Zeremonie fand im Rahmen der internationalen Veranstaltung *Lauf für Land und Leben* statt, der, von der Irokesenkonföderation in New York State beginnend, quer durch die USA an nuklearen Anlagen vorbei nach San Francisco und weiter nach Hiroshima führte. Dort wurde er gemeinsam mit japanischen Läuferinnen und Läufern nach Horonobe im Norden Japans auf Hokkaido fortgesetzt, wo sich ebenfalls atomare Einrichtungen befinden. Ziel war es, „durch Gebet, Zeremonien und Aktion die Macht der Plätze vom ‚Pfad der Zerstörung' zu überwinden und eine wirklich umformende Bewegung zum ‚Pfad des Lebens und Überlebens', zu schaffen", wie der AIM-Mitbegründer *Dennis Banks* als Hauptinitiator erklärte. Unter den indianischen Teilnehmern dieses Laufs befanden sich neben Dennis Banks auch Oren Lyons und *Floyd Westerman;* mitgewirkt hatten die amerikanische und japanische Anti-Atom- und Friedensbewegung sowie die Mönche des Nipponzan-Myohoji-Ordens.

Rund sieben Jahre zuvor, am Vorabend der Eröffnung des „Weltfriedensmarsches" dieser Mönche, in dessen Verlauf sie 1982 auch nach Wien zur Einweihung der dortigen Friedenspagode gekommen waren, richtete Banyacya Sr. als Sprecher der Hopi am 23. Oktober 1981 in Los Angeles unter anderem folgende Worte an sie:

„Friede kann nur durch spirituelle Wege hergestellt werden: durch Güte, Verstehen, Sanftmütigkeit und Liebe. Nur durch diese spirituellen Wege können wir die falschen Handlungen der Vergangenheit beiseite schieben und den Schaden wieder gut machen, der unserer Mutter Erde und den Völkern der Erde zugefügt worden ist. Es ist Zeit für alle Menschen, sich zusammen zu tun, indem sie aktiv daran arbeiten, die Entwicklung von Krieg und den Gebrauch von Nuklearenergie zu beenden. Die offiziellen Vertreter der Vereinten Nationen und die Mitglieder aller Regierungen der Welt, die verantwortlich für die Sicherheit und das Wohlergehen ihrer Nationen sind, müssen ihren Verpflichtungen nachkommen und den Gebrauch der zerstörerischen Nuklearenergie zu einem Stillstand bringen. Diese Warnung muss ausgesprochen werden, denn die Prophezeiung der Hopi besagt, dass andere Kräfte sich erheben werden, um das Land zu reinigen, wenn diese zerstörerischen Aktivitäten nicht eingestellt werden. Vielleicht werden Naturkräfte wie Erdbeben, Dürren, Stürme oder Überschwemmungen in Erscheinung treten und uns warnen, dass wir diesen falschen Handlungsweisen ein Ende bereiten und durch spirituelle Mittel und Wege Frieden suchen müssen. (...)

Heute sind wir wieder mit der Einberufung junger Männer konfrontiert, dem Aufruf, dass sich Männer in das Wehrregister eintragen lassen. Wir sollten uns nicht für den Krieg amtlich erfassen lassen, sondern statt dessen für den Frieden. Überall auf der Welt sollten wir uns für den Frieden registrieren lassen, um wirklichen Frieden herbeizuführen. In meinem Leben wurden mir die spirituellen Anweisungen und das uralte Wissen über dieses Land gegeben. Ich hörte die Warnungen unserer Elders, keine Probleme in einem anderen Land auszulösen. Diejenigen, die ihre Truppen in den Krieg schicken und in einem anderen Land Unheil verursachen, so heißt es, werden selber das doppelte Ausmaß an Zerstörung erleiden, die sie über andere gebracht haben. (...)

Die Hopi haben in der Vergangenheit gesagt und hören nicht auf zu betonen, dass nur durch friedfertige, spirituelle Wege, durch wahre Bruder- und Schwesternschaft das Leben wiederhergestellt wird und alle lebenden Dinge jemals dazu gebracht werden, wieder in Harmonie zu leben. Aber die uralten Hopi-Lehren sprechen von einer Läuterung, einer Ausmerzung, einem Reinigungsprozess für das Land und die Menschen. Das Volk der Hopi hofft und betet darum, dass dieser Reinigungsprozess, diese Läuterung keine zu große Zerstörung über diese Gebiete und Nationen bringt."

In jenem ereignisreichen Jahr 1981 kam ich im August zum ersten Mal in das Land der Hopi, nachdem ich zuvor die Mohawks in Akwesasne besucht hatte (vgl. dazu die Ausführungen in *Unser Ende ist euer Untergang. Die Botschaft der Hopi an die Welt*). Damals lernte ich Thomas Banyacya Sr., seine Frau Fermina, deren Sohn Thomas Jr., einige seiner Geschwister und Verwandte ihrer Familie kennen.

1984 war es uns vom *Arbeitskreis Hopi-Österreich* möglich, Banyacya Sr. erstmals nach Österreich auf eine Vortragstournee einzuladen und gleichzeitig seine erste Reise in die Bundesrepublik Deutschland nach Bonn zu vermitteln. Mit ihm war damals *Yet Si*

Blue gleichsam als Türöffnerin zu neuen Einsichten und Begegnungen gekommen, wofür wir ihr ausdrücklich danken.

1988 konnten wir dazu beitragen, dass Thomas Banyacya Sr. und Yet Si Blue erstmals in West-Berlin auftraten und dabei auch der Deutschland-Premiere des Films „Die Prophezeiung der Hopi" beiwohnten. Anschließend waren sie wieder Gast in Österreich und 1990 erneut, als unser zwei Jahre zuvor gegründeter Verein *Für die Erde, für das Leben* endlich imstande war, die gesamten Reisekosten der beiden gemeinsam mit *Incomindios Schweiz* aufzubringen. In jenem geschichtsträchtigen Jahr, das am 3. Oktober die Vereinigung Deutschlands bringen sollte, konnten wir den beiden auch Vorträge und Begegnungen in München, Salzburg, Wien und Bratislava in der Slowakei vermitteln.

Thomas Banyacya Sr. hat uns - wie Yet Si Blue - viele Einsichten eröffnet und uns auf vielfältige Weise immer wieder ermutigt, unsere Wurzeln hier in diesem Land und in unserer Kultur aufzuspüren und unseren eigenen spirituellen Weg des Friedens zu finden und zu gehen. Dafür sage ich ihm, allen Mitmenschen und unsichtbaren Helfern, die uns dazu inspiriert haben, aufrichtigen Dank.

Wir sind reich beschenkt worden und hoffen, unseren Freunden und Lehrern vom Nord-Süd-Land, wie es Craig genannt hat, durch vielfältige Formen der Unterstützung und unsere eigene Veränderung etwas davon zurückgeben zu können und so zu versuchen, einen solidarischen Austausch in Gang zu halten.

Die folgenden Texte, die von der Bedeutung des Landes der Hopi, ihrer Botschaft an uns und von unserer Rolle hier in Europa handeln, sollen uns helfen, die Friedensbotschaft der Hopi besser zu verstehen und auf unsere persönliche Weise selbständig umzusetzen - dort beginnend, wo wir leben und das Beispiel jenes Mannes vor Augen, der mit seinen Elders und anderen Traditionellen unbeirrt für den Frieden und damit für die Erde, für das Leben gearbeitet hat.

Dieses Gebiet muss in einem natürlichen Zustand belassen werden

Four Corners, jenes Vierländereck, wo die Grenzen der US Bundesstaaten Arizona, New Mexiko, Colorado und Utah zu sammenstoßen und ein Kreuz bilden - dieses Gebiet birgt die meisten Bodenschätze der USA. Längst schon haben Wissenschaftler die weltweite Bedeutung dieser Region erkannt, in der riesige Mengen an Sonnenenergie, Wasser und Luftelektrizität umgesetzt werden, was nachhaltig auf das Weltklima einwirkt - ähnlich wie Tibet in der östlichen Hemisphäre (vgl. dazu *Unser Ende ist euer Untergang* und die darin angeführte Literatur). Hochwertiges Uran, seltene Erze, schwefelarme Steinkohle, Erdöl, riesige unterirdische Seen *(aquifers)* und der Colorado-Fluss, der die malerischen Gesteinsformationen des Grand Canyon geschaffen hat, spielen eine Schlüsselrolle darin.

Obwohl namhafte Wissenschaftler aus Ost und West schon seit langem davor warnen, in so sensiblen Gebieten Bodenschätze in großem Umfang abzubauen - weil dadurch das natürliche Gleichgewicht der ständig in Fluss befindlichen Energien empfindlich gestört wird -, halten die USA am Abbau von Kohle, Uran, Erdöl und Förderung von Erdgas und Schieferöl durch Fracking mit dem damit unfassbar hohen Wasserverbrauch bis auf einige Ausnahmen fest und gehen so das Risiko einer nicht abschätzbaren, weltweit wirksamen Naturkatastrophe ein.

Das Szenario ist bekannt, denn auch Kanada, China, Argentinien, Australien und Nachfolgestaaten der Sowjetunion wie Russland zum Beispiel verhalten sich nicht anders. Wobei neue Pipelines in den USA und Kanada gegen den massiven Widerstand der dort lebenden Indigenen gebaut und in Betrieb genommen werden. Stichwort: *Standing Rock* in North Dakota, USA. Der Widerstand dort dauerte vom April 2016 bis Februar 2017 und erregte internationales Aufsehen, vor allem auch wegen des brutalen Vorgehens der örtlichen Polizei gegen die friedlich Demonstrierenden.

Die Warnungen der Hopi, die ihre Elders schon seit 1948 aussprechen, verhallen in den Ohren unserer energiehungrigen Regierungen nahezu ungehört. Wer jetzt schon leidet, das sind die Menschen dort, die Tiere, Pflanzen, Gesteinsformationen, Luft und Gewässer; das gesamte Ökosystem, das allein durch die frei wer dende Radioaktivität durch Uranabbau und seine Abraumhalden, den Staub und zahllose, beim Abbau eingesetzte giftige Substanzen zum Siechtum verurteilt ist.

Nachdem beim Fracking von Erdgas Methan in großen Mengen

frei wird, heizt es den bereits bedrohlich sich entwickelnden Klimawandel noch mehr an. Nicht nur: Die neuerdings damit verbundene energieaufwendige Verflüssigung (LNG), sein Transport über den Ozean nach Europa z. B. und seine Verfügbarmachung im Zuge der Wiedervergasung beschleunigen die Klimaproblematik zusätzlich.

Zurück nach Arizona: Der Uranabbau am Südrand des Grand Canyon, dem Heiligen Gebiet der Havasupai (am Fuß des *Red Butte* im *Kaibab National Forest,* Arizona) wird trotz eines Abbaubanns unter US-Präsident Obama dank eines Richterspruchs fortgesetzt - entgegen aller Proteste der Ureinwohner und Umweltschützer. Vom dortigen Uran profitieren neben anderen auch französische und schweizerische Atomkraftwerke. Der Uranabbau in New Mexiko im Bereich des den Ureinwohnern ebenfalls heiligen Berges *Mount Taylor* wurde durch die *Gulf Mineral Resources Company* mit Sitz in Grants, N.M., nach einer Stilllegung wieder aufgenommen.

Und wie sieht es mit dem größten Kohletagebau der USA im Norden der Black Mesa aus, auf deren südlichen Ausläufern die Hopi wohnen? Hochwertige Steinkohle wurde dort seit 1968 gegen den Willen der Traditionellen abgebaut, eingefädelt von einem mormonischen Anwalt aus Utah, der zugleich für die *Peabody Coal Company* arbeitete, seit 2017 schlicht *Peabody*. Jenem weltgrößten Kohleabbaukonzern, der auf eine offizielle Erlaubnis (!) und Erweiterung des Abbaus dort drängte: zusammen mit der Kayenta-Mine zum *Kayenta Mine Complex*, nachdem er bis 2005 dank einer provisorischen Genehmigung auch in der Black Mesa Mine geschürft hatte. Peabody erstrebte dafür eine Lizenz bis 2044, musste aber im August 2019 auch die Kayenta-Mine schließen.

Bis dorthin pumpte Peabody kostbares Trinkwasser aus dem N-Aquifer, auch, um die *Navajo Generating Station (NGS)* in Page bis November 2019 zu kühlen, versorgt mit Kohle der Kayenta-Mine. Dann wurde die NGS aus wirtschaftlichen Gründen stillgelegt, ebenso die Eisenbahnlinie für den Kohletransport zum Kraftwerk. Dieses Kohlekraftwerk erzeugte Strom u.a. für das *Central Arizona Waterproject,* durch dessen Pipeline Wasser vom Colorado River aus dem Lake Havasu in den Süden Arizonas u.a. nach Phoenix und Tucson gepumpt wird. Bis 2005 wurde noch mehr Wasser für die

Kohlepipeline zum *Mohave-Kraftwerk* nach Bullhead City an der Grenze zu Nevada benötigt: Es musste geschlossen werden, weil seine Abgase sogar die Sicht im Grand Canyon beeinträchtigten und ebenfalls die Luft mit Quecksilber, Schwefel-, Kohlen- und Stickstoffdioxid enorm belasteten. Auch waren die Rohre aufgrund der sich bildenden Schwefelsäure leck geworden - samt Filterauflagen war das zu teuer für die Betreiberfirma.
Die extreme Luft- und Bodenbelastung blieb jedoch durch die *San Juan Generating Station* bis zu ihrer Stilllegung 2022 bestehen, und besteht voraussichtlich bis 2024 durch das *Four Cornes Power Plant*, das auf erneuerbare Energien umgestellt werden soll. Bcide befinden sich im Raum von Farmington, nordöstlich der Black Mesa und wurden zum US-weiten Methan Hot Spot. Was zunächst bleibt, sind 130 in der Region bereits genehmigte Anlagen für Erdöl-Fraking - jedoch auch eine neue 27 Megawatt - Solarfarm in Kayenta.

Die hohe Wasserentnahme durch *Peabody* hat zu einem dramatischen Rückgang des Wasserspiegels der Quellen und Brunnen im Land der Hopi und Navajo geführt: Er ist allein von 1990 bis 2004 um 6 bis 21 m gesunken. Die Folgen: weniger Verdunstung, weniger Niederschlag, zunehmende Dürre, auch durch den Kohletagbau selbst ausgelöst, dem unzählige Wacholderbüsche und Pinien weichen mussten. Einer ehemaligen Leasingfläche von über 300 km^2 steht die sogenannte „Restoration“ mit Gestrüpp und Gräsern auf etwa 61 km^2 gegenüber. Kaputter Boden, aussterbende Pflanzenarten, zerstörte Schreine und Grabstätten der Ureinwohner und z. T. durch Abbaurückstände vergiftete Brunnen sind die Begleiterscheinung. Die Zwangsabsiedelung von dort lebenden rund 14.000 Navajo bis 2015 und 60 Hopi seit 1974 eine weitere, um ungehindert an die Kohle - im doppelten Wortsinn - zu kommen.

So weit, so schlecht und ich wundere mich nicht mehr über meine Beobachtungen seit den 90ern: Seit damals beobachte ich bei meinen Besuchen einen ständigen, kalten Wind, eine Zunahme der Dürrephasen, begleitet von mächtigen Staubstürmen und gewaltigen Busch- und Waldbränden.

Wodurch unterscheidet sich dieses soziale und ökologische Horrorszenario von Vergleichbarem in den Staaten des ehemaligen

Ostblocks, in China und in Deutschland mit seinen offenen Braunkohlegruben im Westen und seinen strahlenden Uranabraumhalden im Osten? Nur durch das Etikett - und die Menschen, die dagegen unermüdlich, bis heute, Widerstand leisten: in den USA die von der Zwangsabsiedelung unmittelbar betroffenen traditionellen Navajo-Diné und die traditionellen Hopi, die jene entschieden unterstützen. Und in Deutschland die - meist jungen - Menschen, die sich gegen die Rodung von Wäldern für neue Autobahnen und die Erweiterung von Kohletagebauen wehren.

Haben die traditionellen Hopi schon 1948 vor dieser Entwicklung gewarnt und sich strikt geweigert, ihr Land zu verlassen oder zu verpachten, so hat sie der seit 1955 wieder installierte, mormonisch dominierte „Hopi-Stammesrat" durch sein Zusammenspiel mit Mormonenanwälten und der US-Regierung verraten. Lange nach dem „Navajo-Stammesrat" vergab auch er gegen den erklärten Willen der Traditionellen die begehrten Abbaulizenzen auf Black Mesa. Heute, wo seinen Vertretern die dadurch entstandene Wasserknappheit und zunehmende Erdbeben im Land von Hopi und Big-Mountain-Diné Kopfzerbrechen bereiten, ist es bereits zu spät. Es sei denn, diese Männer tun, was anderswo auch nötig wäre: Sie legen sich vehement quer, um Land und Leben aufrecht zu erhalten und zu retten, was noch zu retten ist. Aber sie haben es nicht getan. So stehen die Traditionellen allein da, und ihre prophetischen Worte, die 1948 noch vielen wie ein Nachhall aus längst vergangenen Zeiten geklungen haben mögen, sind handfeste, uns wachrüttelnde Wirklichkeit geworden.

Im April 1986 verfasste Thomas Banyacya Sr. im Auftrag von David Monongye und anderen religösen Führern des Dorfes Hotevilla ein Schreiben an Allen D. Klein. Er war vom *US-Office of Surface Mining* in Denver mit der Untersuchung der Umweltfolgen des Kohletagebaus auf Black Mesa beauftragt worden. Die traditionellen Hopi erklärten in diesem Brief, warum sie nicht nur gegen die Black-Mesa-Kayenta-Kohlemine, sondern überhaupt gegen Abbauvorhaben in Four Corners und generell dagegen sind:

„Dieser spirituelle Kreis hier, umgeben von vier Heiligen Bergen, ist das Herz von Mutter Erde - ein Innenraum *(an inner chamber)*-, der vom Großen Geist als ein Zufluchtsort für Überlebende zurückbehalten worden ist, wenn es zu irgendwelchen Katastrophen oder Kriegen kommen sollte; ein Ort, wo Menschen hinkommen können, um nach der Zerstörung wieder zu leben. Die Alten, unsere religiösen Elders, haben uns angewiesen, uns das Land niemals wegnehmen oder seinen natürlichen Zustand zerstören zu lassen. Sie warnten uns auch, dass das geschehen könnte, denn das Land beinhaltet große Bodenschätze.

Black Mesa ist sehr heilig. Es gibt dort Ruinen, Grabstätten, Schreine - und die Alten rieten uns, dieses Gebiet zu achten. Die Hopi halten dieses Land und Leben hier für alle Menschen im Gleichgewicht, entsprechend den Anweisungen des Großen Geistes. Die Menschen müssen diese Schreine respektieren, und nur wir wissen, wo sie sich befinden. In unseren Gebeten beten wir zu den Vier Richtungen. Diese Gebete strahlen vom spirituellen Zentrum aus und Black Mesa ist ein Teil dieses spirituellen Zentrums.

Der Kohleabbau, die Pipeline und die Eisenbahn, die die Kohle transportieren, kippen das natürliche Gleichgewicht des Landes. Die Alten haben uns erzählt, dass Gefahr im Verzug sei und die Natur entsprechend handeln würde, sofern es erlaubt wird, dieses Gebiet zu zerstören. Die Natur ist sehr mächtig: Wind, Hagelstürme, Erdbeben, Erdrutsche und anhaltende Trockenperioden wurden bereits von vielen auf dem Planeten wahrgenommen und werden in Zukunft zunehmen. Das Wissen über diese Dinge und wie man richtig handelt ist Teil unserer Kultur, und dieser Abbau verursacht unserem Leben großen Schaden. (...)

Unser Leben beruht nicht auf materiellen Dingen oder Geld, sondern darauf, mit der Natur eng vertraut zu sein. Der weiße Mann möchte Geld daraus machen, indem er diese Mineralien ohne Zustimmung der richtigen Führungspersönlichkeiten der Hopi *(Hopi leaders)* aus unserem Land nimmt. Wir waren imstande, in dieser Trockensteppe und Halbwüste Tausende von Jahren zu überleben, bevor Weiße kamen. Geld war nicht nötig. (...)

Die Hopi sind friedfertige Menschen, und wir betrachten dieses Land als unsere Mutter, die all das bereithält, was für unser Leben nötig ist. Darum zerstören wir sie nicht. Man muss seinen Verstand und seinen Körper in den richtigen Spirit bringen, um das zu verstehen. Diese Bodenschätze dürfen nicht aus der Erde genommen werden, um für zerstörerische Zwecke Verwendung zu finden. Es ist bereits einmal geschehen. Wenn Bomben gemacht und abgeworfen werden, ruft man eine Katastrophe hervor. Die Hopi können unseren jungen Menschen nicht erlauben, an einem Krieg oder an der Herstellung von Kriegsgerät mitzuwirken. Ansonsten wird die Natur gewalttätig reagieren. Unsere religiösen Führer haben darüber gesprochen und uns geraten, in unseren Gebeten immer für alle Menschen zu beten - dass sie ein langes, gesundes und glückliches Leben haben. Unsere Gebete gehen hinaus zu allen Menschen aller Nationen, dass wir Mutter Erde in ihr natürliches Gleichgewicht zurückbringen mögen."

In der bereits zitierten Botschaft von Banyacya Sr. anlässlich des Weltfriedensmarsches japanischer Mönche im Jahr 1981 heißt es dazu: „Was heute in Big Mountain geschieht, ist eine Warnung. Wenn diese heiligen Gebiete zertrümmert und die Navajo aus dem Land vertrieben werden, signalisiert das für die Völker der Navajo und Hopi den langen ‚Marsch in den Tod'.

Wenn dieses heilige Land durch Ausbeutung der Bodenschätze und andere zerstörerische Handlungen misshandelt und auseinander gerissen wird, signalisiert das am Ende für alle Völker der Erde ebenso den ‚langen Marsch in den Tod'. (...)

Das Land der Hopi und die Four Corners Region im allgemeinen ist ein heiliges Gebiet, das von allen Nationen beschützt werden sollte. (...) Wir laden alle spirituellen Oberhäupter der Welt zu einem Treffen in dieses heilige Gebiet ein."

Für all jene, die noch immer nicht wissen, was sie konkret tun können (außer ihr eigenes Leben zu verändern), hat Thomas Banyacya Sr. im August 1990 in Wien klar formuliert:

„Es ist Zeit, dass jetzt viele von euch Fragen an einige dieser Führungspersönlichkeiten dort stellen und schauen, ob sie das stoppen können. Von Herzen müsst ihr zu ihnen sprechen, denn sie handeln wie wir als Menschen. Sie sollten die Fehler und die Gefahr erkennen, in der wir uns befinden und das abstellen."

Diese Botschaft soll an so viele Menschen wie möglich herangetragen werden

Thomas Banyacya Sr.: Über die letzten Stadien

Die Elders wollten, dass ich ihre Botschaft so weit wie möglich trage. So weit und zu so vielen Orten und Menschen in der Welt, wie ich nur kann - bevor es zu spät ist.
Ihr Wissen geht zurück auf eine Zeit, als die ersten Menschen in diese Welt aus der Unterwelt hervorkamen. Alles war wunderschön und sauber, alles war in Ordnung und die Menschen waren gut. Aber schließlich erfanden sie so viele Dinge, wichen vom Gesetz des Großen Geistes und der Natur ab und begannen die Macht, die sie entwickelt hatten, zu missbrauchen. Diejenigen, die das nicht abstellten, wurden durch die Natur völlig zerstört.

Drei Welten gab es vor dieser; alle drei wurden wegen des Missbrauchs der Menschen zerstört, und jedes Mal überlebte lediglich eine Handvoll. In der ersten geschah es durch Eis und in der zweiten durch die Trennung von Land und das Auftauchen von Land.

Auch in der dritten Welt war das Leben zu Beginn schön und sauber. Dann aber begannen die Menschen wiederum Erfindungen zu machen - Fluggeräte zum Beispiel, die überall starten und landen konnten. Sie konnten über weite Entfernungen ohne Leitungen miteinander sprechen und konnten wirklich rasch mit dem reisen, was heute „Fliegende Untertassen“ genannt wird. Und so viele mächtige Maschinen erfanden sie, die, wie die Elders sagten, viel mehr Macht hatten als die heutigen haben. Wiederum missbrauchten sie diese Macht. Sie konnten sogar mit Tieren und Vögeln sprechen. Sie entwickelten eine so starke spirituelle Kraft, dass sie keine Materie brauchten, um Dinge zu bewegen. Sogar einen Gesang konnten sie anstimmen, um eine Person herumspringen und hinfallen zu lassen, und sie zu töten. Auf diese Weise gelangten sie zu den letzten Stadien. Sie wandten sich von den spirituellen Anweisungen ab; moralisch und spirituell waren sie so weit vom Gesetz der Natur entfernt, dass sie es nicht mehr beenden wollten. Da sagte ihnen der Große

Geist, dass er diese Welt reinigen werde. Und sie wurde schlussendlich durch eine Flut zerstört.

Wir sind die Nachfahren der eine Handvoll Überlebenden von damals. Das ist jetzt die letzte, die vierte Welt, in der wir leben - und es gibt keinen anderen Platz für menschliche Wesen, um leben zu können. Deshalb müssen wir diese Unordnung beseitigen, die wir geschaffen haben.

Eines der Dinge, die die Elders über die dritte Welt erwähnten, war, dass die Menschen geradezu alles entheiligten. Heute kommen wir wieder ganz nahe an die letzten Stadien heran, wie die Entwicklung zeigt. Und das letzte Ereignis, worüber sie klar sprachen, war, dass sich die Menschen von allen spirituellen Wegen abwenden und die spirituellen Führungspersönlichkeiten korrupt, gierig und selbstsüchtig werden. Politiker tun dasselbe. Sie würden falsches Handeln zulassen, und jeder wüsste es, aber sie würden es bis zum letzten Stadium ihres Lebens nicht zugeben.

In den letzten Stadien begannen die Menschen zu spielen - sie wollten mehr Geld, mehr materielle Dinge; Tag und Nacht liefen sie dem hinterher: niemand gab auf seine Familie acht, auf das Land, die Vierbeiner und die Vögel - sie schauten nur auf sich selbst und niemand wollte sich selbst berichtigen. Jede Frau zog sich nackt aus; die Menschen trachteten danach, einander zu übervorteilen, sie wollten nicht nach Hause gehen, wollten eine gute Zeit und auf keinen der spirituellen Führer und politischen Persönlichkeiten hören - BÄNG! - das war der Moment, als die Flut kam und zerstörte. Nur eine Handvoll Menschen, die in der Lage waren, den Gesetzen des Großen Geistes, dem Gesetz der Natur zu folgen, konnte entrinnen.

Heute ist es wieder soweit, weil die Menschen viele Dinge sinnlos zerstören. Jede einzelne Person, die auf der Erde lebt, hat diese Verantwortung, dafür zu sorgen, diese Erde im Gleichgewicht zu halten, in einem natürlichen Zustand. Denn diese Welt wurde uns durch ein höheres Wesen gegeben, das wir *Maassau'u* nennen. Freiwillig, um sie zu nutzen: „Gib acht auf sie!“ Und was immer wir darauf tun, sollen wir teilen. Das ist der Grund, warum wir rund um die Welt in verschiedene Gebiete gingen - mit unserer jeweiligen Sprache, unserer Religion, mit unserer jeweiligen Lebensweise, die in verschiedenen Gebieten etabliert wurde. Jede Nation in ihrem jeweiligen Gebiet hatte darauf zu achten, wo immer sie gerade war. Heute aber scheinen wir miteinander zu kämpfen, um mehr Bodenschätze zu streiten, um Macht und Kontrolle über verschiedene Gebiete. Und das ist genau das, was in der letzten Welt geschah.

Alles ist lebendig

Am Beginn des menschlichen Lebens wurde uns ein spiritueller Kreis gegeben: So lange wir alles auf dieser Mutter Erde respektieren und achten - solange gibt es kein Ende dieses Kreises. Und da ist immer dieses Zentrum: Es ist wie mit unserem Körper - er befindet sich in einem Kreis -, die Bäume sind darin; Erde, Mond und Sterne - alles in diesem Kreis hat einen Funken oder eine Energie, die inwendig fließt. Da ist ein leitender Funke in uns, der uns am Leben hält. Dieser Funke hält uns am Leben, denn wir atmen diese Luft - wir können sie nicht sehen, aber diese Luft ist es, die uns miteinander verbindet; wir sind ein Volk, wir sind ein Ganzes, ein Universum - ebenso tatsächlich Teil dieser Erde. Darum sprechen wir auch von einer Verwandtschaft mit allem um uns - wir sind nicht getrennt. Und wir haben anzuerkennen, dass wir für diese Erdenmutter verantwortlich sind, jeder.

Und unsere Elders wissen, dass es Kräfte von den Vier Richtungen gibt: Osten, Norden, Westen, Süden; oben und unterirdisch. Das sind Kräfte, die sich fortbewegen *(powers, that move)*. Alles auf dieser Mutter Erde, alles, was wir sehen, ist lebendig, hat Energie, die darin fließt. Blumen, Bäume sind sehr sensitiv. Sie können dir sagen, wie du dich fühlst: Fühlst du dich gut, fühlen sie sich auch gut. Und wenn du über irgend etwas verärgert bist, drehen sie ihre Gesichter weg. Bei Tieren ist es genauso. Jeder von uns hat daher im Innern eine Kraft, dass wir uns zusammen tun, weil wir für diese Mutter Erde verantwortlich sind - und diese Unordnung beseitigen wollen. Und vielleicht sind wir imstande, wieder alles ins Gleichgewicht zu bringen, weil wir jetzt unsere körperlichen und spirituellen Sinne ausbalanciert haben. Dann werden diese Tiere und Vögel zu dir kommen, Teil von dir sein.

Die Aufgabe der Frauen und der Mütter

Das Wichtigste, was der eine Elder 1948 über das letzte Stadium erwähnte, die letzte Erklärung, die er abgab, war, dass diese Mutter Erde dabei ist, uns aufzurütteln. Er sagte: „Du weißt, die Mutter hat ein Neugeborenes, das nicht einschlafen will - bis Mitternacht -, die Mutter bleibt daher auf, bis es einschläft; dann eilt sie in die Küche, bringt alles in Ordnung, und geht endlich selbst zu Bett, spät in der Nacht. Dann muss sie wieder früh am Morgen aufstehen, beginnt, die Küche sauber zu machen, kocht. Dann richtet sie einiges an Essen auf dem sauberen Tisch her, lädt jeden zum Essen ein, und jeder kommt und isst. Und sie erwartet, dass danach jeder wieder selber Ordnung macht. Aber nach dem Essen lassen sie alles liegen und gehen weg. Die Mutter wartet darauf, dass jemand kommt und hilft, wieder Ordnung zu machen, aber niemand kommt und macht sauber - so muss die Mutter wieder beginnen, den Schmutz zu beseitigen. Das ist", sagte er, „nicht bloß eine Geschichte!"

Uns ist bekannt, dass die Männer gewöhnlich vorangehen und die Frauen und die Kinder ihnen folgen. Später gehen Männer und Frauen Seite an Seite, und die Kinder folgen ihnen. Später, in einem anderen Leben, in dem wir uns jetzt befinden, denke ich - in diesem Stadium -, sind die Frauen vorne. Durch meine Reisen habe ich den Eindruck gewonnen, dass diese Prophezeiung erfüllt ist, denn viele Frauen sind sehr aktiv in verschiedenen Bereichen, rund um die Welt. „Denn", sagte er, „weil die Männer so viel Unordnung schaffen und sie nicht helfen wollen, den Tisch zu säubern, müssen die Frauen beginnen, ihren Männern Beine zu machen. Vielleicht müssen sie sie regelrecht antreiben und dazu bringen, dieses Durcheinander, das sie geschaffen haben, wieder in Ordnung zu bringen, bevor wir in die schwierigste Situation unseres Lebens geraten. Denn Frauen, Mädchen können Kinder bekommen; in den nächsten ein, zwei Jahren vielleicht sind sie die Hervorbringer der nächsten, kommenden Generation. Welche Art von Leben überlasst ihr ihnen? Wenn wir diese Unordnung nicht beseitigen, bereiten wir ihnen etwas Schreckliches." Das war der Grund, warum der alte Mann das erwähnte: „Sei aufrichtig und erzähle den Frauen davon, damit sie sich aufregen (er lacht) und diese Unordnung beseitigen, bevor wir in diesem Leben zu weit gehen!“

Über die Steintafeln

Die Steintafeln, die der wahre *Weiße Bruder* mit sich bringen soll, sind aus etwas anderem gemacht als die der Hopi; es waren einige andere Kräfte, Mächte, die das versteinert haben, sodass es wie ein Stein ist. Es enthält viele Botschaften. Aber die Hopi haben lediglich wenige Symbole darauf, die derjenige, der ein anderes Set mitgenommen hat, kennen sollte. Wenn der Weiße Bruder sein Set hierher an irgendeinen Ort gebracht hat, wäre er in der Lage, diese Botschaft zu übersetzen und niederzuschreiben. Wann auch immer diese Tafeln mit jenen der Hopi in einem Areal der Hopi zusammenkommen, werden die Hopi vielleicht einen ganzen Tag lang über den Inhalt zu erzählen haben. Danach wird der Weiße Bruder, der seine mitgebracht hat, eine Aufzeichnung davon haben, sie lediglich lesen und zusammen werden sie der ganzen Welt beweisen, dass zwei Weiße Brüder, die sich vor langer Zeit getrennt haben, dass deren Nachkommen schlussendlich wieder zusammen gekommen sind. Dieses und anderes spirituelle Wissen, das uns der Große Geist gelehrt hat, werden wir dann teilen. Alle Kirchen haben etwas Ähnliches. Wir alle sind lediglich Kinder dieser Mutter Erde, und wir müssen dieses Wissen, wie wir überleben, einfach miteinander teilen, das ist alles; das ist das Wichtigste. Und diese Steintafel ist wie eine - die Macht, die diese ganze Welt zusammen kontrolliert.

Einige von euch haben vielleicht *Das Buch der Hopi* von Frank Waters gelesen. Und darin heißt es, dass von einer der dargestellten Tafeln ein Stück abgebrochen wurde und jemand in diesen Tagen dieses abgebrochene Stück zurückbringen würde. Aber so berichten die Elders nicht darüber. Es gibt zwei Sets davon, die wieder zusammengebracht werden müssen.

Über die Felszeichnungen

Viele unserer Ersten erwähnten damals, dass wir in die Vier Richtungen in diesem Land wanderten. Diejenigen, die dieses Wissen hatten, machten ihre Clan-Zeichen auf die Felsen - oder religiöse Symbole, oder das Tier, den Vogel, oder was auch immer sie dort gefunden haben. Dadurch wurde bekannt, welcher Clan, welcher religiöse Bund welchen Weg genommen hat. Schließlich gingen wir daran, den gesamten Kontinent, die gesamte Erde damit zu bedecken. Und am Ende sind wir drauf und dran, diese Zeichen zu finden, und wir beginnen zusammenzukommen. Vielleicht habt ihr jemanden, der vor langer Zeit dort gelebt hat; eine Verbindung mit einer anderen Nation - das Symbol wird das zeigen. Immer machten sie auch ihre Hand- und Fußabdrücke darauf: Am Ursprung eines Flusses, auf einer Felswand oder auf Bergspitzen kannst du sie finden. Manche Plätze sind wirklich überraschend, denn es gibt keine Straße oder sonst irgend etwas dorthin, auf verschiedene Plätze. Jene Führungspersönlichkeiten, die diese Plätze kennzeichneten, waren sehr spirituelle Menschen, denn das ist für die Zukunft gemacht worden, damit wir schließlich zusammen kommen.

Das ist alles, was sie darüber aussagten, und ich weiß nicht, ob es noch etwas anderes gibt, das geschehen kann. Aber wir haben die ganze Welt bereist, vor Tausenden von Jahren - vielleicht vor Millionen von Jahren; ich weiß nicht, wie lange es hier schon Menschen gibt - aber schlussendlich werden wir uns diesem Problem gegenüber sehen. Dann werden wir danach Ausschau halten. Ich kenne in verschiedenen Gebieten eine Menge Felszeichnungen. die unseren sehr ähnlich sind. Sie werden sehr bald sehr wichtig sein.

Über die UNO und die Möglichkeit, die Botschaft der Hopi in deren Generalversammlung vorzubringen

Die Elders wissen, dass es Menschen wie wir sind und dass sie eine eigene Struktur wie eine Regierung aufgebaut haben: Regeln, Gesetze, Vertretungen, Abteilungen, sodass jede Nation, die dort repräsentiert wird, eine gewisse Macht von ihrem Land her hat. Die Elders sagen, dass sie für eine Weile die Tore für die Ureinwohner nicht öffnen und dass wir nicht in der Lage sein werden, die Generalversammlung anzusprechen, weil sie uns nicht als eine Nation anerkennen. Wir Hopi sind aber eine Nation, denn wir haben unsere eigene Form der Regierung, die traditionelle Form von Selbstverwaltungen, die durch all die Zeiten existieren - und ich repräsentiere sie, diese wirklichen Führer der Hopi, nicht der „Stammesrat“, den wir als eine Marionettenregierung betrachten. Diese wirklichen Führungsautoritäten der Hopi, die lange vorher existierten, bevor irgendeine Nation dorthin kam, halten noch immer daran fest, denn die Selbstverwaltung beruht auf einem spirituellen Gesetz, dem Gesetz der Natur. Und das ist für sie das höchste Gesetz des Landes.

Wenn die Vereinten Nationen sagen würden: „Wir haben alle diese Regeln; wenn ihr eure Probleme hierher vor uns bringt, dann können wir sie auflisten, sie korrigieren und verändern“ - aber wenn sie uns nicht anerkennen, dann wird die Welt eines Tages in eine so hoffnungslose Situation geraten, denn jede Nation wird ein Beispiel für eine schreckliche Situation abgeben, sodass sie nicht wissen, was sie tun sollen. Dann werden sie auf jede Stimme oder jede Botschaft oder jede Idee hören, sodass sie einfach die Tür öffnen könnten. Das ist der Grund, warum die Hopi sagen: „Wir müssen alles tun, um es auch anderen Leuten zu Gehör zu bringen. Von Mensch zu Mensch, von Anführer *(leader)* zu Anführer, das muss zusammengebracht werden. Deshalb bemühen wir uns, dieses Tor zu öffnen.“

Gibt es ein Datum für das Ende dieser vierten Welt?

Der Große Geist sagt: „Diese Welt wird niemals enden!“ - solange, wie wir den Anweisungen folgen, die Er uns übergeben hat. Die anderen beiden Welten wurden völlig zerstört, denn die Menschen berichtigten und veränderten sich nicht. Dieses Mal, sagten sie, wird sie nicht zerstört werden. Dafür wählten sie drei Läuterer *(purifier)* aus. Wenn wir Menschen über gleiche Rechte sprechen, über religiöse Freiheit, über Menschenrechte, jetzt aber diese unterschiedlichen Plätze für die Menschen schaffen und das nicht berichtigen und ändern, dann müssen es diese Läuterer tun. Sie kommen lediglich, um diese Unordnung zu beseitigen. Aber sie retten gute Menschen, die dann weitermachen werden. Das ist es, worüber die Felszeichnung über die zwei Lebenswege der Menschheit berichtet (vgl. *Unser Ende ist euer Untergang* und Seite 140).

„Wenn du diese Unordnung beseitigt hast, dann komme ich zurück und werde euch alle wiedersehen, die überlebt haben. Denn von da

Thomas Banyacya Sr. erläutert die Prophezeiung der Hopi mit den bedeutendsten Symbolen entsprechend der Felszeichnung nahe Oraibi über die beiden Lebenswege der Menschheit - vgl. S. 232 (Foto: Inge Lindemann)

an wird es kein Ende mehr für dieses Land geben." Das ist es, was sie sagten: „Diese Welt geht nicht zugrunde!"

Aber es müsste von den Menschen zuerst gemacht werden; wenn nicht, müssten es die Läuterer tun. Ich hörte einen Wissenschaftler darüber sprechen, der sagte: „Es wird vielleicht eine völlige Zerstörung dieser Welt geben. Einen Polsprung oder etwas dergleichen." Für diese Menschen bedeutet das das Ende der Welt, wenn so etwas geschieht - es gibt auch einen Film darüber. Aber die Hopi sagen, dass es für diese Welt kein Ende gibt, denn wir beseitigen lediglich die Unordnung, die wir angerichtet haben, und können dann von dort aus erneut beginnen.

Du musst anerkennen, dass du nicht allein bist

Ein Gespräch mit Thomas Banyacya Sr.

Thomas, was bedeutet es für die Hopi, „im Gleichgewicht zu sein?"

Jeder bei uns weiß, dass es spirituelle Anweisungen gibt, die allen Nationen auf der ganzen Erde gegeben worden sind. Jede Nation hat einige spirituelle Anweisungen und Zeremonien, Gebete; einige fasten und verrichten viele andere spirituelle Aktivitäten. Die Bibel der Weißen enthält ebenso viele Anweisungen dafür. Jede Nation sollte wissen, wie man betet, meditiert und sich selbst ins Gleichgewicht bringt. Die Hopi betonen daher: „Bringe zuerst dich selbst ins Gleichgewicht!", jeder einzelne muss das tun. Deinen Geist und Körper musst du ausbalancieren, dann wird der Spirit in einer guten Position sein, um zu tun, was du benötigst zu tun, wofür du in einer Zeremonie betest. Wenn du das tust, schaffst du genauso Gleichgewicht in deinen Familien, Gemeinschaften und vielleicht mit anderen Nationen in der ganzen Welt.

Das ist es, wie wir glauben, dass wir auf diese Mutter Erde achtgeben. Denn alles war durch den Schöpfer im Gleichgewicht; in Hopi nennen wir dieses Wesen *Maassau'u*. Es ist ein Geistwesen und ist überall. Wenn wir uns daran erinnern, dass uns das Privileg gegeben worden ist, auf dieser Mutter Erde zu leben: So lange uns Leben auf dieser Erde gegeben wird - es uns erlaubt ist, auf dieser Erde zu leben -, hat jeder die Verantwortung, etwas zu tun, um dieses Land und Leben im Gleichgewicht zu bewahren; wo immer du bist, was immer du tust, das ist die Verantwortung jedes einzelnen.

Wie können die Menschen dieses Gleichgewicht erreichen, besonders in unserer Gesellschaft, wo so viele völlig aus dem Gleichgewicht geraten sind, die Natur und sich selbst zerstören?

Jede Nation muss darauf in ihrem täglichen Leben achten - wie ich schon gesagt habe: jede Nation in ihrer Sprache, mit ihren spirituellen Lehren. Die moralischen Grundsätze sind alle damit verknüpft und haben etwas mit der Umwelt zu tun, dem Tier-, Vogel- und Pflanzenleben. Du musst anerkennen, dass du nicht allein bist in dieser Welt, dass du Verantwortung gegenüber anderen lebenden Dingen um dich herum hast. Und die Lebensweise ist hier wie anderswo, insbesondere in unserem Land, dass viele Menschen dem folgen, was wir „das kommerzielle (marktwirtschaftliche) System“ nennen: Du musst arbeiten und du musst materielle Dinge kaufen; und um Material zu erhalten, musst du eine Arbeit finden, Geld verdienen. Das bringt die Menschen weg von den spirituellen Dingen, sodass sie beginnen, ihr eigenes Selbst zu vergessen. Sie wissen nicht, wer sie sind, warum sie hier sind, welche Art der Religion sie gewohnt waren auszuüben - oder spirituelle Lehren, die vielleicht alle Menschen hier anwandten; aber viele Menschen versuchen gar nicht, das in ihren eigenen Nationen herauszufinden. Und ich denke, heute haben überall die meisten unserer jungen Menschen diese Dinge vergessen oder verloren. Es braucht Zeit, danach zu suchen, aber sie verbringen mehr Zeit mit einem Job, mit dem Geldverdienen und damit, materielle Dinge anzuhäufen. Es ist in Ordnung, über diese Dinge zu verfügen, aber du musst auch lernen, wie du auf dich selber aufpasst, sodass du einen guten, starken, gesunden Körper, Geist und Spirit hast, um damit zu arbeiten; jeden Tag. Wie in unserem Land, wo die meisten Ureinwohner jeden Morgen, zu Mittag und abends ein Gebet darbringen müssen. Und bei jedem Essen anerkennen wir die Dinge, indem wir ein wenig Nahrung für jedes lebende Ding auf dieser Erde, das dieses Land und Leben im Gleichgewicht hält, hinausstellen. Wir können lediglich dankbar sein, es würdigen und dem Großen Geist dafür danken, dass er uns eine Chance gibt, auf dieser Erde zu sein.

Es sieht so aus, als hätten wir nur eine geringe Chance, uns und die Umwelt ins Gleichgewicht zu bringen, denn die Umwelt ist schon so zerstört und viele Menschen fühlen sich hilflos. Sie denken: „Ich bin allein, ich kann nichts tun. Die Politiker und Wissen schaftler wollen das nicht ändern - und ich allein kann es nicht, ich kann nicht wirklich etwas tun.“

Gut, das ist es, was jeder an den verschiedenen Orten sagt, aber es liegt an jedem einzelnen zu tun, was er kann, solange er auf dieser Erde lebt: In einer guten Gesinnung kannst du die Dinge aussprechen, sie untersuchen, und du kannst eine Menge spiritueller Dinge in dir und um dich freilegen. Und schau auf die Tiere: Was macht sie krank, was macht die Bienen sterben, was verursacht, dass die Flüsse so verschmutzt sind - wer verursacht das? Alles, was jetzt auf dieser Erde verwirrt ist, ist von Menschen gemacht worden. Wissenschaftler, hohe Politiker und große Industriekonzerne streiten um Geld, um Arbeit: um mehr materielle Dinge für sich selbst, mehr Macht zu gewinnen. Sie denken nicht wirklich über Land und Leben, über die Menschen nach. Daher liegt es an jedem einzelnen, der darin verwickelt ist, es zu betrachten und darauf zu schauen, was du mit dir selbst machst, mit dem Land, den Tieren, den Vögeln und dem Pflanzenleben! Ich denke, als menschliche Wesen, mit dem Geist und dem Spirit, den einer hat, sollte er das nützen, um es zu betrachten, was er tut - und beschließe für dich selbst, was du tun musst, was richtig und falsch ist.

Die meisten Leute in den verschiedenen Ländern haben ein politisches System, in dem sie ihre Führungspersönlichkeiten wählen. Du wählst welche und sendest sie in die Regierungsversammlung. Sie sollen euch repräsentieren. Wenn sie etwas falsch machen und die Menschen, die sie gewählt haben, wollen das nicht, dann sollten sie zu ihren führenden Leuten gehen, mit ihnen sprechen und versuchen, sie auf verschiedene Weise zu ändern. Jeder hat diese Verantwortung. Schau, ob diese Führungsleute ihre Sache richtig machen; wenn nicht, kannst du sie abwählen, sie anklagen, bestrafen oder etwas anders versuchen, sodass sie nicht mehr fortfahren, dieses Land und Leben zu zerstören.

Es gibt nun so viele Dinge in dieser Welt, die diese Verschmutzung hervorrufen; viele Leben und viel Besitz werden jetzt zerstört, weil so viele Säuren in der Luft sind - und Radioaktivität aus verschiedenen Quellen, wie zum Beispiel von Uranabraumhalden bei uns, in der ehemaligen Sowjetunion und an anderen Orten. Das ist die Gefahr, der wir gegenüberstehen, und wenn du nicht willst, dass es geschieht, musst du beschließen, solche Dinge nicht zu tun oder in solchen Bereichen nicht zu arbeiten - das ist deine Verantwortung!

Das klingt recht gut, aber es erweckt den Eindruck, als müssten wir in die Steinzeit zurückkehren gewissermaßen, wo die Menschen lediglich natürliche Materialien verwendeten und nicht viel zerstörten. Eine Rückkehr in sehr primitive Verhältnisse sozusagen.

Ja, das ist es, was die Leute sagen - aber du kannst jetzt nicht weit dorthin zurückgehen, im Moment. Morgen schon beginnen viele Dinge zu geschehen. Du hast keine Zeit, zu diesen Dingen zurückzukehren; *heute* musst du herausfinden, was du morgen tust, was du dem Land antust, wenn du in irgendeiner Fabrik arbeitest oder in einem großen Konzern oder dort, wo Verschmutzung und Umweltgefahren verursacht werden. *Du* bist es, der jetzt beschließt, was zu tun ist, denn du hast eine gute Gesinnung, einen guten Körper und Spirit - du solltest *jetzt* beschließen, was du tust, denn jeden Tag musst du einen Plan ändern. Du planst für morgen dieses und jenes, aber wenn du am Morgen aufwachst, gibt es da irgendein Problem, das du nicht erwartet oder bedacht hast, das aber da ist - und dann musst du morgen wirklich herausfinden, was zu tun ist.

Das sind unsere alltäglichen Dinge, auf die wir wirklich achten müssen, aber jeder einzelne hat einen Spirit in sich und sollte verstehen und darauf achten: „Warum bin ich hier? Was werde ich heute tun?“ Das ist es, wann du meditieren und beten musst, vielleicht zwei oder drei Tage. Denk darüber nach, vielleicht bekommst du eine Idee von irgendwoher, von anderen Kräften; die Natur wird dir von verschiedenen Richtungen her eine Botschaft oder Idee schicken. Oder dir könnte durch Tiere, Vögel, die gerade draußen sitzen, eine Idee kommen. Oder, wenn du ein Wissenschaftler bist, siehst du jetzt, dass das, was du geschaffen hast, Land und Leben gefährdet. Du solltest nun beginnen nachzudenken, wie du dieses wissenschaftliche Wissen nützen kannst, um Dinge zu ändern, aufzuhalten oder zu reinigen, anstatt damit fortzufahren, weiterhin das zu gebrauchen, was mehr Probleme für lebende Dinge auf dieser Erde verursacht. Es ist daher an der Zeit, dass du das herausfindest, indem du mit anderen Leuten um dich herum sprichst. Vielleicht gehst du zu Angehörigen einer

Thomas Banyacya Sr. im Gespräch mit Teilnehmerinnen am World Uranium Hearing 1992 am Mönchsberg in der Stadt Salzburg

Glaubensgemeinschaft oder zu politischen Persönlichkeiten oder Wissenschaftlern und sprichst mit ihnen. Du könntest in der Lage sein, etwas herauszufinden, wo du helfen könntest, dieses Land und Leben wieder ins Gleichgewicht zu bringen.

Wir haben jetzt darüber gesprochen, was wir für uns, unser Land und vielleicht für die ganze Erde tun können. Aber wie können Menschen mit euch, den traditionellen Ureinwohnern zusammenarbeiten? Gibt es eine Möglichkeit, besser zu helfen, in einen besseren Kontakt zu kommen, in einen Austausch?

Ich denke, dass in eurem Land jetzt genug Kontakte durch verschiedene Ureinwohner hergestellt worden sind und dass jetzt deren Hauptvertreter kontaktiert werden sollten. Zum Beispiel bei den Lakota oder der Irokesenkonföderation der Sechs Nationen oder im US-Bundesstaat Washington, wo Yet Si Blue zu Hause ist, oder in anderen Gebieten wie bei den Hopi, den Navajo-Diné in Big Mountain, die alle ihre Führungspersönlichkeiten haben. Jedes Gebiet hat etwas, um es mit anderen zu teilen. Die einzige Art, wie dieses Land (Österreich, d. A.) und andere Länder uns helfen könnten, ist die, Briefe an die Kongressmitglieder und Senatoren oder eben an den Präsidenten zu schreiben; zu versuchen, einige der Dinge aufzuhalten, zu ändern und zu berichtigen, die Land, Leben, Religion und Lebensart der Ureinwohner gefährden.

Eine letzte Frage: Die Hopi sagen, dass sie über den Zustand der Erde Bescheid wissen; sie wissen, dass sie „eine lebende Person" ist; sie wissen, wie sie sich fühlt und weiterentwickelt. Sie haben eine Beschreibung von ihr, worüber vielleicht niemand von uns etwas weiß - ist es erlaubt die Frage zu stellen, welche Sicht die Hopi über unsere Erde haben?

Das meiste des religiösen Wissens, das aufgeschrieben ist, besagt, dass es von Gott kommt oder wie immer sie dieses Höchste Wesen nennen - wir nennen es *Maassau'u*. Alles, was er uns sagte war, dass dieses Land vom Schöpfer gemacht und uns freiwillig gegeben worden ist, um es seinen Anweisungen entsprechend auf angemessene Weise zu nutzen und auf es achtzugeben.
Jede Nation hat ein Wissen davon, und ich bin sicher, dieses Land und diese Menschen hier wissen genauso einiges. Das ist der Grund, warum sie dieses Land hier augenscheinlich in einem guten Zustand erhalten.
Es gibt da sauberes Wasser, und ihr gestattet nicht vielen Fabriken, dieses Gebiet zu verunreinigen. Vielleicht gibt es einen Grund dafür - es muss ein Wissen in früherer Zeit gegeben haben, als eure Elders die junge Generation anwiesen, auf diese Dinge zu achten.

Ich denke daher, dass hier einiges sein muss; dass die Menschen in Österreich wieder erkennen könnten, dass das untersucht und die Erdenmutter beschützt werden muss.

Ich denke, die meisten Menschen wussten, dass Mutter Erde ein lebendiges Lebewesen ist und ohne sie nichts wachsen würde. Die Tier-, Vogel- und Pflanzenwelt, alles - und die Menschen - kommen von ihr. Viele Weiße scheinen das nicht zu begreifen; sie kommen anscheinend von irgendwoher, aber wir kommen von der Mutter Erde, und das ist ein mütterliches, lebendiges Ding, das beschützt werden muss. Das versuchen wir der Welt mitzuteilen, dass sie sich daran erinnern sollen, dass wir ein Teil von dieser Erde sind. Dass wir ihr helfen und sie säubern sollen, wenn sie durch etwas gefährdet ist und andere Dinge aufhalten, die hier wirklich eine Verschmutzung verursachen.

Nun, ich sehe dieses Gebiet hier (das steirische Salzkammergut, d. A.) in einem guten, sauberen Zustand und hoffe, dass viele der Menschen in Österreich das begreifen und dieses Gebiet weiterhin in einem guten Zustand erhalten.

Lasst uns einen Kreis bilden

Ein weiteres Gespräch mit Thomas Banyacya Sr. mit Fragen, die Teilnehmer anlässlich des Workshops „Allianz für das Leben“ im Mai 1988 in West-Berlin an ihn gestellt haben

Das *Mutter Erde-Symbol* der Hopi: „Gemeinsam mit allen Nationen der Erde behüten wir Land und Leben und halten so die Erde im Gleichgewicht“

An dieser Stelle danke ich Rüdiger Lutz und Robert Jungk vom *Forum Futurum* für die Möglichkeit der öffentlichen Zusammenkunft am Beginn dieser Veranstaltungsreihe. Sie kam im Rahmen der Großveranstaltung *Bewußt-Sein 88* dank des Engagements von Immo Bethke und Kurt Markus in der noch geteilten Stadt zustande.

Welche Empfindungen haben Sie hier in Berlin?

Ich kann euch lediglich berichten, was mir die Elders 1948 im Laufe einer viertägigen Zusammenkunft erzählt haben: wie es am Beginn war und wie es zur Zerstörung der vorhergehenden Welt durch die Erfindungen der Menschen kam. Und es scheint, dass wir wieder mittendrin sind - es scheint so zu sein, dass wir hier keinen ruhigen Platz finden können, es gibt viel Lärm hier (am Veranstaltungsort nahe dem Reichstagsgebäude war viel Verkehrslärm sowie nahezu ständig ein Glockenspiel zu hören, d. A .). Jeder scheint hierhin und dorthin zu gehen, jeder hat etwas zu tun - es ist genau diese Art von Verwirrung, die in der vorigen Welt bestanden hat, bevor die Flut kam.

Damals hatten sie viele wissenschaftliche Dinge entwickelt, die schon viel weiter fortgeschritten waren als heute. Aber wir sind heute so weit, dass wir uns selbst in die Luft jagen können, und niemand hört auf irgend jemanden. Wir fühlen uns besser als irgendwer, aber das ist nicht der Weg, den die Hopi meinen. Denn jeder Nation wurde eine spezielle Aufgabe, Pflicht und Verantwortung gegeben, um zu verschiedenen Plätzen in der ganzen Welt zu gehen. „Wo immer ihr hingeht, dort sollt ihr eure eigenen Gepflogenheiten einführen und eure spirituellen Dinge, und was immer ihr habt, nützen, um auf diese Welt achtzugeben und sie im Gleichgewicht zu halten." Das kommt vom Spirit unserer Leute. Jeder von uns hat diesen Funken des Spirits in sich. Das ist es, was uns Energie und Macht innerhalb unseres Körpers und zusammen mit den Kräften außerhalb gibt. Wir haben fünf Sinne, die uns mehr Verständnis über die Natur geben wollen.

Ich sage immer: „Geh raus und setze dich auf einen Hügel, an den Fluss oder unter die Bäume - einfach still, und entspanne dich!" Schau einfach auf einen Platz und spüre etwas; geh in Fühlung mit etwas. Du beginnst dieses Spirituelle in dir zu entwickeln. Du beginnst mehr Dinge zu hören, die du vorher nicht gehört hast, und kannst mehr Dinge um dich erkennen, viel mehr. Du riechst etwas. Obwohl da keine Blumen sind, riecht es nach wundervollen Blumen oder etwas anderem. Die Sinne erstarken, sodass sie beginnen, Verbindung zu lebenden Dingen herzustellen, mit dem Leben der Tiere, der Vögel und der Pflanzen, sodass, wenn du dich hinsetzt, kleine Krabbeltiere anfangen, sich zu dir zu bewegen, denn du bist endlich soweit gekommen, dich selbst auszubalancieren; du fühlst, dass du Teil dieser Erde bist, und deine Stimmung wird bald beginnen, alle diese Dinge sehr bald zu rufen: Vögel werden kommen und Tiere manches Mal - sie wollen zu dir gehören, denn du gibst nun acht auf diese Welt, so wie es war, als sie durch den Schöpfer ins Gleichgewicht gebracht worden war.

Damals verhielt sich jeder so. Und von jedem wurde erwartet, dass er das von unseren Eltern und Großeltern lernt und weitergibt. Deshalb wurden diese religiösen und spirituellen Dinge eingerichtet, sodass man davon lernen und fortfahren konnte, sich selbst zu verbessern und mehr Energie einzubringen. Auf diese Weise kannst du verstehen, warum du hier bist, wer du bist und was deine Aufgabe in dieser Welt ist. Und schließlich begreifen wir, dass wir nicht Hopi, Navajo, Deutsche oder Russen sind, sondern wir beginnen zu begreifen, dass wir ein Volk sind. Wir sind Kinder dieser Mutter Erde, und um dieses Gleichgewicht der Erdenmutter zu erhalten, muss das jeder tun.

Manche von euch können einen Gesang anstimmen, der die Menschen fröhlich macht, die Pflanzen, das Tier- und Pflanzenleben; und wenn ihr manches auf wirklich gute Weise in Worten ausdrückt, gibt es euch ein gutes Gefühl, es macht euch stark. Das sind einige der Kräfte, die die Hopi anerkennen.

Die Botschaft ist die, dass wir, wenn wir diese Botschaft überbringen, wo immer wir in der Lage sein mögen, in diesem Stadium einige Leute finden könnten - trotz der Konfusion und Rastlosigkeit, der Zerstörung der Natur und von allem. Aber an manchen Orten, ich fühle das, können wir manche Leute finden, und sie beginnen, zusammenzukommen. Wir bilden stets einen Kreis wie hier; immer, wenn wir einander treffen. Wenn wir eine Zeremonie durchführen tun wir das - immer im Kreis, denn, und das ist sehr wichtig, genauso wie unser Körper sich in einem Kreis befindet - die Erde ist darin, die Sonne, die Bäume befinden sich in einem Kreis -, hat alles sein Gleichgewicht darin durch den Spirit in uns, der uns am Leben hält.

Wenn du dich eines Morgens schlecht fühlst und wenn du diese Anweisungen kennst, beginnst du zu singen, zu tanzen oder etwas anderes - du beginnst zu lachen oder sonst etwas, und dieses schlechte Gefühl wird dich verlassen, und du kannst ein gutes Leben beginnen. So hältst du dich selbst im Gleichgewicht; und wir sprechen über das Gleichgewicht des Lebens, eine Lebensweise; dass wir es nötig haben, zuerst auf uns zu achten. Das lernte ich von meinen Elders, und es ist auch die Botschaft der meisten Ureinwohner anderer Nationen.

Die Menschen haben ein spirituelles Zentrum in sich, so wie dieses Symbol (das Mutter Erde- oder Schildsymbol, s. S. 148), und sie bilden einen Kreis wie diesen, beten, meditieren, fasten, führen eine Schwitzhütte durch und dann ihre Zeremonie. Das sind

Wege, wie wir dieses Land und Leben im Gleichgewicht halten.

Und wenn du einen Samen säst, beginnst du für diesen Samen, für diese Pflanze zu beten, wenn sie aus der Erde kommt. Für uns sind sie wie Kinder. Wir gehen zu ihnen, um für sie zu singen; wir spüren sie und sprechen mit ihnen, wie ihr mit euren kleinen Kindern sprecht. Auf diese Weise werden sie kräftig. Und wenn du bestimmte Dinge nicht beachtest, wie dich selbst zu reinigen, zu fasten oder die Durchführung von Zeremonien - wenn du diesem einfachen Muster dieser Zeremonie nicht folgst -, geschieht so manches: vielleicht bist du stark und gesund, und deine Stimme ist in Form, aber wenn du zu tanzen beginnst, versagt deine Stimme; du kannst nicht mehr singen, bist heiser, und du verkrampfst dich - und dann fällt vielleicht eine deiner Federn oder was immer du verwendest von dir herunter. Jeder wird dann wissen, dass diese Person nicht auf dem richtigen Weg war. Das ist etwas, das in den Zeremonien aufkommt. Und wenn du eine Zeremonie machst, und die Elders machen etwas nicht richtig, dann kommt anstelle eines sanften Regens ein schrecklicher Wolkenbruch, der viele Maisfelder auswäscht; vielleicht kommt in diesem Augenblick ein Hagelschauer oder ein starker Sturm, der uns tödlich anweht und eine Menge Dinge wegbläst.

Diese Dinge sind ein Teil der Bewegung in der Natur, mit der wir durch Gebet, Meditation und Zeremonien umgehen. Es ist daher sehr wichtig, dass jeder von uns beginnt, wirklich auf sich selbst zu achten - und dann auch auf andere. Denn unsere Vorfahren haben dasselbe in ihrem jeweiligen Gebiet aufgebaut, und die Unsrigen sagen: „Wenn du zu viel isst, fühlst du dich nicht gut; wenn du zu viel trinkst, ebenso, und wenn du eine Menge schwerer Arbeit verrichtest, fühlst du dich schlecht und wirst müde. Der Körper braucht einen Ausgleich.“ Genauso verhält es sich mit der Sexualität: Wenn du in sexueller Hinsicht zu viele Aktivitäten hast, geht es dir später ganz jämmerlich. Dieser Körper braucht dieses Gleichgewicht - gerade genug, um dich in einer ausgeglichenen Weise aufrecht zu erhalten, wohin auch immer du gehst. Und wenn du diese spirituellen Dinge entwickelst, an die sich die alten Menschen, die noch leben, erinnern - in einer Zeremonie, die in einer

Kiva, dem Ort solcher spirituellen Zusammenkünfte bei uns stattfindet -, werden sie dir sagen, warum die verschiedenen Tiere, die Vögel, Kriech- und Krabbeltiere hier sind, und dass sie dir, wenn sie deinen Weg kreuzen, immer etwas mitteilen. Wenn Vögel oder andere Tiere kommen und etwas tun, dann teilen sie dir etwas mit. Alles das hat eine Bedeutung, denn wir sind verantwortlich für sie; wir sind diejenigen, die für sie Sorge tragen müssen. Die *Sechs Nationen* weisen immer wieder darauf hin: Wenn Tiere (Vierbeiner) oder Vögel kommen, geben sie ihnen zu essen, verbrennen Tabak für sie - die Hopi sagen dazu: „Sie heißen sie willkommen."

Alle Ureinwohner beider Amerikas sprechen über dieselben Dinge; diese Erfahrung haben wir gemacht. Aber das ist es, warum die nicht-indianischen Amerikaner und Menschen aus anderen Ländern unser spirituelles Anliegen nicht verstehen, das sehr wichtig ist: dass wir dieses Land und Leben durch Gebet, Meditation, Fasten und Zeremonien im Gleichgewicht halten. Deshalb sind sie im Begriff, alles rundum zu zerstören, und wir gelangen nahe an die letzten Stadien. Es gibt vielleicht vier, die noch daran festhalten, vielleicht drei, zwei oder vielleicht einen, der noch immer dieses Gleichgewicht der Natur für die Welt aufrecht erhält, damit nichts geschieht.

Das ist es, wovon die Hopi sprechen, dass wir den Menschen mitteilen müssen, wie man das macht. So wie wir uns bemühen, dass die Regierung ins Land der Hopi kommt und die Dinge untersucht, die dort falsch gemacht werden. Und wenn niemand auf uns hört, dann sollten wir uns an die UNO wenden, an die Führer der Welt im Haus aus Glas an der Ostküste unseres Landes. Aber niemand ist bereit, das zu berichtigen. Und die Hopi Elders sagen: „Niemand macht sich auf, zuzuhören, aber wir halten noch daran fest; berichte daher so vielen Menschen in der Welt, wie du nur kannst, um zu schauen, ob sie jemanden irgendwo finden, der imstande ist, die Unrichtigkeit dieser Dinge zu begreifen - und denjenigen, der einige Regeln und Gesetze benützt, um Menschen, die das tun, zu berichtigen, zu ändern und zu bestrafen, damit wir nicht mehr gegen einander kämpfen müssen. Als Menschenwesen sollten wir das begreifen, dass wir andere Menschen, andere

Meinungen respektieren, sie sprechen und sich uns mitteilen lassen sollten - und dann könnte vielleicht herauskommen, dass jeder einen guten Teil in sich hat und wir das zusammentun können. Dann können wir wirklich verstehen und es der jungen Generation vermitteln, denn es ist für sie, was wir tun."

Die Natur ist jetzt wirklich in einem sehr gefährlichen Zustand, und ich war überrascht, hierherkommen zu können, weil ich meinen Hopi-Pass benütze. Meine Elders, die vom Schwarzbären-Clan kommen, sind die höchsten Führungsautoritäten, wir nennen sie Kikmongwis. Sie wissen um das Schlimme unserer Situation aufgrund ihrer Clan- und Bundzugehörigkeit. Und sie sagten: „Halte Ausschau, ob es jemanden gibt, der das ändert. Er sollte seine wirkliche Aufgabe kennen, nämlich diese Welt vor der totalen Zerstörung durch Feuer oder etwas, das die Natur über uns bringen könnte, zu bewahren. Denn diese Menschen mit dem Zeichen der Swastika würden diejenigen sein, die nach demjenigen Ausschau halten, der im letzten Moment noch verzweifelt an dieser Macht des Großen Geistes, dem Gesetz der Natur festhält. Und sie werden hereinstürmen und ihm helfen, damit diese Welt nicht zerstört wird. Aus manchen Gründen tauchte diese Swastika auf, und ich fühlte, die Deutschen haben in der Zukunft eine Fülle an Aufträgen durchzuführen *(a lot a mission to perform in the future)*. Mit der Intelligenz, die ihr habt, mit den Erfindungen, die ihr gemacht habt, mit den wissenschaftlichen Dingen, die bekannt sind, könnt ihr Dinge völlig verändern und Menschen zusammenbringen, damit wir beginnen können, auf friedliche Weise zu arbeiten und so wissenschaftliche Dinge zu nützen.

Ich war überrascht über dieses Standbildtelefon, durch das ich heute mit meinen Gesprächspartnern in Moskau telefonieren konnte. Es gab so etwas bereits in der anderen Welt als Bildtelefon auf dem Armgelenk - für mich war es beinahe das. Das sind einige der Entwicklungen, die sehr bald kommen werden. Und ich fühlte, dass hier einiges ist: als ich heute im Zentrum von Berlin (beim Reichstagsgebäude, an der damals noch vorhandenen Mauer und beim Brandenburger Tor, d. A.) spazieren ging, bekam ich die Empfindung, dass sich hier bereits einiges entwickelt. Ich sah einige Plätze, die zerstört worden sind, aber eine neue Generation wächst heran, und in dieser Zeit, denke ich, das fühlte ich deutlich, dass möglicherweise von den Deutschen diese Sache ausgeht: dass die Menschen der Welt begreifen, dass wir das nicht mehr wieder tun und die Dinge auf friedliche Weise nutzen sollten. Genauso verhält es sich mit den Japanern, die das Symbol der Sonne benützt haben. Auch sie wurden mächtig, erschütterten uns zweimal, zerstörten sich beinahe selbst. Aber sie läuterten sich selbst, und eine neue Generation wächst heran.

Das sind einige der Dinge, die die Hopi wussten. Natürlich haben die Hopi zu den Deutschen einen Bezug: Sie nennen sie „Jamoneese" (sprich: „Dschämonies"), ich weiß nicht, warum (lacht); aber unsere Leute wussten das schon seit langem. Sie wussten schon seit langem, dass jemand eine Bewegung zu unseren friedfertigen Wegen beginnen und im Umgang miteinander friedlich sein wird und dass wir diese Welt vor der völligen Zerstörung bewahren. Jemand wird es tun, und es wird an jenen Leuten liegen, hereinzustürmen und es aufzuhalten, bevor es zu spät ist. Es gibt vieles, das sie über die Deutschen erzählten. Das ist einiges von dem, worüber meine Elders 1948 sprachen.

Heute sah ich das Symbol des Schwarzbären (im Berliner Wappen, d. A.). Die Führer des Schwarzbär-Clans sind die wirklichen Autoritäten in unseren Dörfern, die sie Kikmongwis nennen. Es sind die höchsten Autoritäten, wie der Papst für die Katholiken und der Dalai Lama für andere. Diese Kikmongwis haben eine vergleichbare Position: Es sind diese Leute vom Schwarzbär-Clan, die an den Anweisungen festhalten und schließlich, wenn niemand hört, werden sie ihre Zeremonie durchführen. Sie werden einen spirituellen Weg anwenden müssen, um jemanden aufzufordern, von dem sie wissen, dass er kommen und ihnen helfen muss. Das ist genauso bekannt. Ich frage mich daher, ob es von hier oder von einem anderen Ort kommen wird. Aber da ist eine Empfindung dort drüben, wo ich der Mauer entlang ging, beim Reichstagsgebäude da drüben - ich konnte dort geradewegs einiges spüren. Ich spüre, dass sich dort einiges entwickelt.

Auch wenn ihr hier nur wenige seid, aber ich denke, eure Spirits hier sind großartig. Und ich denke, dass sich daraus vielleicht einiges entwickelt. Wir können nicht wirklich mit irgend etwas prahlen, sondern auf demütige Weise können wir endlich die Menschen zurück auf den spirituellen Weg bringen, sodass wir überleben können. Nicht mehr mit diesem Symbol (der Swastika, wie sie Hitler verwendet hat, d. A.), sondern mit diesem Friedenssymbol, das Mutter Erde im Gleichgewicht darstellt (s. S. 148), von dem jeder weiß, dass es freundlich, sanftmütig und friedfertig ist, dass jeder mit dem anderen in der Wahrheit, die auf Tatsachen beruht, zusammengehen kann.

Nun ist die Zeit, die zerstörerischen Dinge zu berichtigen, zu ändern und aufzuhalten - welche Gesetze, Regeln und Vorschriften wir auch haben. Von Herzen aus können wir es tun, und mit Freude und Geschick können wir die bedrohlichen Dinge geradezu wegtun, denke ich, indem wir versuchen, die politischen Führungspersönlichkeiten von Herzen aus anzusprechen. Und ich denke, dass sie letztlich erkennen, worum es geht, und die Änderung beginnen. „Das“, sagten sie, „macht die Menschen wirklich glücklich, wenn wir als menschliche Wesen beginnen können, auf die Dinge zu achten, die wir als gefährlich und falsch erkennen, die Gesetzesübertretungen, Verletzungen des spirituellen Gesetzes, des Gesetzes der Natur darstellen.“ Ich bin überzeugt, wir können Menschen zusammenbringen, und das ist es, was die Hopi sagen. „Gib daher nicht auf“, sagten sie, „denn sie werden dich als verrückt bezeichnen, unter Druck setzen und versuchen, dich aufzuhalten. Aber die Probleme der Welt werden allmählich so groß werden, dass schließlich jeder nach dem Überleben trachten wird“ - und so weit sind wir jetzt.

Sie haben über die Symbole gesprochen, die Sie in Berlin gesehen haben. Könnten Sie uns etwas über die Bedeutung der Swastika bei den Hopi sagen?

Ich wünschte, ich hätte eine Kürbisrassel bei mir, die dieses Symbol zeigt. Jedes Jahr im Februar machen wir so eine und geben sie den kleinen Buben. Der Handgriff ist weiß, weil jeder kleine Bub, der sie erhält, im Herzen, im Denken und Spirit noch rein ist und diese Kinder daher helfen, diese Welt im Gleichgewicht zu halten. „Aber wenn sie sich zu sehr gehen lassen oder der Welt etwas antun, dann werden uns zwei dieser Symbole darauf wirklich hart aufrütteln!“ sagten sie. Denn der Mann, der 1948 darüber erzählte, sagte uns nicht, wer sie seien. Und sie sagten, dass drei aus der Gruppe, die sich vor dem Großen Geist befand, ausgewählt wurden, als wir von einer anderen Welt hier auftauchten. Ich fragte ihn daher darüber, und er schüttelte diese Rassel und sagte: „Schau auf das Symbol, das wir jedes Jahr darauf tun!“. Und darauf war das Symbol der Swastika in Schwarz und das Sonnensymbol in Rot, das sie umschließt. „Ich weiß nicht, wer diese Nationen oder Leute sind, aber unter den Menschen in der Welt ist jemand, der es eines Tages sichtbar machen muss. Und es ist eine große Bevölkerung; diese Menschen haben große Macht und Erfindungen aller Art entwickelt; und dadurch, dass sie sie benützen, rütteln sie uns auf, ob sie es wissen oder nicht, warum sie es tun. Aber sie tun es irgendwie. Viel Leben und Besitz wird durch diese Erfindungen und wissenschaftlichen Dinge zerstört werden. Aber früher oder später werden sie es mit jemand anderem gemeinsam tun, und das geschah mit dem Sonnensymbol. Und diese beiden erschütterten uns entsprechend.“ Es wurde mir in Hopi erzählt - ich stellte mir gerade vor, dass diese beiden Nationen durch das hindurch gegangen sind und sich beinahe selbst zerstört haben -, aber eine neue Generation wird kommen.

Dieses Swastika-Symbol verkörpert das Männliche von allem im Leben. Das andere Symbol mit den vier blattartigen Dingern und den roten Linien dazwischen (das Tatzenkreuz mit vier roten Strahlen, d. A.) stellt das Weibliche dar. Denn männlich und weiblich sind in jedem lebenden Ding auf dieser Erde sehr bedeutend. Ohne diese beiden würde sich nichts von selbst erneuern können. Und wir dürfen sie nicht stören, nicht zerstören.

Das Swastika-Symbol ist uralt, geht weit zurück. Es hat eine tiefere Bedeutung in unseren Geheimbünden, die sie jetzt nicht enthüllen wollen. Es wird lediglich als ein männliches Symbol erwähnt. Es wird wieder die Vier Richtungen bedecken, denn es hat diese Spitzen. Und es gibt zwei davon: eines im Uhrzeigersinn, das andere im Gegenuhrzeigersinn. Das sind zwei sehr bedeutende Bewegungen. Wenn die Hopi eine Zeremonie durchführen, gehen sie immer im Gegenuhrzeigersinn wie die Sechs Nationen. Aber wir merken bei anderen Nationen, dass sie dabei im Uhrzeigersinn gehen, wie die Lakota zum Beispiel. Zuerst dachten diese, wir machten etwas falsch, aber ich erklärte ihnen, dass es dafür einen Grund gibt; denn unser Körper hat auf diese Weise Bestand. Ihr könnt an etwas Ähnliches denken, an ein Auto, das eine Batterie mit zwei Polen hat. Wenn einer davon abgeklemmt wird, kann das Auto nicht mehr starten. Genauso ist es mit uns in unserem Körper, sagen sie. Das ist ein spirituelles Ding in uns, dass wir bereit sind, etwas zu tun, und eine andere Anweisung in uns sagt: „Warte einen Moment, tu das nicht!" Und wenn du mehr auf diese Seite hörst, wirst du in der Lage sein, dich selber auszubalancieren.

Wir sprechen über das Gleichgewicht des Lebens - und deshalb stellen wir diese Symbole vor, diese da auch (das Sonnen-Symbol, das Mutter-Erde- oder Hopi-Symbol und das Tatzenkreuz mit den roten Linien, d. A.). Sie sagten, dass diese beiden (Swastika und Sonne) vom Großen Geist auserwählt wurden, wenn die ganze Welt, die lebendigen Dinge nahe daran sind, durch jemanden zerstört zu werden, und niemand das aufhält, dann wirklich diejenigen zu sein, die diese Welt für den Großen Geist vor der totalen Zerstörung bewahren müssen. Und wenn sie das nicht tun, würde eine andere Nation, würden andere Leute kommen und sie genauso bestrafen: „Warum tust du nicht, was du tun sollst, nämlich die Dinge berichtigen und ändern?" Das würde eine andere Macht sein, die das tun muss. Dieser Dritte, von dem einige sagen, er hätte eine rote Mütze, einen roten Hut, einen roten Umhang oder Mantel - eine große Bevölkerung mit vielen, mächtigen Erfindungen -, diese „Roten" würden die Ureinwohner in unserem Land beobachten.

(vgl. dazu „Unser Ende ist euer Untergang" mit einer Darstellung der genannten Symbole und der Kürbisrassel).

Über Frauen, Kinder, die Familie

Bis jetzt meinen die Männer in Amerika, dass eine Frau im Leben nicht viel zu tun hat. Sie schauen gleichsam auf sie herab und achten sie nicht wirklich. Aber bei den Hopi und anderen Ureinwohnern, wie zum Beispiel bei den Sechs Nationen, sind sie sehr bedeutsam. Es hat mit den Kindern zu tun. Wenn du Kinder hast (und ich habe welche) und die Vierbeiner, die Vögel betrachtest - sie tun dasselbe mit ihren Kindern, sodass sie auf die richtige Weise in ihren Familien bis zu einem bestimmten Punkt aufwachsen; dann lassen sie die Vögel ausfliegen, und von da an sind sie auf sich selbst gestellt und lernen, wie sie draußen überleben können. So soll es auch im Leben der Menschen sein: Wenn wir auf unsere Kinder bis zu einem bestimmten Punkt achtgeben und sie alle die Dinge lehren, die nötig sind, dann werden sie imstande sein, weiterzumachen und ihre Familien, ihre Mütter und die Dinge in ihnen zu achten, und sie werden beginnen, selber die Pflichten einer Mutter auszuüben, sodass sie wissen, wie man aufeinander achtgibt.

In bestimmten Fällen war es früher so, dass der Mann für den Schutz und die Führung der Familie sorgte und die Frau ihm für eine Weile folgte - aber früher oder später gehen sie Seite an Seite, wie sie es tun sollen; sie arbeiten zusammen. Aber wenn die Männer das zur Seite schieben und etwas tun, was wirklich Leben und alles zerstört, dann müssen die Frauen vorangehen, denn sie sind die nächsten Hervorbringer einer neuen Generation. Wenn wir in große Schwierigkeiten kommen, müssen sie beginnen, diese Macht einzusetzen, um dieses Wissen den Männern zu vermitteln, sodass sie von da an einander mehr und mehr achten und auf diese Mutter Erde achtgeben. Denn die Erdenmutter ist euch, der Familie am nächsten. Wenn sie sich nicht benehmen, dann rüttelt uns die Erdenmutter wirklich auf. Das ist der Grund, warum die Frauen vorangehen müssen, um wirklich zu beginnen, eine Menge Dinge zu berichtigen, zu ändern und aufzuhalten.

In den letzten Jahren stehen immer mehr Frauen auf und versuchen, manches zu tun. Aber nicht so, dass sie all die politischen

Tätigkeiten ausüben oder sich selber dazu befähigen, sondern sie sollten beginnen zusammenzuarbeiten, damit wir wieder den Zustand eines Lebens im Gleichgewicht, eines normalen Lebens herstellen. Jetzt bestellen und gebrauchen sie alle möglichen Pillen, um ihre ungeborenen Kinder zu zerstören. Sie lassen Abtreibungen und Sterilisationen durchführen und stellen ihre eigenen Retortenbabys her, wovon die Hopi wussten, dass sie es schließlich machen würden. Und die Kinder, die so auf die Welt kommen und aufwachsen, würden nicht über all das Spirituelle und all die Dinge verfügen, um das Baby auf normale Weise stark und gesund zu machen, wenn sie so ins Leben gerufen würden. Und diese Kinder würden schwer im Zaum zu halten sein. Sie würden falsche Dinge tun, die wir nicht mehr unter Kontrolle haben könnten.

Auch darüber sprachen unsere Elders, und ich denke, dass Frauen jetzt sehr wichtig sind, um eine Änderung herbeizuführen, denn die Frau ist diejenige, die ihre Kinder mit Liebe und Achtung aufzieht, und die Kinder sollen das von ihr lernen. Die Macht, die die Frauen haben, ist lediglich die Art und Weise, wie sie auf ihr Baby achtgeben, sobald es geboren ist. Sie kommt vom Herzen der Frau. Sie hebt ihr Kind hoch und vermittelt ihm dieses Gefühl, die Nähe zu ihm. Und während eines bestimmten Alters beobachtest du es mit Liebe, was die Männer oft nicht verstehen. Die Männer arbeiten und tun Verschiedenes, während die Frau augenblicklich leidet, wenn ihre Kinder krank sind, schreien, etwas brauchen. Die Mutter ist immer mit ihrem Herzen da - und das ist die Macht, die die Frau hat, um ein starkes und gesundes Leben der Kinder zu gewährleisten. Das müssen die Männer und Frauen jetzt verstehen, dass beide das tun müssen, für die Familie mit Freundlichkeit sorgen müssen, sodass ihre Botschaft ein langer, friedfertiger Weg sein würde.

Bei den Hopi ist es nicht üblich, jemals ein Mädchen oder einen Buben zu schlagen, wenn sie sich schlecht benehmen. Sie sprechen zu ihnen auf freundliche Art. Und wenn sie dabei sind, etwas Falsches zu tun, dann schlage oder schilt sie nicht! Du musst es ihnen richtig vormachen, das ist die Art und Weise, wie wir es tun. Und das ist der Grund dafür: Sehr bald sind sie sehr froh, etwas tun zu können - wenn zum Beispiel die Frau dem Kind ermöglicht, einige Teller zu waschen, und ihm hilft, stufenweise voranzukommen. Schließlich wird das auf jede Weise Anerkennung finden.

Die Hopi und andere Pueblo-Dörfer im Südwesten der USA sind bekannt für ihre Regentänze. Könnten Sie uns darüber etwas sagen?

Wir leben im Südwesten schon seit Tausenden von Jahren und führen die Zeremonien durch, um zu überleben, denn wir haben keine künstliche Bewässerung, sondern hängen gänzlich vom Regen ab. Jeden Monat gibt es daher eine spirituelle Zeremonie, die durchgeführt werden muss, um guten, sanften Regen zu bringen. Wenn wir sie durchführen, fastet und meditiert jeder der Teilnehmer; die Frauen kochen fortwährend und bringen allen lebenden Dingen Essen dar, den Vier Richtungen, oben und unten. Dann setzen wir diese Zeremonie fort. Die Frauen bringen während dessen den Durchführenden ebenso Essen. Sobald wir auf diese Weise teilen und zusammenarbeiten, wird dadurch dieser sanfte Regen kommen und die Felder bewässern, sodass die vielen Dinge, die wir gepflanzt haben, wachsen, reifen und wir eine Menge Früchte in unsere Heime bringen.

Diese Zeremonie ist sehr bedeutsam, und es gibt viele Arten von Zeremonien. Die richtige Zeit dafür wird in den verschiedenen Dörfern vom Sonnen-Clan überwacht. In Oraibi, dessen Mesa nach Osten blickt, wird eine Wintersonnenwend-Zeremonie durchgeführt, sobald die Sonne am südlichsten steht; und sie sagen dazu: „Rolle die Sonne zurück", und sie beginnt sich zurückzubewegen bis etwas Mitte Juni, dem längsten Tag, der Sommersonnenwende. Dann wird neuerlich eine Zeremonie durchgeführt, „Sie rollen die Sonne zurück" - das sind zwei besondere Zeitpunkte für Zeremonien. Sieben Tage lang wird die Bewegung der Sonne dafür beobachtet. Wenn ein Clanführer eine Zeremonie durchführen will, beobachtet er die Sonne und kündigt dann an, dass er eine Zeremonie binnen vier Tagen durchführt. Der spirituelle Führer wird dann aufbrechen und ihm helfen, mit ihm beten und meditieren und sagen: „Gut, du bist von jetzt an diesen Monat ein Führer bis zu einem bestimmten Zeitpunkt." Wenn er seine Zeremonie beendet hat, wird ein anderer das tun.

Auf diese Weise hat jeder Anteil daran, durch Gebet ein Führer zu sein, sodass diese Welt immer, alle zwölf Monate des Jahres hindurch, im Gleichgewicht bleibt. Das ist es, was sie tun. Sie beobachten die Bewegung der Sonne und achten darauf, dass die Zeremonie im richtigen Moment stattfindet, so dass die Kraft dort groß ist. Und sie sagen, wenn du tagsüber dort bist, wie in Stonehenge zum Beispiel, wenn die Kraft dorthin kommt, dann fühlst du dich gut, glücklich, stark. Aber wenn du nicht zur richtigen Zeit am richtigen Ort bist, kannst du nicht wirklich stark oder spirituell sehr aktiv werden, denn diese Ausrichtung ist sehr wichtig.

Um eine Zeremonie am vierten Tag nach der Ankündigung ausführen zu können, musst du vorher drei Tage fasten, manche Zeremonien erfordern das. Andere brauchen acht Tage, eine andere 16 - wenn wir etwa Mitte Februar zum Beispiel diese Kürbisrassel und andere Geschenke machen, um sie den Kindern zu geben. Durch all diese Zeremonien erwarten wir, dass der Regen kommt, um die Felder zu bewässern; denn wenn dieser Regen fällt, sobald der Mais, die Bohnen und Melonen hervorsprießen, wissen wir, dass sie reifen werden. Und das macht uns glücklich; und im Herbst, nach der Ernte, feiern wir, dass uns die Mutter Erde wieder Nahrung gegeben hat.

Auf spirituelle Weise haben wir mit der Mutter Erde mehr Kontakt, mit der Natur, mit allem um uns. Denn für die Hopi und alle Ureinwohner ist jedes Ding lebendig, hat jedes Ding Macht *(power)*, Energie, geradeso wie wir sie haben. Und so ist es, dass wir, wenn wir singen, trommeln und mit unseren Füßen auf den Boden stampfen, es die Welt überall, im Untergrund und oben wissen lassen. Wir verbrennen Tabak, und der Rauch befördert die Botschaft in jede Richtung, sodass wir auf diese Weise mit den Kräften verbunden sind. Genauso wie wir sagen: „Wir können Gott nicht sehen, aber wir sind lebendig, weil wir alle diese Luft atmen - wir sind alle eins, nicht getrennt." Das ist den Ureinwohnern bekannt, dass wir durch Zeremonien damit Umgang haben.

Wenn du fastest, meditierst und betest, kannst du manchmal diese Macht fühlen, die zu dir kommt. Und ich denke, viele von euch haben das hin und wieder schon erlebt, wenn sie an etwas dachten oder etwas taten, und dieser kalte Schauer überkommt euch und wirft euch manches Mal beinahe um. Nun, es sind Kräfte, Spirits da draußen, die beobachten, näher kommen, und du spürst das. Und manchmal meditierst du, und mit deinen fünf Sinnen entwickelt sich das in dir, sodass dir eine Idee, ein guter Gedanke kommt; oder wenn du ein Problem hast, so kann auf diese Weise eine Antwort kommen. Vielleicht hast du einen Traum heute Nacht, und jemand kommt und erzählt dir gewisse Dinge, dass du dieses oder jenes tun sollst, und sie warnen dich. Das sind einige der Arten, wie auch wir das in unseren Zeremonien empfangen. Und es ist sehr wichtig, dass wir Kontakt mit diesen Kräften haben, sodass wir dadurch, dass wir das tun, alles um uns im Gleichgewicht halten, und alles fühlt sich gut, und wir sind der Natur näher.

Ich ging mehrere Male da durch, und gerade nach der Viertages-Zeremonie musste ich fort und war so feinfühlig allem gegenüber; und wenn du auch nur etwas berührst, springt etwas wie ein Funke von dir über, starke Energie. Ich reiste zum Flughafen, wo sie eine Anlage zur Überprüfung haben - aber dieses Ding hörte nicht auf, und sie entkleideten mich bei nahe völlig, aber das Ding summte noch immer, und sie wussten nicht, warum! Als ich später jemandem die Hand schütteln wollte, sprang ein blauer Funke über - seht ihr, diese Macht wird so groß! Wenn ihr wirklich meditiert und betet, dann wird diese Macht zu euch kommen. So empfängst du einige dieser spirituellen Botschaften und kommst in Einklang mit der Natur, ins Gleichgewicht.

Ist da so etwas wie Magie damit verbunden?

Nein, da ist wirklich keine Magie dabei; es ist tatsächlich das, was du tust, was du denkst, mit diesen fünf Sinnen. Ihr könnt euch das nicht vorstellen - diese fünf Sinne sind sehr wichtig! Du siehst etwas, fühlst etwas, du riechst etwas, schmeckst etwas - alles das hat etwas, um dir diese Energie, diese Macht in dir zu geben. Wenn du daher meditierst. hast du besser entwickelte Sinne. Und wenn wir eine Zeremonie durchführen, haben wir viele Gesänge zu lernen, die von einigen Zeremonienvorstehern *(religious leaders)* vorgetragen werden, die ebenso beten und meditieren, um für eine Zeremonie einen Gesang feierlich zu beginnen. Sie singen über die Wolken, den Regen, über das Leben der Pflanzen, über Schmetterlinge, die herumflattern, während sie nach verschiedenen Blumen suchen. Sie bilden diesen Gesang bei Sonnenaufgang, zur Mitte des Morgens, zu Mittag und am Abend, sodass bei jeder Bewegung der Sonne Gesänge angestimmt werden, und während dieser Zeit kommen manchmal am Abend die Regenwolken mit Donner und Blitz. Und wenn sie aufgehört haben, pflegt der Regen zu kommen. Es ist ein Gebet, das dort mit den Führern begonnen wird, die dafür meditieren, beten und fasten, vier Tage lang, bis zu diesem Zeitpunkt. Sie stehen geradewegs in diesem heiligen Kreis, während die Tänzer draußen ihre Tänze durchführen, sodass sie die Macht, Energie dadurch anziehen. Das steckt in jedem von uns.

Jeder sollte sich bemühen, das auszuüben, selber da durchzugehen: Du kannst für eine Weile fasten, und dein Körper gelangt ins Gleichgewicht. Denn jeden Tag füllen wir unseren Magen an und gewähren ihm niemals Ruhe. Daher ist es nötig. dass wir ihm etwas Ruhe gewähren, und schließlich wird er sich selbst in Ordnung und uns ins Gleichgewicht bringen. Und am vierten Tag, wenn du wieder isst, fühlst du dich gut, denn drei Tage sind erforderlich dafür.

Was du betest, worüber du meditierst, welche Kräfte du anrufst, diese Macht kommt zu dir. Wenn du einem Kind helfen möchtest, das krank ist, Schmerzen hat, und du weißt nicht, was du tun sollst; wenn du dich entspannst und einfach für eine Weile meditierst und dich an verschiedene Kräfte wendest, berühre dann dieses Kind oder richte es auf und gib ihm etwas Wasser oder etwas anderes. Mit dem Gebet wird das, was immer du dem Kind gibst, helfen. Das ist die Macht, die von dir kommt, nachdem sie zu dir gekommen ist. Sie kommt von der Wölbung deiner Hand, denn alle Energie, die auf diese spirituelle Weise zu dir kommt, befindet sich innerhalb deiner gewölbten Hände. Und wenn du jemanden heilen möchtest, geschieht es immer auf diese Weise:

Wölbe deine Hände, und es kommt durch dich hindurch. Das ist es, was die Alten sagen: „Wenn du zu uns kommst, um eine kranke Person zu besuchen, komm nicht mit einem traurigen Gesicht, sondern mit einem freundlichen Lächeln, mit einem Lachen - auch wenn sie krank ist! Wenn du sie besuchen kommst, ist diese Macht vielleicht so stark, dass der Kranke beginnt, gesund zu werden."

Das sind einige der Dinge, die unseren Leuten bekannt sind, denn alles hat eine spirituelle Macht in sich; Energie, die es durchströmt - jedes Ding. Und wir setzen uns durch Gebet, Meditation und vom Herzen aus damit in Verbindung. Und du kannst etwas anziehen. Das ist der Grund, warum sich die meisten von uns auf Vögel, Vierbeiner oder etwas beziehen, das wir Clan-System nennen. Ich gehöre zum Wolf-, Fuchs und Coyote-Clan. Dieser Clan hat einen Auftrag in dieser Welt, nämlich die Menschen vor etwas zu warnen. Sie können dich auf etwas aufmerksam machen, eine gute oder auch eine schlechte Nachricht bringen. Deshalb hören wir den Coyote manchmal in der Nacht heulen; er warnt, teilt dir etwas mit. Er kann auch nahe an dein Haus kommen. Der Wolf, der Fuchs genauso. Beobachte sie daher möglichst nah. Deshalb beschützen sie uns, und wir können von ihnen Energie, Macht erhalten. Wenn wir beten und meditieren, pflegen sie dir nämlich etwas zu geben: ihr Sehvermögen, ihr Fühlen oder ihre Macht. Und wenn du zum Vogel-Clan gehörst, werden die Vögel dasselbe tun.

Eine Frau fragte mich vorhin, warum sich ein Vogel ihr gegenüber zwei-, dreimal hingesetzt hatte. Nun, diese Vögel sind Botschafter: Krähen, Raben. Sie brachte mir die Kopien der Hopi-Friedensbotschaft (vgl. *Unser Ende ist euer Untergang*) - und diese Krähe wusste, dass sie eine Botschaft der Hopi überbrachte; das spirituell Notwendige, nach dem wir suchen, nämlich Frieden und Güte und Sanftmut - und dieser Vogel war vielleicht so glücklich darüber, dass er sich bei ihr niedersetzte und es sie wissen ließ.

Bei vielen Treffen war es ähnlich. Als ich über Tiere, Vögel und dergleichen sprach, sahen wir eines Tages einen Hirsch direkt zu den Zweigen herkommen, sehr nahe; Adler stiegen empor und kamen ebenso nahe zu uns; kleine Vögel. Sogar eine Hummel kam hier kürzlich bei meinem Vortrag vorbei und landete auf meinem Arm. Und ich weiß, dass damit eine Botschaft hereinkam.

Das sind einige der Dinge. die uns verstehen machen, dass alle diese lebenden Dinge uns beobachten, denn wir sollen helfen, dieses Land und Leben im Gleichgewicht zu halten, diese Mutter

Erde im Gleichgewicht, indem wir das tun: Gebet, Fasten, Meditation. Deshalb führen wir alle diese Zeremonien in unserem Land durch, um diesen Weg aufrechtzuerhalten.
Wenn du sie mit einer guten Gesinnung, einem guten Spirit mitmachst und du etwas empfängst, mehr und mehr - das ist die Macht, über die wir gesprochen haben, diese spirituelle Macht oder Verfügungsgewalt, aus der ein Kreis wird. Da gibt es kein Ende für diese Welt und dieses Leben, solange wir diesem spirituellen Weg folgen. Unser Leben pflegt gut zu sein, solange wir die Natur und alles respektieren.

Jener alte Mann erzählte das in dem Viertagetreffen und sagte: „Nun fahrt ihr mit einem Auto oft ziemlich schnell irgendwohin. Vielleicht taucht ein Tier vor euch auf, ein Fuchs oder irgendein kleines Tier, und du bremst herunter - gerade genug, um einen Unfall hinter der Biegung zu vermeiden. Oder manchmal opfert sich ein Vogel auf und prallt gegen deine Windschutzscheibe und veranlasst dich, langsamer zu werden - gerade genug, um später einer Sache zu entgehen. Sie beobachten uns und kommen mit einer Botschaft."

Diese Krabbeltiere hier sind genauso besorgt, was wir diesen Tieren, Vögeln und Pflanzen antun, was wir Mutter Erde antun. Wir sollten beginnen, über sie nachzudenken, denn auch sie haben eine Botschaft für uns. Wolken wollen dir etwas mitteilen, und wenn der Regen kommt, will er uns genauso Energie geben, denn ohne Regen würde nichts wachsen. Lasst daher, wann immer ihr gebetet und meditiert habt, den Regen für eine Weile zu euch kommen und euch Erfrischung und Kraft geben. Deshalb schauen wir auf zur Sonne, zum Mond, zu den Sternen, weil sie Macht haben. Und der Regen kommt deshalb, weil wir das tun.

Im 17. Jahrhundert, als die Missionare kamen und die Religion der Hopi unterdrückten, wurden viele unserer Führer, welche ihre Zeremonien durchführten, von den Missionaren (Franziskanermönche, d. A.) die Mesaklippen hinunter geworfen; sie hackten ihnen ihre Hände oder Ohren ab, um unsere Zeremonien zu unterdrücken, und wollten uns völlig zum katholischen Glauben bekehren. Wir wollten das nicht, aber es kam eine schwere Trockenheit für beinahe 20 Jahre. Kein Regen kam, die Menschen begannen nach Nahrung zu suchen und fanden nur wenig. Es war schrecklich. Sie hatten Wächter in jedem Dorf, und diese mussten sich zusammentun, um die Missionare loszuwerden. Sie vertrieben diese Leute und begannen wieder ihre Zeremonien auszuführen. Und der Regen kam wieder. Und es kommt nun wieder zu diesem Punkt, es wird durch andere Kräfte wiederum die Zerstörung dessen begonnen, und wir haben keinen sanften Regen mehr, der das ganze Land bedeckt. Es ist lediglich ein spärlicher Regen oder ein Wolkenbruch. Mancher erhält überhaupt keinen Regen - und so beginnt es wieder zu all dem zurückzukehren.

Es ist sehr wichtig, dass wir uns selbst ins Gleichgewicht bringen - und das Gleichgewicht der Natur wird sich dann genauso einstellen.

Gibt es spirituelle Lehren hier in Europa; Völker, die über dieses Wissen und die Praxis verfügen?

Ich bin noch immer auf einer Art Suche nach diesen Nationen. Möglicherweise habt ihr spirituelle Lehren, die weit zurückreichen, oder traditionelle Muster des Lebens, deren Ursprung weit zurückliegt. Es gibt da manche Dinge, die nicht mehr befolgt werden, von denen man annimmt, dass sie verloren oder vernachlässigt worden sind. In denen könntet ihr vielleicht nachforschen, sodass ihr darin einiges findet, das dem der Ureinwohner, dem der Hopi sehr ähnlich ist. Das Spirituelle kommt aus jenen Gebieten.

Es muss ein Zentrum, ein spezielles Zentrum an einem Platz geben; „spirituelles Zentrum" oder „Heiliges Gebiet" mögt ihr es nennen oder irgendeinen spirituellen Ort. Wenn dieses Zentrum gefunden wird, können diese Grundsätze gefunden werden, sodass ihr das schließlich zusammentragen und es besser haben könnt. Denn ihr habt keine Zeremonien wie wir, und daher ist es ziemlich schwer für euch, den spirituellen Kreis, die Gebete zu verstehen oder die Meditation, die wir durchführen. Dadurch spüren, sehen wir tatsächlich einiges, und dann kommt einiges einher wie der Regen. Nur auf diese Weise können wir es fühlen und sehen. Und wenn wir manches falsch machen, dann erleben wir einen Sturm, der mächtig bläst, einen Hagelschlag, der niedergeht oder dergleichen. Auf diese Weise beobachten wir die Dinge, und so wissen wir, wie wir uns um etwas auf die richtige Weise bemühen.

Ich denke, ihr habt einen großen Hintergrund, über den die Alten vor langer Zeit gesprochen haben. Gerade jetzt eilen wir in einiges hinein, sodass viele junge Menschen nun ein wenig Wissen in dieser Hinsicht zu erhalten beginnen, und vielleicht könnt ihr zusammenkommen und es auf verschiedene Weise betrachten - nicht wirklich diskutieren, sondern darauf schauen, was ihr tun könnt, um die Menschen zusammen zu bekommen.

Ich möchte abschließend lediglich etwas erwähnen, was wir jetzt bei unseren Treffen und Reisen quer durch das Land gesagt und getan haben: dass sowohl die Ureinwohner als auch andere - dass wir Menschenwesen und in Missbrauch geraten sind: dass wir Verstehen vorgefunden haben und dass das Spirituelle bei jedem von uns vorhanden ist - viel mächtiger als manche Plätze und manche Leute, wisst ihr? Aber egal wie, *jeder* hat einiges, so dass wir das übertragen können und aufstehen sollten. Und wir sollten einander die Hände reichen und einen Kreis bilden und für eine Weile meditieren. Das ist ein Teil unseres Systems, um dieses Einssein zu fühlen.

Alles auf der Erde hat Leben in sich

Ein Gespräch mit Radford Quamahongnewa, Hopi

... aufgenommen im September 1988

Er sieht aus wie Mitte 40 und arbeitet in der Stammesratsverwaltung der Hopi in Kykotsmovi (Neu Oraibi) als Beauftragter für Schul- und Landfragen. Er ist groß und sehr schlank, und seine starke Ausstrahlung hat etwas Heiligmäßiges an sich - für einen Europäer ungewohnt bis überwältigend, insbesondere in dieser geschäftig wirkenden Atmosphäre der Büros des sogenannten Stammesrats. Ein Foto von ihm zu machen lehnt er ab, da er in einem deutschen Magazin schon als Navajo vorgestellt wurde - aber auch deshalb, weil er nicht im Mittelpunkt stehen will.

Der Grund unserer Zusammenkunft ist ein mehrfacher: Radford, dessen Hopi-Name *Buchú-o-ja* im wahrsten Sinne des Wortes „lautet", also klingt, und soviel wie „frisches Erntegut", „frische Feldfrucht" bedeutet, ist nicht nur in der Stammesratsverwaltung angestellt, sondern auch nach eigener Bezeichnung „Priester des Schlangenbundes" in Shungopavi auf der zweiten Mesa. Damit ist er dort auch Verantwortlicher und Leiter *(religious leader)* der wohl bekanntesten Zeremonie der Hopi: der Schlangenzeremonie mit dem Schlangentanz. Als solcher hat er seit 1988 Nichtindianern den Zugang zu dieser „wahrscheinlich ältesten religiösen Zeremonie in den Vereinigten Staaten" (Zitat des Stammesratsmitglieds Ferell Secakuku) schlicht untersagt.

Der Anlass dafür waren einerseits die immer zahlreicher werdenden Touristen und die damit verbundenen kommerziellen Aktivitäten unter den Hopi. Andererseits die Dreistheit einer Gruppe von weißen Rechtsanwälten, Ärzten, Geschäftsleuten und Professionalisten aus Prescott in Arizona (südlich von Flagstaff), die sich seit 1923 „Smoki People of Prescott" nannten. Alljährlich gaben sie gegen Eintritt Kopien von Zeremonialtänzen der amerikanischen Ureinwohner öffentlich zum besten, darunter auch den heiligen Schlangentanz der Hopi. Ihre Vorgänger begannen damit schon 1921 unter dem spanischen Namen für die Hopi, nämlich „Moqui People of Prescott", um ein Rodeo zu finanzieren.

Seither schwelte der Konflikt mit den Hopi, der nach zahlreichen Protesten einzelner Traditioneller 1989 mit einer Demonstration von mehr als 50 Hopi in Prescott, darunter der neugewählte Stammesratsvorsitzende Vernon Masayesva und sein Stellvertreter Patrick Dallas, einen öffentlichkeitswirksamen Höhepunkt fand. Mit Erfolg: Bereits im Jahr darauf, 1990 löste sich die Tanzgruppe auf - was blieb, ist ein Museum für indianische Kunst und Gebrauchsgegenstände namens Smoki-Museum in Prescott.

Die Solidarität des Stammesrats mit den Traditionellen gab allerdings keinen Anlass zu großem Optimismus, denn seine Absichten, im Land der Hopi weiterhin Kohle abbauen zu lassen, waren ungebrochen. Es gab sogar Pläne, trotz der wachsenden Wasserknappheit die unterirdischen Reservoirs zur Kühlung eines im Süden der Reservation (bei Teesto) vorgesehenen Großkraftwerks und für andere Industrien zu nützen. Geldmittel für die dafür erforderliche großzügige Erweiterung des vorhandenen Straßennetzes waren bereits von der Regierung Bush zur Verfügung gestellt worden.

Radford Quamahongnewa steht zwischen beiden Welten und versucht zu vermitteln, so gut er kann. Für ihn ist es - wie für alle Traditionellen, zu denen Radford zählt - in diesem Zusammenhang am wichtigsten, dass endlich die ursprünglichen Landansprüche der Hopi anerkannt werden: um ihnen zu diesem seit Generationen genutzten Gebiet, in dem mittlerweile über 400 000 Navajo und andere Indianer leben, aus heilkundlichen, religiösen und anderen lebenserhaltenden Gründen den ungehinderten Zugang zu sichern und es so, wie Thomas Banyacya Sr. mir gegenüber formulierte, wieder „spirituell verwalten" zu können. Es handelt sich um ein Gebiet zwischen vier Heiligen Bergen (unter ihnen die San Francisco Peaks) und den Flüssen Rio Grande, San Juan, Colorado, Little Colorado und Gila River.

Einem friedlichen Zusammenleben mit den anderen dort lebenden indianischen Nationen, insbesondere mit den davon am meisten betroffenen Navajo, stünde dabei prinzipiell nichts im Wege - sie müssten dies allerdings als erste anerkennen. Dann könnten andere indianische Nationen, so Thomas Banyacya Sr., und schließlich die USA folgen, die ja dieses Recht den Hopi bereits 1848 im *Vertrag von Guadelupe Hidalgo* zugesichert hatten. Wobei entsprechende Hilfe seitens der UNO und der Vorläuferstaaten Mexiko und Spanien, aber auch anderer Staaten vonnöten sein dürfte.

Diese Angelegenheit ist um so brisanter, als nicht nur die US-Regierung glaubt, den Hopi durch die Entscheidung der Kommission für indianische Landrechte von 1946 die ursprünglichen Landansprüche und damit den Landrechtstitel der Hopi um schlanke fünf Millionen Dollar abkaufen und damit endgültig „abgelten" zu können. Auch der Navajo-Stammesrat glaubt sicher genug zu sein, wenn er - wie 1988 das erste Mal geschehen - traditionelle Hopi in ihrem ursprünglichen Land an der Ausübung ihrer religiösen Praktiken hindert und das sogar gesetzlich verankern lassen möchte. In dieser Gesetzesvorlage beanspruchen die Navajo jenes Gebiet, das ihnen und damals dort lebenden Hopi der US-Kongress erst 1934 als „Reservation" juristisch endgültig zugesprochen hatte, als ausschließliches Navajo-Land. Was in keiner Weise den Tatsachen entspricht, da die Navajo erst spät nach den Hopi und lediglich mit deren Erlaubnis in dieses Gebiet eingewandert sind. Deshalb mussten die Navajo, als sie die ersten Gebiete auf Hopi-Land von der US-Regierung zugewiesen bekamen, als Zeichen für ihre Abhängigkeit von den Hopi und für deren Landrechtsanspruch ihre Medizinbündel den Hopi übergeben und so diese Übereinkunft auf spirituelle Weise bestätigen.

Heute, wo es um die Förderung von Gas, Wasser, Erdöl, Uran, von seltenen Erzen sowie um die touristische und industrielle Erschließung der gesamten Four-Corners-Region geht, ist diese Vereinbarung nicht nur der US-Regierung, sondern auch dem Navajo-Stammesrat ein lästiges Relikt, das eine mächtige Lobby am liebsten durch weitere - ungerechte - Gesetze, Verordnungen und Maßnahmen aus dem Weg räumen möchte (vgl. *Unser Ende ist euer Untergang*). Insofern sind sich traditionelle Hopi und der sonst nicht so zimperliche Hopi-Stammesrat durchaus einig; aber auch darin, dass die Kultur der Hopi soweit wie nur irgendwie möglich, aufrecht erhalten werden soll. Kritisch wird es allerdings bereits bei der zentralen Frage, wie denn das Land zum Wohl aller seiner Bewohner zu nutzen sei. Hierfür gibt es jedoch genaue *Ursprüngliche Anweisungen*, die, weil sie vom Großen Geist in Gestalt *Maassau'us* stammen, tiefreligiösen Charakter haben und weder von den Zeremonien noch vom Lebensstil und der Art des Zusammenlebens der Hopi zu trennen sind.

Radford versucht in diesem scheinbaren Durcheinander von Interessen und Ansprüchen zu vermitteln, wobei er immer dem traditionellen Standpunkt absolute Priorität einräumt, was auch ein Schreiben vom 26. Februar 1991 beweist, das an die Hopi-Agentur des BIA in Keams Canyon gerichtet wurde.

Quamahongnewa verfasste es im Auftrag seines damaligen Kikmongwi *Manley Wadsworth* aus Shungopavi, der darin die Rechtmäßigkeit des Stammesrats als Regierungsorgan der Hopi völlig in Frage stellt. Er verlangt daher, dass „seine Handlungen als null und nichtig betrachtet werden, und es Ihre Verpflichtung als Repräsentant der US-Regierung ist, sicherzustellen, dass der Stammesrat abgeschafft wird und seine Aktionen zum Stillstand gebracht werden." Statt dessen sollte, so wie es in der Verfassung der Hopi verankert ist, das BIA die traditionelle Form der Selbstverwaltung, wie sie ja noch existiert, anerkennen und auf dieser Basis „von Regierung zu Regierung" seinen Verpflichtungen gegenüber den traditionellen Dörfern nachkommen. Neben *Unter Moencopi*, *Hotevilla* und *Mishongnovi* sind damit vor allem *Shungopavi* und *Alt Oraibi* gemeint, da von diesen beiden Dörfern die Verwaltungshoheit über das gesamte Land der Hopi ausgeht.

Ich weiß nicht, wie BIA-Superintendent Mike Smith, an den das Schreiben gerichtet war, geantwortet hat, aber es macht die Spannung deutlich, die zwischen den verschiedenen Interessengruppen besteht, und zeigt klar die Position der Traditionellen, die nicht nur ihr ursprüngliches Land mit dem heiligen Zentrum Black Mesa - *Tukunavi* - endlich geschützt wissen wollen, sondern auch ihre damit zusammenhängenden Zeremonien, ihre Anbauweise, ihren einfachen Lebensstil und ihre Form der Selbstverwaltung. Das mag sich für viele aussichtslos anhören; aber, wie die weltweit zunehmenden Ereignisse zeigen, beginnen Erde und Menschheit immer heftiger zu reagieren, „weil vieles nicht mehr in bewährter Weise durchgeführt werden kann. Sogar die Maschinen funktionieren nicht mehr so wie früher und weisen immer mehr Fehlfunktionen auf", wie Thomas Banyacya Sr. mir gegenüber erwähnte.

Wie ein traditioneller Hopi, der seine Verpflichtungen ernst nimmt, mit dieser Situation fertig wird und was er darüber hinaus über die Schlangenzeremonie, die Aufgaben der Clans und die Landnutzung aus der Sicht der Hopi zu sagen hat, das erfahren Leserin und Leser an Hand des folgenden Gesprächs, für das ich Radford Quamahongnewa ebenso wie für seine Haltung und sein Engagement danke und auf diese Weise meine außerordentliche Wertschätzung ausdrücke.

Zeremonien, Schreine und Nichtindianer

Radford Quamahongnewa, warum wurden Nichtindianer vom Zusehen beim Schlangentanz der Hopi ausgeschlossen?

Der eine Hauptgrund dafür ist folgender: In der Vergangenheit gab es nicht nur beim Schlangentanz, sondern auch bei anderen Zeremonialtänzen der Hopi mehr und mehr Nichtindianer als Zuseher. Diese Leute begannen von dort wegzugehen, gingen in den Dörfern herum, in die Schreine, gingen in Kivas (die unterirdischen Versammlungs- und Zeremonialräume der Hopi) und nahmen fallweise von dort oder aus anderen verbotenen Gebieten Gegenstände mit. Das veranlasste uns, die Menschen, die als Zuseher kommen, einzuschränken. Obwohl wir bei jedem Dorf am Zugang eine Hinweistafel errichtet haben, wurde es missachtet. Und es gibt noch immer Leute, die mit Kameras, Tonbandgeräten, Skizzenbüchern und Ferngläsern kommen und Aufzeichnungen machen oder sich gegen unsere politischen Grundsätze verhalten.

Der andere wichtige Grund für das Verbot ist der, dass eine Gruppe der „Smoki-People" in Prescott unsere Religion lächerlich macht, indem sie Tänze und andere Veranstaltungen der Hopi nachahmen, die aber nur den Hopi zustehen. Speziell der Schlangentanz ist einer der entscheidenden Teile unserer Religion, den wir noch immer ausüben, und ich habe nicht den Eindruck, dass in dieser Hinsicht etwas verlorengeht, sondern wir üben ihn aus, und er wird auf diese Weise bewahrt. Das ist mein Hauptanliegen.

Ein weiterer Grund ist der, dass diese „Smoki-People" auch Kachinatänze aufführen und jetzt die Flötenzeremonie nachahmen, die genauso eine religiöse Aktivität der Hopi darstellt. Nicht nur das, es gibt eine andere Zeremonie, die von unseren Frauen durchgeführt und ebenso von diesen Smoki-Leuten kopiert wird. Das sind meine Hauptgründe für den Ausschluss von Nichtindianern bei diesen Zeremonien, denn diese Leute haben unsere Zeremonien beobachtet und dann begonnen, sie nachzuahmen.

Jetzt ist das also für Nichtindianer nicht mehr zugänglich - aber was wollen Sie mit jenen Leuten machen, die diese Zeremonien noch immer nachahmen?

Was ich gerne sehen würde, ist, dass sie die Hopi-Teile aus Ihren Veranstaltungen ausschließen. Ich bin nicht ausschließlich gegen alles, was sie tun, sondern hauptsächlich gegen ihre Aktivitäten, die einen Bezug zu den Hopi, irgend etwas mit uns zu tun haben. Es ist bedauerlich, dass wir so handeln müssen, aber es wird solange aufrecht bleiben, als es keine Achtung und solange es Vorkommnisse und Veranstaltungen gibt, die keine entsprechende Autorisierung der Hopi haben.

Wenn Personen, meist Touristen, sich ein wenig umsehen und vielleicht einen Schrein oder einen Gebetsplatz und dergleichen entdecken, wie sollten sie sich dort verhalten?

Was wir in unserem Dorf (Shungopavi) gemacht haben, ist, dass wir Angehörige ersucht haben, achtzugeben: damit sie, wenn sie jemanden in einem verbotenen Gebiet vorfinden, ihn unverzüglich ansprechen, darauf aufmerksam machen und in den Hauptteil des Dorfes zurückschicken. Wenn bei Tänzen jemand eine Kamera, ein Tonbandgerät oder ein Fernglas dabei hat, dann werden diese abgenommen, oder die Betroffenen werden aufgefordert, sie in ihr Fahrzeug zu geben und dort zu versperren. Das Verhalten muss so sein, dass, wenn ein Tanz oder eine Veranstaltung stattfindet, die

Absicht darauf gerichtet ist, das zu sehen und nicht davon wegzugehen. Sie veranlassen die Leute auch, direkt auf die Plaza (den Dorfplatz) zu gehen und immer, wenn ein Treffen stattfindet, sind sie auf ihrem Platz. Es geht darum, lautes Sprechen, Herumgehen und das Stellen von Fragen während der Zeremonie zu vermeiden. Bei jedem Dorfzugang sind Hinweistafeln errichtet worden, auf denen mitgeteilt wird, was erlaubt ist und was nicht - und das sollte beachtet werden.

Wenn die Leute das beachten, aber dennoch etwas finden, vielleicht ein „Paho" - eine Gebetsfeder - oder einen heiligen Schrein, falls sie außerhalb der Dörfer ein wenig herumgehen; was sollten sie dann auf keinen Fall tun?

Wenn Kunstgegenstände oder einer der vorhandenen Schreine oder Gebetsfedern gefunden werden, so sollten sie allein gelassen werden. Nichts sollte aufgehoben und nichts mitgenommen werden, denn es sind die Gebete von jemandem, die dort zurückgelassen wurden. Das Ausgraben oder Mitnehmen ist wie Diebstahl. Nichts darf von einem Schrein weggenommen werden - auch unter den Hopi nicht, denn es ist für die Spirits und gehört ihnen.

Nicht nur von den Schreinen darf nichts weggenommen werden, sondern auch in den Dörfern und um die Dörfer. Im Fall einer Ruine, einer aufgelassenen Siedlung, sollten Tonscherben, Pfeilspitzen - alles dieser Art sollte allein gelassen werden. Es gibt einen Grund, warum sie dort gelassen worden sind. Während der Wanderungen ist das durch die Clans so geschehen. Auch unsere Leute wissen, dass sie nichts davon nehmen dürfen, wenn sie so etwas auffinden, denn es gibt einen Grund dafür.

Manche Leute in Europa meinen, dass auch Außenstehende an Hopi-Zeremonien teilnehmen können. Wie verhält es sich damit?

Alle Zeremonien haben einen Zweck, und jede Zeremonie erfordert die Teilnahme daran. Jede Zeremonie ist nur bestimmten Teilnehmern erlaubt, sodass niemand außerhalb dieses Bundes oder der Durchführenden daran teilnehmen darf. Der andere Grund ist, dass du für den Tanz vorbereitet sein musst und nicht als Zuschauer daran teilnehmen kannst. Wir haben *Social Dances* („Gemeinschaftstänze", d. A.) - Tänze für Kinder, Buben und

Mädchen, Männer, Frauen und Großeltern, die aber wiederum auf die Verwandten eines Buben begrenzt sind, der bereits Tänzer ist.

Es gibt eine Menge Beschränkungen bei unseren Veranstaltungen, sodass es niemandem, der als Zuschauer kommt, erlaubt ist, daran teilzunehmen. Wir haben einen Frauenbund mit drei Arten von Zeremonien für die Frauen. Es gibt auch Männer in diesen Frauenbünden, du kannst sie *Elders* nennen, die als Hüter fungieren, und jene Personen , die während der Zeremonien die Gebetsfedern und alle die Rituale vorbereiten.

Unsere Religion ist an den natürlichen Zustand der Erde gebunden

Ist es erlaubt, ein wenig über die Verbindung zwischen der Erde und den Zeremonien der Hopi, insbesondere bezüglich des Schlangentanzes und des täglichen Lebensstils der Hopi zu erfahren? Inwieweit gibt es da eine Verbindung, und was unterscheidet sie von den Ritualen der Weißen, die sie in den Kirchen, bei Gottesdiensten durchführen und dergleichen?

Wir sind davon überzeugt, dass alles auf der Erde Leben in sich hat; jedes Ding, das wir auf der Erde haben, hat Leben in sich. Deshalb beruht unsere Religion auf den bestehenden physikalischen Elementen der Erde. Jedes Stück davon ist in unserer Religion enthalten. Jedes Stück davon wird darin genützt. Wir haben eine Religion, die eine Nachbildung davon ist, und alle Zeremonien sind darin eingebunden.

Du hast über den Schlangentanz gefragt - hier gibt es eine andere Absicht, das Leben der Tiere zu nützen. Genauso verhält es sich mit dem Flötenbund. Beide wechseln einander jährlich ab. 1988 zum Beispiel war das Jahr für den Schlangentanz, die Schlangenzeremonie; im nächsten Sommer wird die Flötenzeremonie stattfinden, und im darauffolgenden Sommer kommt wieder die Schlangenzeremonie dran .

Die Schlangentanz-Zeremonie findet statt zugunsten des Gutseins *(goodness)* aller Menschen in den folgenden zwei Jahren. Es ist wiederum ein Gebet, das durch die Schlangen, durch ihre

Art des Lebens weitergegeben wird. Sie haben Macht, unsere Botschaften nicht nur hinunter zur Erde, zu unseren vorausgegangenen Vorfahren zu bringen, sondern auch zu unseren Regenspirits, zu unserem Sonnenspirit, zu unseren Sternenspirits, zu den Himmelskörpern als Spirits. Durch diese Schlangen senden wir unsere Botschaften für das folgende Doppeljahr.

Die Flöte hat dieselbe Art von Botschaften; sie nutzen Vögel und Insekten als deren Botschafter. Sie alle sind in unsere Religion eingebunden. Gebete, Meditationen und viel Fasten gehören ebenso dazu. Das ist es, was uns von Jahr zu Jahr in Gang hält. Es ist eine Grundlage für das Überleben, und wir wollen an dieser Religion und unseren Traditionen festhalten und bemühen uns, in der Ausübung fortzufahren - ungeachtet anderer, neuer Technologien, die in das Land der Hopi kommen. Wir haben jetzt Kinder und junge Leute, die das US-amerikanische Bildungssystem annehmen, wir haben viele Annehmlichkeiten wie Elektrizität, Autos, Fernsehen, Videorecorder. Alle diese Dinge üben nun einen großen Einfluss auf unsere Jugend aus. Ebenso der Verlust unserer Sprache, die ein unverzichtbarer Teil von uns ist. Ohne diese Sprache hören Rituale und Erzählungen auf, dieselben zu sein, und die Geschichte, dieselbe zu sein. Wir versuchen zu übersetzen, aber es wird nie dasselbe sein.

Alles in unserer Religion ist an den natürlichen Zustand dieser Erde gebunden. Alle Medizin, alle Vorbereitungen kommen von der Erde. Das ist ein anderer Grund, warum wir freien Zugang zum Land haben müssen, warum wir freien Gebrauch der Mineralien haben müssen, die wir vom Land aufsammeln. Für die Hopi lautet das grundlegende Versprechen dem Hüter dieser Welt gegenüber, dass wir auf das Land achtgeben werden. Damit ging die Richtung und Anweisung einher: „Es ist hier, es ist für deinen Gebrauch; gib acht darauf und du wirst freien Zugang zu jedem Stückchen haben, was sich auf dieser Erde befindet.“

Ist es nicht sehr schwierig, einerseits im Schlangenbund mit den Elders zusammenzuarbeiten und andererseits beim Stammesrat angestellt zu sein, der von den Traditionellen als Teil der US-Verwaltung bezeichnet wird? Sie unterliegen daher auch den Regeln dieser Verwaltung, und das könnte vielleicht einen großen Widerspruch auslösen.

Ja, es stimmt, dass ich in dieser Position bin, und ich wusste auch nicht, dass ich in meinem Clan eine der Führungspersönlichkeiten würde. Als ich jünger war, beschloss ich deshalb, eine englischsprachige Ausbildung zu erhalten, weil ich wusste, dass sich einiges in unserem Lebensstil ändert, was nahezu die gesamte Lebensweise der Hopi verändert: eine Anstellung für Geld zum Beispiel. Fast jedes Dorf hat Angestellte bei der US-Verwaltung oder dem Stammesrat. Es ist daher schwer, auf beiden Gebieten zu arbeiten: traditionell und in der Stammesratsverwaltung.

Meiner Meinung nach bin ich in einer geeigneten Position, denn in meinem traditionellen Bereich bin ich genauso ein Ausbildner für meine Leute, wie ich im Bereich der englischsprachigen Gesellschaft ein Lehrer bis zum Junior College bin. Ich tue in beiden Bereichen das, was meine Clan-Verantwortung ist - zum Wohl der einzelnen und des Stammes. Es ist eine individuelle Verpflichtung, die ich eingegangen bin, eine solche Rolle auszufüllen. Ich werde von beiden Seiten bombardiert, indem ich um Unterstützung in verschiedenen Angelegenheiten ersucht werde; aber ich muss mit meinen Elders sprechen, damit sie mir die richtige Richtung weisen. Ich bin nicht so sehr auf mich selbst gestellt, denn obwohl ich Zeremonienleiter *(religious leader)* bin, habe ich noch immer meine Elders als Führung, Ratgeber, Unterstützer. Und ich habe ebenso meine anderen religiösen Führer als Gefährten. Denn in unserer Religion ist meine Rolle lediglich ein Teil der ganzen Religion, die ebenso Aufgabe jedes anderen *religious leaders* oder eines Clans ist. Ich kann daher Anliegen und Fälle nicht allein meiner Meinung entsprechend unterstützen. Ich muss mich mit den anderen Gruppen zusammentun und einen bestimmten Konsens einholen: Das ist es, worüber wir diskutieren, und das ist es, was für uns förderlich ist - nein, das nicht, wir sollten Abstand davon nehmen.

Auch im Stammesrat verhält es sich so: Ist es förderlich für die Leute, bin ich dafür; wenn nicht, dagegen. Alles geschieht so, dass ich mich auf andere Leute berufen muss. Ich tue oder verneine nichts allein aufgrund meiner eigenen Meinung, und das ist mühsam.

Sie haben ihren Clan und Ihre Clan-Verpflichtung erwähnt, können Sie ein wenig darüber erzählen?

Als wir Hopi zur Zeit des Heraufstiegs in dieses Gebiet kamen, waren wir entweder durch uns selbst als Gruppe von Leuten oder durch den Großen Geist einem von ihm vorgegebenen Clan zugehörig. Er stellt in etwa eine Gruppe in der Gesellschaft dar, deren Mitglieder miteinander verwandt sind. Dieser Clan, diese Gruppe von Leuten musste etwas Besonderes, eine gewisse Macht haben, um ihre Gruppe zu erhalten. Wir haben Clans, die Symbole oder Materialien des natürlichen Lebens benützen. Wir haben im Tierreich zum Beispiel den Bären-Clan, Hirsch, Antilope; im Bereich der Vögel den Adler-Clan, Bluebird. Genauso haben wir den Sand-Clan, den Fichten-Clan und andere. Alles das dient dazu, um eine bestimmte Gruppe zu kennzeichnen, die eine gewisse Verantwortung hat.

Es war zur Zeit des Heraufstiegs, als unsere Religion vollständig wurde, und jeder Clan hatte seine Verpflichtungen darin. Deshalb haben wir Verpflichtungen, denen wir im Zuge der Durchführung unserer Zeremonien nachkommen müssen. Meinem Clan widerfuhr es, der Adler-Clan zu sein und ebenso der Sonenaufgangs-Clan. Wir nennen das „die Stirn der Sonne". Das bedeutet: Wir bezeichnen den ganzen Kreis als Sonne, als Gesicht der Sonne. Und wenn sie am Morgen aufgeht, siehst du lediglich die Stirn - ja -, das ist ebenso mein Clan. Und nachdem mein Clan auch dafür verantwortlich ist, diese Schlangenzeremonien aufrechtzuerhalten, nütze ich ebenso die Schlangen wie mein Clan. Ich bin also in drei Clans aufgenommen: in den Sonnen-Clan, den Schlangen- und Adler-Clan. Unter diesen gibt es Untergruppen, zum Beispiel beim Adler-Clan die Habichte, Falken, sodass wir miteinander verwandt sind. Im Schlangenbund sind ebenso verwandte Clans wie der Sand-Clan, der Eidechsen-Clan und andere. Das bedeutet die Zugehörigkeit zu einem Clan: Sie bezeichnet eine Gruppe, zu der du gehörst.

Sie haben mir erzählt, wie schwer es ist, sowohl den Verpflichtungen im Stammesrat als auch im Clan nachzukommen. Wie bringen Sie es zu Wege, genügend Zeit für die Vorbereitung und Durch-

führung der Zeremonien aufzubringen ?

Es ist eine persönliche Verpflichtung. Weil ich der religiöse Führer für meine Schlangenzeremonien bin, erstelle ich den ganzen Durchführungsplan, die Termine für die Ankündigungen der ganzen Schlangenzeremonie. Wenn es so weit ist , muss ich meine Vorgesetzten in der Stammesratsverwaltung wissen lassen, dass es Zeit für mich ist, meine traditionellen Schlangenzeremonien durchzuführen, sodass sie mich die ganze Zeit dafür freistellen. Es besteht daher auch von deren Seite eine Verpflichtung, mir zu erlauben, der Arbeit fernzubleiben.

Ich habe nicht nur während der Schlangenzeremonie Verpflichtungen, sondern jeden Monat, jeden Mond habe ich sie in verschiedener Hinsicht, sodass ich um einen Tag, manchmal um beinahe eine Woche Freistellung ersuchen muss, der die Stammesratsverwaltung zustimmen muss. Ansonsten würde ich nicht für sie arbeiten, denn meine traditionellen Praktiken haben erste Priorität; das habe ich der Stammesratsverwaltung so mitgeteilt. Daher hat alles, was mit traditionellen Dingen und den Zeremonien zu tun hat, den Vorrang vor meiner täglichen Arbeit von acht bis fünf.

Die Schlangenzeremonie

Wieviel Zeit beansprucht die Vorbereitung und Durchführung der Schlangenzeremonie ?

Von Jänner bis August - acht Monate. Acht Monate der Vorbereitung für mich selbst und für meinen mitwirkenden Bund, den Antilopenbund. Die Führer *(leaders)* dieses Bundes haben dieselbe Verpflichtung. Innerhalb dieser beiden Bünde gibt es einen anderen Clan, der für seinen Teil verantwortlich ist - diese benötigen dieselbe Zeit wie ich .

Es benötigt also acht Monate der Vorbereitung bis zum Schlusstanz, dann kommen noch vier Tage dazu. Wenn sich der achte Monat nähert, beginnen die Tagesaktivitäten. Wenn im Jänner die Zeremonien-Vorbereitung begonnen wird, geschieht das nicht täglich: Es gibt bestimmte Zeiten, zu denen ich gewisse Dinge tue, dann kommt ein anderer Mond, wo ich etwas anderes mache. Es dient alles der Vorbereitung. Es mag sein, dass ich Material von verschiedenen Feldern sammle, oder ich fertige so einfache Dinge wie Räucherpfeifen, Gebetsfedern an.

Ein Großteil der Vorbereitung besteht darin, dass ich auf mich selbst achten muss: auf mein Verhalten, mein öffentliches Auftreten, mein Erscheinungsbild in der Öffentlichkeit. In allen diesen Dingen muss ich sorgfältig darauf achten, nicht zu irgendeiner Zeit außer Kontrolle zu geraten. Ich meine damit, dass ich während dieser Zeit mit keiner Person streite oder rechte. Ich muss das vermeiden und während dieser ganzen Zeit der Vorbereitung so heiligmäßig und makellos sein, wie ich nur kann. Es gibt bestimmte Tiere, die ich nicht berühren, nicht töten, denen ich nichts antun darf - solche Dinge. Zu bestimmten Zeiten darf ich nichts mit meiner Frau oder irgendeiner Frau zu tun haben. Es sind eine Menge Verpflichtungen, die sich einer dann selber auferlegen muss.

Wenn sich der achte Monat nähert, dann werden die Teilnehmer am Schlangen- und Antilopentanz auf dieselbe Art miteinbezogen, wie ich es gerade erzählt habe. Sie müssen genauso frei von jeder Art von Verunreinigungen durch Menschen sein: in spiritueller, in sexueller Hinsicht und im Verhalten. Wir bemühen uns, uns im letzten Monat davon fernzuhalten.

Gibt es eine Zeit, die Sie uns nennen dürfen, wie lange die Vorbereitung der Zeremonie und ihre Durchführung genau dauert?

Der öffentliche Tanz dauert insgesamt zwei Tage. Der Antilopenbund tanzt am Tag zuvor, dem ersten Tag, der Schlangen bund am zweiten Tag. Es gibt nichts dabei, womit wir uns rühmen könnten, etwa in dem Sinn, dass es die Hauptveranstaltung der Hopi sei oder dass es der Tanz sei, der jeden anderen Tanz oder jede andere Veranstaltung überflüssig macht, nein; es ist etwas, von dem wir hoffen, dass dieser Tanz, diese Zeremonie auf die bestmögliche Weise von uns durchgeführt und alles gut für unsere Leute sein wird. Die ganze Zeremonie dauert 20 Tage. Das ist die Zeit von der Ankündigung bis einschließlich der vier Tage, nachdem öffentlich getanzt wurde.

Und wie lange dauert das Fasten dafür?

Wir enthalten uns nicht vom Salz, von Fleisch und Fett, wie

wir es in anderen Zeremonien machen. Unsere Enthaltsamkeit bezieht sich auf Frauen und auf Leute, die nicht dem Schlangenbund angehören. Wir schützen uns selbst vor den Leuten und bleiben die ganze Zeit in der Kiva beisammen. Niemandem ist es gestattet, in die Öffentlichkeit oder nach Hause zu gehen. Wenn du am Morgen und am Abend etwas für dein Frühstück und dein Abendessen möchtest, gehst du zu deinem Haus und wartest draußen. Die Familie versorgt dich mit Essen, und du nimmst es mit in die Kiva, wo du es isst. Wenn du damit fertig bist, bringst du die Reste zurück, aber du gehst nicht ins Haus. Du bleibst außerhalb, denn wir verschmelzen mit den Kräften der Schlange. Und wir glauben, dass sie so mächtig sind, dass es nicht gut für unsere Familien und die Öffentlichkeit ist, während dieser Zeit mit uns Umgang zu haben. Deshalb vermischen wir uns dann zu keiner Zeit mit unserer Familie oder der Öffentlichkeit. Die einzige Zeit, wo wir das dennoch tun, ist, wenn wir vom Haus etwas holen, vielleicht unsere Tracht, damit wir für den Tanz bereit sind - aber wir gehen nicht hinein, sondern unsere Familie achtet darauf, was du ihnen mitteilen möchtest, was du brauchst; und sie bringen es dir. Das dauert bis zum Ende des Tanzes.

Am Tag darauf kehren diejenigen, die mit mir teilgenommen haben, in ihren Alltag zurück. Ich aber bleibe noch bis zum vierten Tag nach dem Tanz von allem fern; dann ist die Zeremonie vollständig zu Ende, und ich kehre ins normale Leben zurück (lacht), kann meine Frau umarmen, meine Kinder und so fort. Das ist ziemlich hart ...

Und wie viele Tage werden vor dem achten Monat, Mond, benötigt im Monat?

Etwa gerade ein Tag oder ein Teil des Tages, an dem ich einiges tun muss; eine Gebetsfeder und Räuchern benötigt etwa einen Tag Zeit. Aber ab dem achten Monat beginne ich mit der umfassenden Vorbereitung.

Darf ich Sie über einen Vergleich, eine Parallele befragen: Die Menschen wissen ein wenig darüber, was zwischen Himmel und Erde vor sich geht, über den Energieaustausch zwischen beiden. In unserem Planetensystem spielt die Sonne darin die Hauptrolle.

Es gibt die Auffassung, dass die Schlangentanzzeremonie ebenso eine Feier der Hochzeit zwischen Himmel und Erde darstellt, eine Verbindung von Strömen, wie sie im Hermesstab mit den Überkreuzungen der Doppelspirale dargestellt werden.

Auf diese Weise könnte in dieser Zeremonie das geheimste Ding verborgen sein, worüber die Menschheit etwas weiß und was unsere uralten Vorfahren, was die alten Ägypter, die alten Hebräer - König Salomon zum Beispiel - und vielleicht die Menschen vor ihnen praktizierten. Wir haben diese Fülle von Symbolen, wie zum Beispiel die Hagal-Rune, die grundsätzlich dasselbe bedeutet, und es scheint mir so, dass diese Zeremonie wie ein Impuls für das Fließen dieser Energien wirkt.

Ich weiß nicht, ob es gestattet ist, es so zu benennen, aber was bei uns bekannt ist, ist, dass die Alten in Europa und Asien Zeremonien hatten, um diese Macht oder Energie manifest werden zu lassen und sie in bestimmte Richtungen fließen zu lassen, also zu kanalisieren. Ich weiß daher nicht, was die Hopi darüber empfinden und was Sie dazu der Öffentlichkeit sagen können, aber das ist es, was ich Ihnen von der Kultur unserer Vorfahren berichten wollte, in der dieses Symbol der Hagal-Rune - auch die sogenannte Swastika - in Gebrauch waren. Da gibt es Ähnlichkeiten, aber vielleicht denken die traditionellen Hopi anders darüber?

Du hast recht, dass das einige der geheimen Informationen sind, die nur diejenigen erhalten, die in die Hopi-Religion eingeweiht sind, und ich darf darüber nichts mitteilen. Wenn eine Person nicht in unsere menschliche Natur, in das Menschentum eingeweiht ist, was unsere Hopi-Religion ist - entweder in einen Frauen- oder einen Männerbund -, wenn du einmal dort eingeweiht bist, ist das der Ort, wo du nahezu über alles, was du zu wissen brauchst, unterrichtet wirst. Genau das, was du erwähnt hast, ist ein Teil davon. Die Hauptsache ist das Überleben der Hopi, davon handelt die meiste Information; die Geschichte, woher wir kommen, wie es zustande kam; die Zukunft , was geschehen wird, wie und wann. Das sind die Informationen, die nur diese Leute kennen. Ich möchte, dass dieser Glaube respektiert wird: Wenn du ein Mitglied dieser Religion bist, können wir dir darüber erzählen, wenn nicht, dann nicht - ich muss dir auf diese Weise antworten!

Wie und warum wir Hopi hier leben

Ich danke Ihnen für Ihre Offenheit, und ich halte Ihre Ausführungen deshalb für so wichtig, weil es immer wieder Menschen gibt, die glauben, in solche Dinge eindringen zu können, wie es ja durch Missionare, Anthropologen, Ethnologen und andere Nichtindianer immer wieder vorkam und noch heute vorkommt. Sie haben dabei auch das Überleben der Hopi erwähnt - wie beurteilen Sie die gegenwärtige Situation?

Das ist eine schwierige Angelegenheit - eine dieser Hauptsorgen, die entstanden, als andere Volksgruppen zu den Hopi kamen. Damit meine ich Indianer und Nichtindianer. Als wir hier waren, gab es sonst niemanden; erst allmählich begannen andere Stämme hereinzukommen. Als die Hopi einst herkamen, bestimmten sie, wieviel Land sie beanspruchen mussten. Sie beanspruchten die Grenzen und das Land, was brauchbar war und dem Überleben dienen sollte.

Für alles ist die Nutzung des Landes grundlegend, was bedeutet, dass wir die Felder für alle Sorten von Feldfrüchten zu nützen pflegen, durch die wir unser Leben dauerhaft aufrechterhalten wollen. Alle die Berggebiete, die Bauholz beherbergen, werden genützt, um unsere Heime zu errichten oder instand zu halten. Wir benützen es für Dachbalken und dergleichen. All das Grasland, wo wir unsere Medizin, alle Heilkräuter und das vorfinden, was wir rituelle Wasser für den Zeremonialgebrauch nennen - alle diese Gebiete, in denen wir Materialien sammeln; alles Tierleben, das wir von den Bergen, den Steppen und Halbwüsten erhalten, nutzen wir ebenso für unser Überleben. Elch, Hirsch, Antilope ... nutzen wir als Fleisch, für Bekleidung, Waffen, Schmuck. Alles das sind nur Grunderfordernisse, die die Hopi für diesen Zweck bestimmt haben.

Flagstaff, oberhalb von Window Rock, Lupton Area - das sind

Nutzholzgebiete, die wir für den Hausbau zu nutzen pflegten. Bill William Mountains, alle die Plateaus und die Rim Area (der Rand von Black Mesa und am Grand Canyon, d. A.) sind voll von unseren Kräutern und unserer Medizin für Heiler, für unsere Aktivitäten und religiösen Rituale - dort werden sie gesammelt. Am Nordrand der Reservation gibt es Zedernholz und andere Pflanzen, die in unseren Zeremonien genutzt wer den (z. B. Fichtenzweige, d. A.); wir sammeln dort Brennholz, spezielle Büsche zum Zubereiten des Essens für Rituale und Zeremonien; und all das Wild befindet sich in diesen Waldgebieten. Wir haben Adlerhorste zum Fangen der Adler dort, Jagdgebiete für bestimmte Tiere - das sind alles grundlegende Dinge, und deshalb sagen wir, dass das Gebiete für solche Zwecke sind.

Etwas anderes ist es, dass die junge Generation das oft nicht versteht: „Warum haben wir uns nicht im Gebiet von Phoenix niedergelassen, wo es Wasser, Kanäle gibt, die wir gebaut haben und wo wir bei Quellen gelebt haben; warum siedelten wir weit weg vom Colorado, vom Grand Canyon?“ Die Erklärung ist die, dass wir so gierig würden, denn die Materialien wären so bequem in der Nähe, dass wir vergessen würden, was der Zweck dieser Dinge ist. Das ist einer der Gründe, warum wir ausgesucht wurden, hier zu sein, weit weg von diesen Gebieten, damit wir diese Dinge dort draußen nicht missbrauchen; damit wir nur zu einem bestimmten Zweck dorthin gehen und nur soviel holen, wie es der zu beachtenden Beschränkung entspricht. Wenn du ein Heim errichten willst, kannst du das in einem bestimmten Umfang tun, aber du darfst nicht hinausgehen, um dort einfach zu beginnen, Bauholz zu schlagen. Auch, was die Nutzung der Tiere in den Wäldern betrifft: Wir können nicht einfach hinausgehen und sie aus irgendeinem Grund abschießen. Wir müssen in Gruppen gehen, an bestimmten Tagen, zu bestimmten Zeiten.

Ein Mineral, das ich erwähnte, ist Salz. Wir haben Salzminen, es gab Salz gerade hier in diesem Land. Aber weil es zu einer anderen Betrachtungsweise kam, verlegten wir die Salzgewinnung in das Gebiet der Zuni. Auf diese Weise würden wir auch nicht mehr den täglichen Erfolg bei der Salzgewinnung haben, wodurch wir die

Mine schnell erschöpften und nichts mehr in der Zukunft hätten. Wir haben daher immer eine spezielle Gruppe, die das Salz holt; dasselbe gilt für den Grand Canyon. Das sind einige der Gründe, warum wir uns dort niedergelassen haben, wo wir sind. Auf diese Weise können wir die Vorkommen nicht missbrauchen oder gierig werden, sie nicht geradewegs rasch aufbrauchen.

Es ist nicht Hopi, reich zu werden

Wir sind arm. Hopi ermuntern Menschen nicht, reich zu werden. Jede Überzeugung, jede Bemühung beruht auf der Grundlage der Bescheidenheit. Wir sind davon überzeugt, dass wir unter unseren eigenen spirituellen und physischen Bedingungen erhalten können, was wir wollen - für den Zweck, für den wir es wollen. Deshalb ist es nicht Hopi, reich zu werden, über Geld zu verfügen. Das ist einer der Gründe, warum wir das als Personen sagen, die noch immer den Anweisungen folgen, dass die Erde unsere Grundlage für das Überleben ist, dass es das ist , was wir praktizieren sollen.

Eines Tages gerieten wir in die Abhängigkeit der Regierung; wir erziehen unsere Kinder nun entsprechend dem US-amerikanischen Schulsystem, das direkt mit einer Art von Entschädigung verknüpft ist. Eine davon liegt im Bereich dessen, reich zu werden; das ist das Geldsystem. In diesem Bereich haben wir die Kontrolle verloren - wiederum aus Gier. Aufgrund von Bemühungen um persönliche Integrität, die auf die Außenwelt gerichtet ist, geraten wir unter den Einfluss der Außenwelt, so dass wir Hopi jetzt um größere eigene Leistungsfähigkeit oder Tüchtigkeit in dem Sinn ringen, wie wir Vorteile erringen können, um leichter leben zu können.

Bei all diesen Annehmlichkeiten ist Geld der große Faktor. Deshalb gibt es viele Leute, die die Reservation verlassen haben, um Geld zu verdienen, um etwas zu haben, um Annehmlichkeiten zu erringen und einen Status zu etablieren, der nicht den Hopi entspricht. In diesen Bereichen haben wir die Kontrolle verloren. Wir fühlen jetzt, dass wir eine Art von Veränderung haben werden, eine Art von anderer Richtung, weil wir so viele Anweisungen traditioneller Wege verloren haben, dass wir Güter der herrschenden

Gesellschaft übernehmen werden müssen, die uns in unseren traditionellen Wegen steigern.

Zum Beispiel die Landnutzung, der Landbau: Wir betreiben noch unseren traditionellen Landbau, aber wie auch immer, manche Leute sind gut gestellt, sie haben Geld, haben Traktoren gekauft, Geräte, und können daher leichter Feldfrüchte anbauen als jene, die noch traditionell sind und einen Handkarren benützen und auf traditionelle Weise auf ihre Felder achten. Das ist gut in dem Sinn, dass wir noch immer unseren Landbau ausüben, unsere Feldfrüchte haben. Denn das ist eine der Anweisungen, dass wir niemals, niemals - niemals - unsere traditionelle Form des Pflanzens aufgeben sollten. Wenn es daher Leute gibt, die Traktoren benützen, so steigert sie das noch in ihren Gepflogenheiten. Diese haben daher kein Problem. Sehr, sehr wenige von uns praktizieren noch immer, was wir nur können.

Was mich betrifft, ich gehe in die Hopi-High-School und spreche mit den Studenten dort darüber: Was sie wissen sollten, wie und was sie tun sollten, wenn sie die US-amerikanische Ausbildung wählen. Und wenn sie das gewählt haben, sollten sie ebenso unseren Hopi-Weg erwägen, die Traditionen ebenso ausüben - auch, wenn sie vier Jahre ins College gehen und eine derartige Ausbildung erhalten. Aber sie müssen zurückkommen und die Tradition fortsetzen, sie müssen damit fortfahren teilzunehmen und damit, auch noch unsere Wege zu lernen, um zu helfen, die Hopi-Kultur weiter bestehen zu lassen; nicht sie einfach vergessen und dem anderen Lebensstil folgen.

Das war ebenso eine Anweisung von unseren Elders: „Um auf die Weißen vorbereitet zu sein, müsst ihr deren Sprache und Bräuche lernen, denn zu dieser Zeit werdet ihr Mund und Ohren für uns sein. So werdet ihr für uns sprechen können, für uns hören und verstehen können, worüber die Weißen sprechen. Ihr werdet für uns Informationen sammeln, die mit uns zu tun haben und so weiter."

Das ist eine der Anweisungen. Und das ist es, was ich denke, hier zu tun: sicherzustellen, dass die Kinder zur Schule gehen, aber zur selben Zeit bei unserer Kultur bleiben. Das versuche ich den

Lehrern zu vermitteln, dass sie das in ihren Lehrplan, in ihre schulischen und kulturellen Aktivitäten einbauen und das den Kindern in Erinnerung rufen, damit wir einmal eigene Leute haben, die wieder zurückkehren und den Menschen hier in der Reservation helfen.

Ich arbeite darüber hinaus auch im Stammesrat im Bereich von Landfragen, denn das ist genauso Teil meiner Verantwortung, dass ich die Informationen, über die wir Bescheid wissen sollten, meinen Gefährten in Shungopavi mitteile. Genauso wie ich dem Stammesrat Mitteilungen machen kann, ohne jemandem zu nahe zu treten; denn ich möchte so fair wie möglich sein, sodass beide Seiten wirklich ernsthaft die Konsequenzen überlegen können. Das ist es, was ich tue.

Mittlerweile ist Radford einer der Sprecher und Helfer des letzten traditionell eingesetzten Kikmongwi in Shungopavi auf der zweiten Mesa - neben seiner bisherigen Tätigkeit als Zeremonienleiter. Seit 2012 ist er auch im Web auf der Website der traditionellen Hopi von Shungopavi mit einem Link zu einem Video desselben Jahres vertreten: https://traditionalhopi.org/. Darin wird zum Schutz des Wassers weltweit und gegen eine US-Gesetzesvorlage aufgerufen.

Zugleich betonen die traditionellen Elders von Shungopavi in einer Erklärung vom 29.3.2012, dass sie diese Website eingerichtet haben, um sich erstmals an die Weltöffentlichkeit wenden.

Der Anlass ist die Gesetzesvorlage *Senate Bill 2109*, in der die ursprünglichen Wasserrechte im Bereich des Kleinen Coloradobeckens den dort lebenden Hopi und Navajo abgesprochen werden. Wegen der extremen Dürre im Südwesten der USA sind ihre Wasserrechte zu einer Überlebensfrage geworden. Bis 2022 jedoch wurde der Gesetzesvorschlag nicht eingebracht, da er auch vom Hopi- und Navajo-Stammesrat entschieden abgelehnt wurde.

Radford Quamahongnewa ist auch in einem weiteren *youtube*-Video zu finden, in dem er *Den Weg der Hopi* prägnant beschreibt: https://www.youtube.com/watch?v=Q0GN1Czot6

Die Zeit der Läuterung hat bereits begonnen

Letzte Warnungen und Appelle der Hopi

20. November 1990. Nach der Besetzung Kuwaits durch den Irak und dem Aufmarsch der US-amerikanischen Streitmacht samt ihren Verbündeten am Persischen Golf sind viele Menschen schwer bedrückt wie seit langem nicht mehr: Droht der Krieg gegen den Irak sich möglicherweise zum Dritten Weltkrieg auszuweiten? Gleichzeitig steigt die Sorge vor weltweit wirksamen ökologischen Folgen einer vielleicht auch nur begrenzten Auseinandersetzung. Und diese Menschen werden zunächst recht behalten.

Bei den Hopi geschehen während dessen seltsame Dinge: Schlangen und Frösche zeigen sich im Schnee und eine gelbe Blume, die „im Schnee des Mittwinters (Dezembermond)“ blüht. Diese und „andere uralte prophezeite Zeichen und Omen“ veranlassen den Hüter der heiligen Steintafel des Feuer-Clans ebenso wie die drohende kriegerische Auseinandersetzung im Nahen Osten, aktiv zu werden. Er weiß jetzt, dass er handeln und erstmals an die Öffentlichkeit treten muss.

Am 20. November 1990 ist es so weit: Mit Hilfe von Banyacya Sr. richtet der Hopi Elder *Martin Gashweseoma* an den Gouverneur von New Mexiko, Bruce King, ein Schreiben und bittet ihn um eine Audienz, um mit ihm „Angelegenheiten zu erörtern, die die Bestimmung dieser Nation betreffen, wie es in den Anweisungen geoffenbart ist, die uns durch unsere uralten Vorfahren überliefert worden sind“. Gashweseoma ist Hotevillas Hüter der heiligen Steintafel vom Feuer-Clan. Jenem Feuer, das laut Craig Carpenter bei den Hopi auch als *Maassau'u, Großer Geist* oder *Brennender Busch* und in seinem weiblichen Aspekt als *Changing Woman* (sich verändernde Frau) und *Spider Women* (Spinnenfrau) bekannt ist. „Diese Tafel“, formuliert Gashweseoma weiter, „wurde mir unter dem Schutz der höchsten Autorität anvertraut, bis die Zeit des letzten Stadiums unserer Prophezeiung geendet hat. Der Zeichen, dass die letzte Episode begonnen hat, sind viele. Alle Stadien der Hopi-Prophezeiung haben sich bereits zugetragen, ausgenommen das letzte Stadium, die Läuterung. Die Intensität dieser Läuterung wird davon abhängen, wie die Menschheit mit der Schöpfung zusammenarbeitet. Denn durch die Zusammenarbeit mit der Schöpfung werden der Menschheit die notwendigen Kräfte gegeben werden, um die Neue Welt hervorzubringen. Wie es aussieht, hat die moderne Welt keine wirksamen Schritte zur Buße für die Ungerechtigkeiten unternommen, die Land und Leben angetan wurden“.

Die Probleme, die die moderne Welt hat, müssten in diesem Zusammenhang und auf friedfertige Weise gelöst werden, betont Gashweseoma weiter, aber das könne so lange nicht geschehen. als das Rechtssystem der Vereinigten Staaten „nicht das Gesetz des Schöpfers als seine regierende Wesenheit rechtswirksam an erkennt.“ Und nach dem Hinweis, dass der vierte Versuch der Hopi, ihre Friedensbotschaft vor die Vereinten Nationen zu bringen, noch nicht beantwortet wurde: “Nach dem vierten Appell ist Amerika eine letzte Chance gegeben worden, und sie bezieht die Hauptstadt Santa Fe mit ein. Die Nachricht vom Beginn der letzten Phase vor der Reinigung muss Santa Fe überbracht werden, dem ersten Regierungssitz im Westen der USA.“

Bruce King nahm sich trotz seiner Neubestellung und der damit verbundenen zahlreichen Verpflichtungen Zeit: Am13. Dezember 1990 kommt es in Santa Fe im Konferenzraum des Pera-Buildings zu jener historischen Zusammenkunft, in deren Verlauf Martin Gashweseoma betont, dass er keinesfalls erleben möchte, dass irgendeine der Nationen „diesen Krieg verursacht, der für die ganze Menschhheit Zerstörung bringt“, und er bittet den Gouverneur, auf seine eigene Weise, im Rahmen seiner Religion, in seinem Bereich und mit seiner Regierung gemeinsam mit den Hopi nach Wegen zu suchen, um den drohenden Krieg zu vermeiden, um „ein wirklich friedvolles Leben, ein schönes Leben“ wiederherzustellen. „Und das ist meine Hoffnung (...), dieses Land und Leben war für uns der Himmel - ein schönes, sauberes, reines Leben. Und ich hoffe, dass ich zurückkommen und dieses Leben erneut leben werde. Wenn ich wiedergeboren werde, möchte ich diesen Himmel hier auf dieser Mutter Erde vorfinden".

Nach einer kurzen Antwort des Gouverneurs und seiner Frau zeigt ihm Glashweseoma die beiden Steintafeln des Feuer-Clans, die er, in einem rot-weiß gemusterten, um die Hüften gebundenen Tuch eingewickelt, mitgebracht hat: dunkelbraun, in der Größe einer Karteikarte die eine, die zweite nur halb so groß und etwa sieben Millimeter dünn; in beiden Symbole, Linien und andere Darstellungen eingeritzt.

Zuletzt wurden diese beiden Tafeln am 23. Mai 1941 von seinem Vorgänger *James Pongyawma*, der damals schon von Thomas Banyacya Sr. übersetzt wurde, in Phoenix gezeigt. Damals wurde darauf hingewiesen, dass die dicke, große Tafel heilig ist und das Land, für das die Hopi Sorge tragen und ihre Religion repräsentiert; die kleinere, dünne das Zuhause des Feuer-Clans, das ohne das Land nicht existieren kann .

„Die Legende erzählt, dass eines Tages ein Weißer Bruder kommen wird, der imstande ist, die Dinge auf dem Stein zu lesen. Wenn er kommt, werden wir ihn erkennen, und er wird die Hopi und alle anderen Menschen der Erde befähigen, in gleicher Weise am Reichtum teilzuhaben, der uns Lebenden gegeben worden ist. Vorher werden alle Menschen kämpfen. Wir Hopi wurden ermahnt, uns von diesem Kampf fernzuhalten. Der Kampf wird jedoch alle Menschen der Erde in dieselbe Position versetzen. Dieser Weiße Bruder wird die einzige Person sein, die imstande ist, die ganze und wahre Bedeutung des Steins zu erzählen." Das berichtete damals James Pongyawma der Zeitung *Arizona Republic*. Pongyawma hatte die Tafeln von Yukiuma, dem Gründer von Hotevilla übertragen bekommen, der sie seinerseits 1911 dem US-Präsidenten Taft in Washington gezeigt und vor der Zerstörung der Kultur der Hopi gewarnt hatte. Neben dieser heiligen Tafel des Feuer-Clans gibt es noch eine des Bären-Clans, deren Zeit aber noch nicht gekommen ist.

1990 warnt der neue Hüter der Feuer-Clantafel, Martin Gashweseoma, durch den sie damit zum dritten und letzten Mal gezeigt wird, wie er betont, dass, „wenn nicht bald etwas getan wird, um mehr Natur- und moralischen Katastrophen vorzubeugen, die Erde sich selbst von ihren Verschmutzern reinigen wird - einschließlich der menschlichen Lebewesen". Und er verweist auf das unmissverständliche Zeichen der Wale, die sich selbst stranden lassen, um die Menschheit zu bitten, die Meere zu reinigen. Es bleibt aber nicht genug Zeit beim Gouverneur, um ihm mehr darüber zu berichten. Als Geschenk erhält dieser eine Kürbisrassel, wobei Banyacya Sr. erläutert: „Diese Rassel repräsentiert die Welt, auf der wir leben. Und der weiße Griff bedeutet: Wenn eine Person sich selbst für drei oder vier Tage läutert und dann die Rassel schüttelt, gibt sie acht auf diese Mutter Erde; sie übernimmt die Verantwortung, dieses Land und Leben im Gleichgewicht zu halten." Aus diesem Grund, so Banyacya Sr. weiter, würden die Hopi dem Gouverneur diese Rassel schenken, damit er mit ihnen Land und Leben beschützt und so hilft, das gute Leben wieder herzustellen.

Bei den abschließenden Fragen der anwesenden Journalisten erklärt er auch die Bedeutung des Kreises mit einem Zentrum in der Mitte: „Wenn wir beim Gebet um das Zentrum einen Kreis bilden, vertritt der Kreis alle Menschen der Erde. Und der Mittelpunkt ist wie der Spirit, der Lebensfunke in jedem von uns, der uns mit der Macht des Großen Geistes, der Macht der Natur verbindet. Deshalb hoffen wir, wenn wir beten, dass die Menschen rund um die Welt dasselbe tun." Die Menschen sollten in ihrer eigenen Sprache und mit ihrer eigenen Religion ihre Verantwortung für Land und Leben übernehmen, sich dafür zusammentun und eine friedvolle Lösung erarbeiten - nach diesem Weißen Bruder würden die Hopi suchen.

„Die Hopi wissen, dass jetzt die Frauen von Bedeutung sind. Es ist die Rolle der Frauen, wirklich zu helfen, die Läuterung zu bewerkstelligen - gerade so wie eine Frau am Ende einer Tafelrunde: Niemand bringt den Tisch in Ordnung oder macht ihn sauber, welcher nach dem Essen der Leute ein Durcheinander darstellt -

dann muss die Mutter kommen und das aufräumen. Es ist Zeit für die Mütter, das Durcheinander, das auf der Erde herrscht, aufzuräumen!" Dabei geht es darum, dass „dieser Himmel auf Erden wieder hergestellt wird", von dem Martin Gashweseoma sprach, „wie es zu Beginn war - nur besser".

Auch und mit Hilfe der indianischen Soldaten, die sich zwar freiwillig für die militärische Ausbildung gemeldet haben, jetzt aber „als Geiseln der US-Armee" gehalten werden, wie Craig Carpenter in einem Kommentar dazu schreibt. Und er fragt den Leser, ob er ihm helfen wolle, „einen Brief an eine(n) indianische(n) Soldatin/Soldaten zu verfassen" - an „Menschen in Gott *(in-dios)*", um darin darzulegen, dass „das Geheimnis, wie wir für den Soldaten, aber gegen den Krieg demonstrieren können, einfach ist: denn wir wollen den Soldaten erstens nach Hause bitten, um uns zu helfen, den Himmel auf Erden wieder herzustellen; zweitens ihn/sie daher ersuchen, den Auftrag, jemanden zu töten, nochmals zu überdenken und diesen Auftrag mit den Heiligen, Ursprünglichen Indianischen Anweisungen zu vergleichen: *‚Kindern, alten Menschen, Bedürftigen, Leidenden oder irgend jemandem zu helfen und/oder sie zu nähren (und zu versorgen)'*. Und drittens, wenn der indianische Soldat sich entschließt, für den Schöpfer anstelle des Zerstörers zu arbeiten - für den ‚brennenden Busch' anstelle von George Bush; und wenn der indianische Soldat mutig genug ist, allein gegen die derzeit mächtigste Regierung auf Erden aufzustehen, wie es Daniel tat, Yukiuma, Katchongva, Banyacya Sr., (...) Janet McCloud und Mina Lansa (...) und andere getan haben und jetzt tun (...), und entweder entsprechend den Gesetzen der USA den Status eines Wehrdienstverweigerers beantragt und unverzüglich abrüstet oder indem sie/er als ein Kind (Sohn oder Tochter) des ‚WAHREN SCHÖPFERS', das Erste Gesetz dieses Landes anruft, ‚des Schöpfers Gesetz in der richtigen Reihenfolge', wie es andere getan haben, nachdem dieses Eintreten für Land und Leben, auf irgendeine Weise, die Pflicht und Macht jedes Indianers ist -, dann werden wir versuchen, ihm zu helfen."

Wenn, so Craig weiter, sich dieser indianische Soldat entscheidet, dennoch zu töten, so soll er darauf hingewiesen werden,

Der Irokese Craig Carpenter (1927-2006) bei der Johanneskapelle in Pürgg-Trautenfels in der Steiermark 1995

dass kürzlich vier Männer mit Saddam Hussein „die Pfeife geraucht haben“, womit er offensichtlich auf eine Gruppe von Lakota Elders anspielte. „Die Entscheidung liegt nun bei dir, werter Leser, und bei dir, indianischer Soldat. Wenn du mehr Informationen oder zusätzliche Hilfe brauchst, um ‚deinen Platz zu finden‘ (und deine Position durchzustehen, d. A.), dann steht es dir frei, zu Vater Sonne zu sprechen oder zum Wind, oder dem Wasser, das beständig singt: ‚Ich singe in einem fort, ich tanze ständig, ich werde niemals müde und ich bin der stets anwesende Große Läuterer/Reiniger‘; und es steht dir auch frei, zum Fels oder zum Sand zu sprechen, denn ‚Allah hu Akbar‘ - Gott ist der Größte!“

Soweit Craig Carpenter in einem Schreiben vom Februar 1991, in dem er eine entsprechende Briefaktion vorschlug.

Spuren des Großen Geistes

In einem anderen Schreiben wies Craig darauf hin, dass der Große Geist, den die Hopi *Maassau'u* nennen, ihnen nicht nur die Ursprünglichen Anweisungen gegeben, sondern auch Fußspuren hinterlassen hat, die meist denen eines Riesen gleichen und insbesondere an Quellen größerer Wasser, auf Bergen und im Fels zu finden sind. Sie können versteinert oder lediglich zeitlich begrenzt sein und auch heute noch auftauchen, wie es seit den achtziger Jahren im Nordwesten der USA (im Gebiet der Heimat von Yet Si Blue), in Kalifornien bei den Hoopa, auf Borneo (wo die Ureinwohner gegen die Abholzung der Regenwälder kämpfen) und mittlerweile weltweit geschieht.

Auch die Erscheinung von *Big Foot* ist identisch mit *Maassau'u,* dem Wächter und Richter über alles Land und Leben, der jede Gestalt, auch eine menschliche, annehmen kann, um mit uns in Verbindung zu treten. Als mächtigster Geist, so Craig, steuert er die Vier Elemente und ihre jeweiligen vier Aspekte so perfekt, dass es auf Erden beim Auftauchen des Menschen das vielzitierte Paradies gab. Seine Fußspuren sollen an ihn, an seine heiligen Anweisungen und seine Funktion als Richter und Vollstrecker erinnern.
Zu diesen Anweisungen gehört insbesondere ein einfacher, auf dem Boden der Wirklichkeit *(down to earth)* fußender Lebensstil „mit besonderen Zeremonien und Riten oder religiösen Praktiken oder spirituellen Aktivitäten, die die Sterblichen in die Lage versetzen, bewusst mit den Unsichtbaren Wächtern von Land und Leben, die in ihr jeweiliges Gebiet eingepflanzt worden sind, in Verbindung zu sein und hilfsbereit mit ihnen auf gemeinschaftliche Weise zusammenzuarbeiten - auch mit den Vier Elementen selbst -, sodass diese Sterblichen helfen können, soviel Leben wie möglich in ihrem Heimatgebiet hervorzubringen und nicht bloß menschliches Leben, sondern alle Formen von Leben.“ Dazu gehören auch „ein stabiles, gerechtes und heiliges Wirtschaftssystem, gerechte und heilige Erholungsformen, eine gerechte, heilige und deshalb vollständige und perfekte politische Organisation und deren Methode des Funktionierens“.

Die Regeln, die Verfügungsgewalt und Verantwortung dafür wurden allen ursprünglichen Nationen und denjenigen Nachkommen, die dafür bereit und fähig waren, gemeinsam mit einer eigenen Sprache, einem eigenen Heimatgebiet und ursprünglicher, oft einzigartiger Nahrung übergeben. Ebenso die Regeln dafür, wie im Falle eines Abweichens die ursprüngliche Ordnung wieder hergestellt werden kann.

Alles das ist auf den Steintafeln der Hopi in Form von Symbolen und durch mündliche Überlieferung heute noch nachvollziehbar. Deshalb enthalten die Zeichen auf den Tafeln der Hopi auch den biblischen „Zehn Geboten“ Vergleichbares und sie warnen davor, „dass das Ende dieser Ära über uns ist“. Schließlich seien die Warnungen der Tafel vor dem „Weltenende“ den Offenbarungen in der christlichen Bibel gleich, denn „sie kommen vom selben Spirit“, wie Banyacya Sr. einem Reporter gegenüber bemerkte. Der „Tag der Reinigung“ *(day of purification)* würde „entweder mit einer völligen Wiedergeburt oder einer völligen Vernichtung“ enden. Und Gashweseoma formuliert noch einmal deutlich, worauf es den traditionellen Hopi - und damit allen Menschen guten Willens - ankommt: „Einmal beginnt die Menschheit, das Land zu reinigen, dann wird ein neues Leben wieder entstehen, wie wir es vorher hatten. Wir lebten in einem Land, das ‚Himmel‘ genannt wurde. Wir hoffen, dass das wieder hergestellt wird.“

Um dazu beizutragen und eine völlige Vernichtung der Menschheit und nahezu aller Lebewesen der Erde zu verhindern, ist Martin Gashweseoma mit den ihm überantworteten Tafeln des Feuer-Clans nach Santa Fe aufgebrochen. Mit ihm sein Sohn Ronson und Manuel Hoyumgowa aus Hotevilla, Banyacya Sr. als Übersetzer und Ausleger mit seinem Sohn Thomas Jr. aus Kykotsmovi und der Elder Jose Lucero vom Santa Clara Pueblo in New Mexiko, unterstützt vom weißen Hopi-Kenner Tom F. Tarbet Jr. aus Santa Fe und anderen Helfern. Die folgende Erklärung gab Gasheseoma am Tag nach dem Treffen mit Gouverneur Bruce King ab, um alle bedeutenden Fragen und Anliegen in überarbeiteter Form einer möglichst großen Gruppe von Menschen zugänglich zu machen.

Dasselbe gilt für die Presseerklärung, die noch einige weitere Aspekte bringt.

Mein besonderer Dank gilt Craig Carpenter für die Zusendung der Unterlagen und allen sichtbaren und unsichtbaren Helfern.

Ich habe nichts gekürzt oder umformuliert, um die folgenden Botschaften so unverfälscht wie möglich an Menschen zu vermitteln, die nicht an wohlklingenden Worten, sondern an der Wahrheit interessiert sind. In diesem Sinn verdienen die folgenden Seiten unsere volle Aufmerksamkeit.

Die öffentliche Erklärung des Hüters der Steintafeln des Feuer-Clans der Hopi

Der vorliegende Text wurde am 14. Dezember 1990, am Tag nach seiner Audienz beim Gouverneur Bruce King, von Martin Gashweseoma auf Band gesprochen, von Banyacya Sr. übersetzt und erklärt und anschließend mit Erläuterungen und Berichtigungen von Gashweseoma und seinen Reisebegleitern versehen.

Eine erste vollständige, aber nicht ergänzte amerikanische Fassung wurde im US-Magazin *The Light, A Magazine of the Heart,* im März 1991 veröffentlicht. Eine Kurzfassung, mit einem Kommentar versehen, erschien in der Monatszeitschrift *The Santa Fe Sun* bereits im Januar 1991, verfasst von Tom F. Tarbet Jr., der sich mit Craig Carpenter und anderen um die Verbreitung dieser Erklärung verdient gemacht hat. In den Mitteilungen des Vereins *Für die Erde, für das Leben* wurde im März 1991 erstmals eine deutsche Übersetzung in verkürzter Form bekannt gemacht, eine überarbeitete Version davon im Juli 1991 im deutschen Magazin *Esotera.*

Die vorliegende Übersetzung ist die erste vollständige deutsche Fassung, auch hinsichtlich der von Craig Carpenter vorgenommenen Ergänzungen.

Ich bin der Hüter der heiligen Steintafeln des Feuer-Clans im Dorf Hotevilla. Diese Tafeln repräsentieren unseren uralten Rechtsanspruch auf dieses Land, der bereits lange vor der Ankunft von Columbus bestand und bis zum heutigen Tag niemals abgetreten wurde. Sie wurden mir unter dem Schutz der höchsten Autorität anvertraut, um behalten zu werden, bis das letzte Stadium unserer Prophezeiungen vollendet ist. Die Zeichen, dass wir in dieses letzte Stadium eingetreten sind, sind nun klar.

Martin Gashweseoma (rechts) mit den Steintafeln des Feuer-Clans: in seiner Rechten die große, heilige Tafel. Sein Sohn Ronson hält das rotweiß gemusterte Tuch, in dem die Tafeln aufbewahrt und tansportiert werden.
(Foto: Marcia Keegan)

In Erfüllung meiner spirituellen Anweisungen musste ich nach Santa Fe kommen, der ältesten europäischen Hauptstadt auf unserem Land, um den Menschen der Vereinigten Staaten von Nordamerika und der gesamten Menschheit eine letzte Möglichkeit anzubieten, mit den Kräften der Schöpfung zusammenzuarbeiten: um unser Leben zu läutern und für die Welt wieder Frieden herzustellen.

Die eigentliche Ursache der Probleme, die das Leben auf der Erde bedrohen, ist die Auffassung, dass der Rechtsanspruch auf Land (*land title*; „Landrechtstitel“) durch Unterwerfung erworben und aufrechterhalten wird, was *Diebstahl* ist; das ist die Grundursache der Schwierigkeiten, die jetzt alles Leben auf Erden zu beenden drohen. Seit die moderne Zivilisation auf dieser Vorstellung beruht, verfügt sie nicht mehr über den Schlüssel zum Frieden.

Unser ursprünglicher Rechtsanspruch auf das Land der Hopi beruht auf *Erlaubnis*. Wir erhielten diese Erlaubnis von *Maassau'u*, dem Wächter über alles Land und Leben, der es für den Schöpfer verwaltet. Folglich ist unser Landrechtsanspruch durch die Kräfte, die dieses Universum hervorbringen, in Kraft gesetzt worden.

Wahrer, ursprünglicher Landrechtsanspruch der Ureinwohner beruht weltweit - ohne Rücksicht auf Unterschiede hinsichtlich der Kultur und Tradition - auf einer gleichartigen Beziehung. Sich den Rechtsanspruch der Ureinwohner auf Land durch Betrug und Gewalt anzueignen, und dann ein Reich auf dieser Basis zu errichten, bedeutet, sich den Kräften des Lebens entgegenzustellen und die sich als Folge ergebende Zerstörung dieses Reichs sicherzustellen. Die Vereinigten Staaten von Amerika wurden so ein Reich.

Bevor der Weiße Mann von Europa ankam, war alles in Ordnung. Unser Leben war schön und sauber. Das Land war grün und es gab eine Fülle an Blumen, Tieren, Vögeln und Bäumen, Regen und Wolken. Wir lebten in großem Glück, denn wir folgten dem einfachen Leben, das uns von Maassau'u gelehrt worden war.

Maassau'u ist beides: eine reale Person und eine Erscheinung des Schöpfers. Wir trafen ihn als Person nahe dem Platz, wo wir unser Mutterdorf Oraibi errichtet haben, um nach einer langen Wanderung das Land in seinem Namen zu beanspruchen. An diesem Ort gab er uns sowohl die Erlaubnis, hier als Hüter und Treuhandverwalter *(caretaker)* zu leben, als auch das spirituelle Wissen, wodurch die Kräfte des Lebens im Gleichgewicht zu halten sind. Dieses Wissen ist in unseren heiligen Steintafeln eingeprägt.

Aber als die Europäer kamen, zwangen sie unseren Kindern ihre fremde Religion, Kultur und Sprache auf, was eine große Spaltung unter unsere Leute brachte. Als ein Ergebnis dessen wenden sich unsere jungen Menschen von diesem Grundgesetz ab. Sie verstehen es nicht mehr. Sie verstehen nur das Gesetz des Weißen Mannes. Weil sie in diese Situation hineingedrängt worden sind, gibt es jetzt kaum jemanden, der die heiligen Anweisungen erfüllt und die Zeremonien korrekt durchführt, die essentiell für die Lebensweise der Hopi sind. Es gibt immer noch Führer *(leaders)* von verschiedenen Clans, die diese Anweisungen kennen, welche ihren wahren Zweck zu Lebzeiten offenbaren, aber mehr und mehr wenden sie sich ab. Dieses Eindringen von Kräften von außerhalb und der schädliche Effekt auf unsere Aufgabe als Hüter des Lebens sind die Ursache dafür, dass das Leben auf der Erde jetzt so gestört ist.

So wie die Hopi sind andere Ureinwohnervölker quer durch diesen Kontinent auf ihren Platz gesetzt worden und von einem höheren Wesen wurden ihnen besondere Anweisungen gegeben. Jedes Volk hatte besondere Aufgaben, um durch sie das Leben im Gleichgewicht zu halten, die sie noch ausführten, als die Europäer ankamen. Wir wissen, dass diese Fremdlinge einst über gleichartige spirituelle Mittel zur Förderung des Lebens verfügt haben, mit denen sie die hier einheimischen Völker segnen sollten. Aber sie hatten ihre Macht offensichtlich missbraucht. Indem sie die Ureinwohner dieses Landes in ihrer Funktion als Hüter und Treuhandverwalter absetzten, wurden die meisten der hier einheimischen Völker gewaltsam ihrer Kultur, ihrer Sprache und ihrer religiösen Zeremonien beraubt. Diejenigen, die übrig sind, stehen vor der drohenden kulturellen Auslöschung. Offensichtlich sind diese Fremdlinge nicht hier, um zu helfen, sondern um alles zu zerstören, was die Ureinwohnervölker hinterlassen haben - und indem sie so handeln, zerstören sie diese Welt. Die einzige Hoffnung für die Menschheit liegt in der Anerkennung, Respektierung und Wiederherstellung des wahren Landrechtstitels, der nicht von unserer Aufgabe als Hüter des Lebens zu trennen ist.

Aus diesem Grund bringen wir unsere heiligen Steintafeln in die Hauptstadt von New Mexiko nach Santa Fe. Denn es ist die erste ausländische Hauptstadt auf diesem Land; hier müssen Dokumente sein, die die Rechte der ursprünglich einheimischen Völker bestätigen und möglicherweise Informationen bezüglich solcher Steintafeln, wie wir sie mitgebracht haben. Wir möchten sehen, ob irgend jemand nach solchen Dokumenten sucht, indem er überprüft, ob der ursprüngliche Rechtsanspruch der Ureinwohnervölker, einschließlich der Hopi, gemäß den bestehenden neuzeitlichen Gesetzen noch immer bindend ist.

Die Spanier müssen einiges bezüglich des Rechtsanspruchs der Hopi dokumentiert haben. Als die mexikanische Regierung die Herrschaft übernahm, müssen entsprechende Dokumente hinterlassen worden sein, und dasselbe gilt für die Vereinigten Staaten. Es muss einen ganzen Stapel solcher Dokumente geben. Sobald der ganze Stapel umgedreht wird und das Unterste ganz oben liegt, sollte die Suche nicht lange dauern. Die ersten wenigen Dokumente sollten beweisen, dass die Ureinwohnervölker *(the native peoples)* den gültigen Rechtsanspruch auf dieses Land haben und über das Wissen verfügen, durch das es beschützt werden soll.

Die Rolle, die die Fremdlinge zum Schutz für dieses Land zu spielen hätten, sollte ebenso aufgedeckt werden. Es muss Dokumente geben, die zeigen, inwiefern sich die Vereinigten Staaten gegen dieses ursprüngliche Gesetz gewandt haben. Welches Dokument besitzen die Vereinigten Staaten, das besagt, es soll dieses Gebiet beschützen?

Die spanischen, die mexikanischen und die Regierungen der Vereinigten Staaten haben alle um Land von irgend jemandem gekämpft, ohne die ursprünglich einheimischen Völker, die darin leben, zu befragen und dann irgendeine Art von Dokument geschaffen. Aber was ist mit den Rechten der ursprünglich einheimischen Völker? Wer hat die Fähigkeit, darin Einblick zu nehmen und dafür zu sorgen, dass die Grundrechte der Hopi und anderer Ureinwohnervölker wiederhergestellt werden?

Das ist der Schlüssel zum Problem, das alles Leben auf Erden bedroht. Wenn jemand diese Informationen aufdecken kann und sie vor die Welt bringt, könnte es möglich sein, die Zerstörung der Kulturen der Ureinwohner ins Gegenteil zu verkehren, die der Verwüstung, die nun unsere gesamte Welt bedroht, zugrundeliegt.

Die Großmächte der modernen Welt müssen begreifen, dass, wenn sie der Bestrafung, die vor uns liegt, entgehen wollen, alles, was sie den Ureinwohnervölkern rund um die Welt antun, korrigiert werden muss. Diejenigen, die Macht auf Kosten der Ureinwohnervölker anhäufen, denken, sie verfügen über ein gottgegebenes Recht, aber indem sie so handeln, steigern sie die Bedrohung allen Lebens. Und obwohl sie nun diese Bedrohung erkennen, sind sie machtlos, sie auf irgendeine Weise umzukehren, außer sie hören auf, Jagd auf die Ureinwohnervölker zu machen.

Wir sind hierher gekommen, um die Saat der Verwirklichung dessen zu legen, was den Kurs der ganzen Menschheit von der Katastrophe wegbringen könnte. Eine Untersuchung innerhalb des Gebiets der gegenwärtigen Hopi-Dörfer würde allen Ureinwohnervölkern zugute kommen. Mehr noch: Denjenigen, die jetzt auf Kosten des Landrechtsanspruchs von Ureinwohnern leben, würde dadurch die Chance gegeben, ihren Fehler zu berichtigen und die schrecklichen Folgen abzuwenden, die vor langem von den Hopi vorausgesehen worden sind und heute bereits zutage treten. Dies würde auf die eine oder andere Art und Weise der ganzen Menschheit zugute kommen.

Weil unser wahrer ursprünglicher Landrechtstitel unentbehr lich für unsere Rolle ist, dieses Land und Leben im Gleichgewicht zu halten, haben wir diesen Rechtsanspruch niemals durch die Unterzeichnung eines Vertrags mit der Regierung der Vereinigten Staaten aufs Spiel gesetzt. Wir haben ihr niemals die Vollmacht verliehen, unsere Kultur zu zerstören und uns unser Land wegzunehmen; noch haben das die anderen ursprünglich einheimischen Völker getan. Dennoch wird es hier und weltweit ausgeführt.

Heute werden die Hopi genötigt, unter Gesetzen zu leben, die von Washington, D. C. kommen; wie diejenigen, die das *Büro für indianische Angelegenheiten (BIA)* und der sogenannte „Hopi-Stammesrat" *(„Hopi Tribal Council")* ohne Einwilligung der wirklich traditionellen Menschen geschaffen haben. In Verletzung unserer spirituellen Lehren haben diese Vertretungen befestigte Straßen, Wasserleitungen, Abwasserkanäle und den Bau von Häusern befürwortet, die durch Regierungsprogramme finanziert werden. Sie haben solche Dinge auch Hotevilla aufgedrängt, dem Dorf, das wir 1906 gegründet haben, um den Hopi-Weg vor solchen Einmischungen zu schützen.

Sie zerteilen unser Land in kleine Parzellen, beschlagnahmen unseren Viehbestand und erlauben, dass dem Land seine Erzlagerstätten entzogen werden. Mit dem Grundwasser wird Raubbau betrieben und das Land trocknet aus. Uran-Tagebauminen verseuchen das Gebiet mit Radioaktivität und verursachen die Geburt vieler missgebildeter Babys. Das zeigt, was den Ureinwohnern überall in der Welt widerfährt.

Diejenigen, die solchen Missbrauch aufrechterhalten und die zahllosen modernen Menschen, die davon reich werden, haben wahrhaftig keinen Landrechtsanspruch. Sie errichten ihre Macht durch Ressourcen, die sie sich mit Gewalt angeeignet haben; dann nützen sie diese Ressourcen, um ihre Macht zu steigern und noch mehr an sich zu reißen. Seitdem sie den wahren, ursprünglichen Rechtsanspruch der Ureinwohnervölker als wertlos betrachten, behandeln sie uns wie Tiere, die schikaniert werden. Aber sobald die Läuterung, wie sie in unserer Tradition (den heiligen, Ursprünglichen Anweisungen) vorhergesagt wird, Gestalt annimmt, werden auch sie schikaniert werden. Sie werden sich selbst überall ungeachtet vorfinden; genauso, wie sie andere nicht geachtet haben und ihre Macht wird zusammenbrechen. Bald werden sie sehen, wie wenig Macht und Autorität sie wirklich haben.

Wir hoffen. sie beachten unsere Warnung um ihrer selbst und der Ureinwohnervölker willen, die nichts mehr wünschen, als sich selbst friedvoll zu lenken, ohne von irgend jemandem diktiert zu werden. Ein Teil des Auftrags, den wir vom Schöpfer durch Maassau'u empfangen haben, ist es, diese Warnung der Welt zu verkünden.

Wir Hopi wissen, dass unser wahrer Weißer Bruder kommen und uns helfen soll. Er hat eine Steintafel, die seinen eigenen Rechtsanspruch und seine Macht innerhalb des Plans des Schöpfers repräsentiert. Wenn er sie mit unserer Tafel des Feuer-Clans zusammenlegt, kann er die Naturkräfte auffordern, die Welt zu reinigen. Wenn die Aufgabe der Reinigung diesen Naturkräften überlassen wird, könnten wir alle ausgelöscht werden. So liegt es an allen Menschen, sich selbst freiwillig zu läutern (*bevor* der wahre

Weiße Bruder hierherkommt, Anm. von Craig Carpenter).

Uns war ebenso bekannt, dass, wenn der falsche Weiße Bruder ankommen sollte, einer, der seinen spirituellen Pfad verloren und daher keinen Rechtsanspruch hat (keinen auf Land, keine Autorität über irgendein Gebiet), dass er Elend und Zerstörung bringen würde. Aber wenn die Weltprobleme groß genug werden, wird dieser falsche Weiße Bruder sein eigenes Überleben bedroht vorfinden. Wohin wird er sich wenden? Er schlägt vor, die Welt dadurch zu retten, indem er jeden zum Übertritt dazu veranlasst, was *er* „Demokratie" nennt; aber kann gerade er sie nützen, um sich selbst zu retten? Wir hören, dass „Demokratie" Lenkung durch das Volk bedeutet. Dennoch hat er einen Punkt erreicht, wo lediglich drei Menschen, nämlich der Präsident, der Außen- und der Verteidigungsminister einen Krieg gegen jede Nation beginnen können, die sich nicht ihren Wünschen fügt, ohne Rücksicht auf den Willen des Volkes, des Kongresses oder auf bestehende Gesetze.

Wir Hopi wissen nicht, was das Wort „Demokratie" bedeutet. Der „Hopi-Stammesrat", der von den Vereinigten Staaten etabliert wurde, sollte eine demokratische Einrichtung sein, aber in Wirklichkeit ist er nur ein Werkzeug, durch das unsere Leute genötigt werden, sich Programmen zu fügen, die in Washington geplant werden. Die Angebote an Geld, an Jobs, eines besseren Lebens und so fort bedeuten in der Tat, die Kontrolle über ihr Land und Leben durch Unterschrift abzugeben.

Solch eine falsche Demokratie wird über die ganze Welt verbreitet. Im Namen der Demokratie übernimmt die US-Regierung die Aufsicht über Gebiete der Ureinwohner *(native lands)*, beutet die Bodenschätze aus, um großen Reichtum zu erzielen, benützt dann diesen Reichtum, um Ureinwohnervölker anderswo durch Bestechung dazu zu verleiten, Verträge zur Entwaldung ihres Landes zu akzeptieren oder um Armeen zu kaufen, um „aufständische" Ureinwohnervölker wegen ihres Landes umzubringen.

Der Aufmarsch von Armeen, um im Ausland die Freiheit der Angehörigen von Diktatoren zu beschützen, verursacht den Verlust eben dieser Freiheit. Es ist die Aufgabe der Hopi, jeden, den es betrifft, zu warnen, dass das - auch im Namen der Freiheit - zweifellos zu einem Dritten Weltkrieg führen wird, viel schlimmer als die ersten beiden; einer, der vielleicht kaum Leben auf der Erde übriglässt und, entsprechend den prophetischen Anweisungen der Hopi, tatsächlich *alles* menschliche Leben auf Erden zerstört. Das ist der Grund, warum uns unsere Religion den Militärdienst verbietet, auch wenn wir einberufen worden sind.

Heute wird die amerikanische Bevölkerung gelehrt, wie man sich fühlt, wenn man als Geisel gehalten wird. So haben wir uns gefühlt, nachdem wir bis zum heutigen Tag als Geiseln gehalten worden sind. In Wahrheit wird jeder in dieser Armee durch die Regierung als Geisel gehalten. Junge Menschen, die ein langes Leben zu leben wünschen, werden gezwungen, in der arabischen Wüste zu leiden. Wir wissen, dass sie im Begriff sind, in einem Krieg verheizt zu werden, wenn sie nicht innehalten. Es liegt am Präsidenten, die Truppen, die er in den Nahen Osten geschickt hat, zurückzurufen. Ihnen allen muss erlaubt werden, dieses Schicksal zu verweigern und heimzukehren. Es ist besonders dringend, dass alle Ureinwohner, die betroffen sind, sofort nach Hause kommen.

Die gegenwärtige Ausbildung der Kinder der Hopi zu modernen Wegen hin ist eine Fortsetzung der Politik der zwangsweisen kulturellen Eingliederung, die begann, als unsere Kinder zuerst entführt und in Schulen hineingezwungen wurden. Der Versuch, die Schulen umzuändern, um so die Hopi-Kultur zu fördern, zerstört die Kultur der Hopi noch mehr. Anstatt zur richtigen Jahreszeit auf der Plaza zu tanzen werden die Hopi-Kinder gelehrt, ihre Tänze in der Schule aufzuführen; außerhalb des natürlichen Zyklus, ungeachtet ihrer Bedeutung und ohne die traditionelle Vorbereitung durch die ganze Familie.

Das zerstört genau die Harmonie, die diese Tänzer meinen aufrecht zu erhalten. Vor einer Einmischung dieser Art wurde unser Gemeinschaftsleben durch die Verwandtschaft zwischen den religiösen Bünden zusammengehalten - jeder entsprechend einem sorgfältig beachteten Gleichgewicht zwischen den speziellen Qualitäten jedes Clans zusammengestellt -, die zusammen mit den Zyklen der Natur tanzen. Die Zerstörung dieses Musters erklärt die seuchenartige Verbreitung von Vergehen und Kriminalität, deren

Zeuge wir heute sind.

Wir wissen, dass die Regierung nichts mehr mit den Schulen zu tun haben möchte, aber anstatt sie zu schließen versucht sie diese den „fortschrittlichen" Hopi zu überantworten, die bereits ihre Tradition verloren haben. Sie sollten die Schulen einfach schließen und uns zu unseren ursprünglichen Methoden der Ausbildung der Jugend zurückkehren lassen, die bereits sehr fortschrittlich waren - die *wirkliche* Ausbildung, von der wir weggezerrt worden sind. Wir haben es nicht nötig, aus Büchern zu lernen. Wir haben bessere Methoden, durch die Kinder lernen können, wie sie in Frieden leben, wie sie Pflanzen und Tierfährten erkennen und letztlich lernen, die Welt im Gleichgewicht zu halten.

Wenn die Schulen geschlossen werden, dann müssten diejenigen Familien, die wollen, dass ihre Kinder die englische Sprache lernen, wegziehen, Geld verdienen und für diese Ausbildung selbst aufkommen. Dafür ist Yukiuma eingetreten, als er 1906 die heiligen Steintafeln des Feuer-Clans mitbrachte und die Gründung unseres Dorfes in Hotevilla leitete.

Es gibt ein Dokument des Mennoniten-Missionars H. R. Voth, das den Beweis für die hervorragende Qualität der Ausbildung erbringt, deren Zeuge er unter den Kindern von Hotevilla wurde, nachdem dieses neue Dorf errichtet worden war. Sie lernten nicht nur die Tierfährten zu lesen, sondern auch viele Gesänge, Tänze, Zeremonien und Malereien; alles, was sowohl zu einem guten Gedächtnis als auch zu einem grundlegenden Verständnis des Friedensweges beiträgt.

Der Beweis dafür, dass diese Ausbildung wirklich funktioniert, wird durch die Tatsache erbracht, dass wir niemals Gefängnisse, Gerichte, Polizei, Spitäler oder komplizierte Verwaltungssysteme benötigt haben, um Dinge im Zaum zu halten. Es gab kaum irgend eine Krankheit, denn wir lebten nur von der Nahrung, die wir „organisch" (auf natürliche Weise) anbauten - ohne chemische Präparate. Jede Krankheit, die auftauchte, konnte durch Zeremonien und Kräuter geheilt werden. Sogar heute gibt es alte Leute, die so kräftig sind, dass man mit ihnen nicht Schritt halten kann, wenn man versucht, ihnen auf einen Hügel hinauf zu folgen.

Jetzt, wo unser Land nach und nach von der Regierung zerschnitten wird, beginnt dieses schöne Leben zu verschwinden. Die gegenwärtige Teilung unseres Landes mit den Navajo, die die Vereinigten Staaten durch ihre Gerichte und ihre Polizei erzwingt, ist offenbar ein Mittel, sich der völligen Herrschaft gerade über das Land zu bemächtigen, das vermeintlich den Hopi zugestanden wurde. Denjenigen Hopi, die in neue Gebiete weggesiedelt wurden, ist es lediglich gestattet, dieses neue Land vom „Hopi-Stammesrat“ zu pachten.

Vor lediglich wenigen Jahrhunderten gab es keine Navajo hier. Wir wurden gegen Norden von den Paiute beschützt, die viele Wörter von unserer Sprache lernten. Später kamen die Navajo. Seitdem sie oft durch Raubzüge überlebten, wurden sie für die spanischen und später für die amerikanischen Siedler zu einem Problem. Die Amerikaner reagierten, indem sie unter Kit Carson alle Navajo umzingelten und in Gefangenschaft brachten. Später gaben sie ihnen durch den Vertrag von 1868 einen Teil des Heimatlandes der Hopi. Nachdem bekannt wurde, dass das Land, das den Navajo zugeteilt worden war, kostbare Ressourcen enthielt, ließen die Vereinigten Staaten sie dort wegziehen - anstatt der Vertragsbeschränkung Geltung zu verschaffen, dass sie dort bleiben -, schufen dann für sie eine andere Reservation auf dem Land der Paiute und schafften die Paiute fort. Als die Navajo sich auf das Gebiet der Hopi ausdehnten, schuf die Regierung für jene lieber noch eine andere Reservation auf dem Land der Hopi, als sie auf das Land der Paiute zurückzudrängen.

Mit der Entdeckung von Bodenschätzen in diesem Gebiet kam die Verabschiedung des Bundesgesetzes P. L. 93-531, das nicht von den wahren Führern der Hopi *(the true Hopi leaders)* erbeten, sondern durch den „Hopi-Stammesrat“ über Rechtsanwälte eingebracht wurde, indem sie vor der Welt die falsche Vorstellung erweckten, dass die Hopi bestimmte Gebiete ihres Landes der Regierung durch Verkauf übergeben oder Abbaulizenzen für Bodenschätze genehmigt hätten.

Das Bundesgesetz P. L. 93-531 teilt unser Land noch immer, indem es verlangt, dass sowohl Hopi- als auch Navajofamilien zwangsabgesiedelt werden und die künstliche Grenze zwischen Hopi und Navajo durch einen Stacheldrahtzaun gezogen wird. Unsere Elders haben lange vor der Zeit gewarnt, in der eine Linie um unsere Füße gezogen werden könnte, die uns nicht mehr Land als dieses zugesteht; was tatsächlich bedeutet, dass wir überhaupt kein Land mehr haben würden. Diese Zeit ist nicht mehr fern.

Wir möchten, dass jeder weiß, *dass die Navajo nicht diejenigen sind, die uns unser Land wegnehmen,* sondern die Vereinigten Staaten. Die Hopi und die Navajo schlossen vor langer Zeit Frieden und besiegelten ihre Übereinkunft auf spirituelle Weise mit einem Medizinbündel. Durch die Marionettenregierungen, die „Stammesräte" *(tribal councils)*, die beiden Nationen von den Vereinigten Staaten aufgezwungen wurden, ist die irrige Vorstellung eines Konflikts auf der Grundlage des trügerischen, modernen Konzepts eines Landrechtsanspruchs geschaffen worden.

Diese kurze geschichtliche Darstellung zeigt, wie uns unser Land weggenommen worden ist. Warum geschieht das? Es geschieht durch jüngere Hopi, die durch ausländische allgemeine Schulpflicht ihrer Tradition beraubt und willkürlich durch den „Hopi-Stammesrat" ermächtigt wurden, für ihre ganze Nation zu sprechen, obwohl sie sich niemals mit ihren ursprünglichen Führern *(leaders)* beraten haben. Würdest du es deinen Kindern gestatten, die Liegenschaften deiner Familie durch Unterschrift abzutreten, ohne es dich auch nur wissen zu lassen? Genau das macht der „Hopi-Stammesrat".

Landrechtsanspruch *(land title)*, der auf solcher Täuschung und Nötigung beruht, ist Diebstahl von genau den Kräften, die uns Leben verleihen. Seitdem der Großteil der modernen Zivilisation auf einem solchen vorgetäuschten Anrecht beruht, kann sie sich bloß selbst zerstören. Die schwerwiegenden Probleme, denen sich nicht nur die Menschheit, sondern jede Form des Lebens auf der Erde gegenüber sieht, dienen als Warnung, dass die Zeit der Zerstörung bevorsteht.

Wir können nicht länger fliehen. Wir müssen der Grundursache dieser Situation nachgehen. Deshalb handle ich jetzt, um die Aufmerksamkeit der Welt auf die wahre Natur des ursprünglichen

Landrechtsanspruchs zu richten, der allein den Schlüssel zum Weltfrieden beinhaltet. Der Landrechtsanspruch der Hopi beruht auf unserer Übereinkunft mit dem Schöpfer, dem wahren Eigner des Landes, durch unser Treffen mit Maassau'u, um als seine Hüter und Treuhandverwalter zu dienen. Das erfordert unverfälschtes Wissen über die Muster, durch die Menschen in Frieden zusammenleben können, ohne sich auf den Gebrauch von Gewalt zu verlassen. Diese Art von Leben kann für immer bestehen.

Deshalb, um der Nationen der Ureinwohner willen, die mit uns heute übriggeblieben sind und um aller Menschen willen, die sich verändert haben, um ihre Wege zu berichtigen und diese Harmonie wiederherzustellen, die Leben in dieser Welt befähigt fortzubestehen, bin ich nach Santa Fe gekommen - der ersten europäischen Hauptstadt, die auf unserem Land errichtet worden ist -, um dringend zu bitten, dass diese Dokumente, die die wahre Natur unseres Rechtsanspruchs auf dieses Land enthüllen könnten, ermittelt und aufgedeckt werden und, um unser Wissen über den Weg des Friedens euch zur Verfügung zu stellen.

Wir hoffen, dass das, worum wir bitten, bald zustandege bracht wird, und dass diejenigen, die aufrichtig diese große Krise zu lösen wünschen, von unserem Wissen Gebrauch machen.

Ein Hopi-Friedenskonzept

Presseerklärung von Martin Gashweseoma aus Hotevilla, erstellt am 14. Dezember 1990 in Santa Fe
Von Banyacya Sr. aus dem Hopi ins Englische übersetzt

Als Hüter der uralten Tafel des Feuer-Clans halte ich meine Pflicht für erfüllt, so wie es von unseren Vorfahren prophezeit worden ist. Die Tafel repräsentiert göttliches Gesetz, unseren vorkolumbianischen Landrechtsanspruch: eine Erlaubnis, die uns von Maassau'u anvertraut worden ist, dem Wächter über alles Land und Leben für den Schöpfer.

Am 13. Dezember 1990 kam ich mit Gouverneur Bruce King in Santa Fe (New Mexiko) zusammen, um ihm die heilige Steintafel zu zeigen und ihn vor der gefährlichen Zeit zu warnen, die nun über uns kommt. Die Spirale der zerstörerischen Wege gegen die Ureinwohner, die dem Gesetz des Schöpfers folgen, indem sie ein einfaches Leben im Gleichgewicht und in Harmonie mit der gesamten Schöpfung leben, begann in Santa Fe. Es begann mit der spanischen Invasion und gerät weltweit außer Kontrolle. Es war sehr dringend, diesen Platz aufzusuchen und eine andere Spirale in Gang zu setzen, die zum Weg des Schöpfers zurückkehrt - eine Spirale des Friedens und der Harmonie für alles Land und Leben.

Wir alle sind Hüter und Treuhandverwalter *(caretaker)* der Erde, indem wir mit unseren eigenen Handlungen auf das Gleichgewicht der großen Zyklen der Natur einwirken, was Gedeihen oder Unheil herbeiführt. Unsere Anweisungen von Maassau'u lauteten, niemals zu töten oder Kriege zu führen - trotzdem sind unsere jungen Männer zum Kriegführen weggebracht worden und stehen vor einem anderen im Nahen Osten. Ich schicke meine Kinder nicht fort, damit sie kämpfen und töten. Wenn sie wollen, so ist es ihre Sache, aber sie können dann nicht mehr Hopi, Friedfertige sein. Die Wahl des Krieges wird die Zerstörung des Planeten hervorrufen.

Ich bin kein Leader, lediglich eine Person, ein einfacher Bauer und Schafhirte. Mein Onkel Yukiuma war ebenso ein Hüter der heiligen Steintafeln des Schöpfers und gründete 1906 unser Dorf Hotevilla, als zu viele Hopi (in Alt Oraibi, d. A.) den Lebensstil der Weißen übernahmen. Als traditioneller Führer *(leader)* des Dorfes widersetzte er sich dem amerikanischen Druck, die Lehren des Schöpfers aufzugeben und wurde ins Gefängnis geworfen. Vom Gefängnis wurde er 1911 nach Washington zu einer Zusammenkunft mit Präsident Taft gebracht, wo sein Appell im Auftrag der Hopi, die entsprechend dem Weg des Schöpfers lebten, nicht beachtet wurde. Zusammen mit anderen religiösen Führern war er nahezu dreißig Jahre immer wieder im Gefängnis.

Die Hopi sind eine souveräne, unabhängige Nation. Wir haben diese Rechte niemals in einem Vertrag abgetreten, noch gegen die Vereinigten Staaten einen Krieg geführt, oder gegen sie ein Verbrechen begangen. Dennoch leben wir wie Hunde unter eurer Herrschaft. Jeder spricht über Amerikaner und andere, die nun vier Monate lang im Nahen Osten als Geiseln gehalten werden. Wir, die Ureinwohnervölker beider Amerikas, sind seit Hunderten von Jahren als Geiseln gehalten worden. Wer spricht für uns in den Vereinten Nationen?

Unsere Hopi-Prophezeiung sagt drei welterschütternde Ereignisse voraus, die durch bestimmte Symbole identifiziert würden. Die Welt hat bereits die ersten zwei erlebt - den Ersten und Zweiten Weltkrieg, symbolisiert durch *Tawa*, das uralte Sonnensymbol, und die *Swastika*, welche die vier Kräfte darstellt, die aus einem gewöhnlichen Samen hervorkommen. Es wurde uns berichtet, dass „ein Kürbis voll Asche" vom Himmel fallen würde, der alles Land und Leben darunter zerstört, indem er die Ozeane zum Kochen bringt und das Land brennen macht. Dem würde an der Ostküste unseres Landes die Errichtung eines „Hauses aus Glas" *(a house of Mica)* folgen, wo die Führungspersönlichkeiten der Erde miteinander sprechen würden. Wir Hopi sind davon überzeugt, dass die Atombombe der „Kürbis voll Asche" war und das „Haus aus Glas" das Gebäude der Vereinten Nationen ist.

Die prophezeite dritte Phase könnte einen „TAG DER REINIGUNG“ zur Folge haben - eine Kraft, die so mächtig ist, dass zwischen Mittag und Sonnenuntergang die völlige Reinwaschung des Planeten erreicht sein wird, ähnlich der natürlichen Weise, wie eine Person Verschmutzungen vom Körper entfernt. Zur Zeit könnte unsere Hinwendung zu Frieden und Harmonie die Härte der Reinigung verringern. Wie auch immer, wir hören jetzt Furchterregendes über eine Einberufung in den Kriegsdienst im Nahen Osten, Bruder gegen Bruder. Misshandle ein einziges Mitglied der Menschenfamilie und die ganze Familie wird leiden, die ganze Welt.

Wir wissen, dass alle großen Religionen der Welt ihre uralten Prophezeiungen haben. Wir rufen dringend alle Bewahrer von großen Prophezeiungen auf, den Weg des Schöpfers einzuschlagen - den Pfad des Friedens. Diese schöne Erde ist unser Himmel, unsere Mutter. Bevor es zu spät ist, lasst uns sie ehren, indem wir in den Vereinten Nationen ein Konzept für den Frieden, nicht für den Krieg erstellen. Die Wahl liegt bei uns.

Dann hören wir auf, laut zu rufen, und sehen, was geschieht

Der Hopi-Sprecher kündigt das Ende seiner Mission an

Die Bemühungen Gashweseomas zeigen erste Früchte: Schon am 28. Dezember 1990 kommt es im New Yorker UNO-Gebäude, Raum S 3780 D, zu einer persönlichen Aussprache mit John L. Washburn, dem geschäftsführenden Leiter des Büros des Generalsekretärs. Seine Gäste sind Banyacya Sr., Oren L. Lyons, der im Auftrag von Banyacya Sr. und der Haudenosaunee Protokoll führt und auch den verhinderten Tadodaho Leon Shenandoah vertritt, und Lewis Jarvis, ein Buddhist aus Massachusetts, der um ein Treffen der Hopi mit UN-Generalsekretär Perez de Cuellar gebeten hatte. Die Zusammenkunft, die von 10.00 bis 12.30 Uhr gedauert hatte, sollte dazu dienen, das Auftreten der Hopi in der UNO-Generalversammlung vorzubereiten.

Im Laufe des Gesprächs mit John L. Washburn zitierte Oren Lyons einleitend einige der Offenbarungen des Seneca-Propheten *Handsome Lake* von 1799: „Die Erde wird mit Rauch bedeckt sein ... und Wasser schmutzig und ungeeignet zum Trinken ... und Pflanzen werden keine Früchte tragen ...“

Lyons betonte den Zusammenhang dieser prophetischen Worte mit den gegenwärtigen Ereignissen und wie sie mit den Prophezeiungen der Hopi übereinstimmen und sie bekräftigen.

Banyacya Sr. gab dann einen Überblick über seine Aufgabe und betonte, dass die Elders, die 1948 in Shungopavi zur viertägigen Beratung über die Prophezeiungen zusammengekommen waren, „die letzte Gruppe darstellten, die völlig vertraut mit ihrer Geschichte war“. Und weiter: „Wenn die Hopi in ihrem Bemühen erfolglos bleiben, ihre Botschaft in das Haus aus Glas zu bringen, dann ergreifen andere mächtige spirituelle Kräfte die Initiative, und Naturkatstrophen, Erdbeben, Hochwässer und Überflutungen sowie Dürrekatastrophen werden stattfinden. Wir werden nach Westen Ausschau halten, von wo die Läuterer kommen, die rote Umhänge und rote Hüte tragen, vom Himmel regnen und das Land reinigen. Sie werden danach fragen, wer für das, was den Indianern angetan wurde, verantwortlich ist und diese Menschen in zwei Gruppen teilen, damit sie bestraft werden. Es wird zu einer Abrechnung kommen."

John L. Washburn, der die Prophezeiungen der Hopi bereits kannte, erwiderte unter anderem, dass die Vereinten Nationen keine der Religionen vor einer anderen bevorzugt behandelten und es daher schwierig sei, die Hopi in der Generalversammlung auftreten zu lassen. Er schlug drei Wege vor, um es dennoch zu ermöglichen: Zu Beginn einer jeweiligen Sitzungsperiode gibt es die Funktion der „Friedensbotschafter" *(peace messenger)*, die allerdings ohne politischen und nationalen Bezug sprechen müssen; schließlich die Mitarbeit im Rahmen der Menschenrechtsabteilung in der *Arbeitsgruppe für indigene Bevölkerungen,* um eine „Universelle Erklärung der Rechte der indigenen Völker" zu verabschieden, deren Bestätigung durch die Generalversammlung allerdings, wie Oren Lyons anmerkte, in nächster Zeit mehr als unsicher ist. Diese Arbeit wurde schon 1977 bei einem ersten Zusammentreffen in Genf begonnen, als im Rahmen einer panindianischen Delegation neben Vertretern der Haudenosaunee auch der Hopi Elder David Monongye (+1986) aus Hotevilla teilnahm. Die dritte Möglichkeit, die Washburn vorschlug, betraf die Mitarbeit im Rahmen einer *Nichtregierungsgebundenen Organisation*, den sogenannten *NGOs*, um so an der Umweltkonferenz 1992 in Brasilien teilnehmen zu können.

Abschließend überreichte Banyacya Sr. sowohl John L. Washburn als auch Oren Lions eine Gebetsfeder.

Nach diesem eher ernüchternden Ergebnis, das im Grunde nichts Neues brachte, schrieb Washburn am 8. Jänner 1991 an Lyons und Banyacya Sr., um ihnen detaillierte Unterlagen zuzusenden. Mehr als einen Monat später, nachdem am 17. Jänner der Krieg gegen den Irak begonnen worden war, verfasste Banyacya Sr. ein Antwortschreiben an Washburn, datiert vom 22. Februar 1991. Er bedankte sich darin und erwiderte: „Wegen der Dringlichkeit aufgrund der Entwicklung im Persischen Golf bin ich zur entschiedenen Auffassung gelangt, dass ich das vierte und letzte Mal an das Tor der Vereinten Nationen anklopfen muss; in der Hoffnung, dass durch Sie und den Generalsekretär der Vereinten Nationen und durch andere Mitglieder erwogen wird, jetzt traditionellen und religiösen Führern *(leaders)* der Hopi das Tor zu öffnen, sodass einer der Elders der religiösen Führer der Hopi kommt und uraltes traditionelles Wissen präsentiert, das die gegenwärtige Situation im Persischen Golf miteinbezieht und der Generalversammlung der Vereinten Nationen präsentiert werden sollte. Ich füge einiges vom jüngst gedruckten Material zu Ihrer Information und als Hilfe bei. Ich hoffe, dass der UN-Sicherheitsrat seinen besonderen Auftrag ausführen wird, um alle Weltprobleme ohne Krieg zu lösen. Ich habe einen Mann mit heiligen Steintafeln zur Verfügung, der bereit ist zu kommen, wenn die Vereinten Nationen ihr Tor der Souveränen Nation der Hopi und anderen Ureinwohnervölkern *(original native peoples)* öffnen."

Es ist bekannt, dass sich der UN-Sicherheitsrat auf Drängen der USA für den Krieg entschieden hat und dass damals weder den traditionellen Hopi noch anderen Ureinwohnernationen eine Redemöglichkeit in der UN-Generalversammlung oder vor dem Sicherheitsrat gegeben wurde. Entsprechend fiel die Antwort der UNO aus, datiert vom 27. Februar 1991, in der sich John L. Washburn auf das Schreiben von Banyacya Sr. bezieht und noch einmal betont: „Da die Vereinten Nationen ein universeller Ort sind, offen für alle Völker, Kulturen und Religionen, ist es sehr schwierig, einen oder einige wenige aus den vielen spirituellen Traditionen der Welt auszuwählen, um durch das Auftreten eines Repräsentanten vor der Generalversammlung oder dem Sicherheitsrat geehrt zu werden. Bitte verstehen Sie das nicht als ein verschlossenes Tor, sondern eher als einen Ausdruck unserer Verpflichtung, das Haus aus Glas zu einem Ort zu machen, wo alle „die Völker der Vereinten Nationen" sich in gleicher Weise zu Hause fühlen mögen."

Abschließend wiederholte Washburn noch einmal die schon am 28. Dezember 1990 aufgezählten drei Möglichkeiten, „das Tor zu öffnen“ und bot dafür seine Hilfe an.

Deutlicher kann wohl nicht gesagt werden, dass die Ureinwohnervölker oder „die ursprünglich Einheimischen“ eines Landes oder einer Region dieser Erde dort, wo in der UNO Politik gemacht wird, auf taube Ohren stoßen. Um genau das geht es aber: Ohne dass die Vertreter dieser Völker ständig in der UNO als Mitglied oder in einer anderen Funktion aktiv sein wollen, möchten sie lediglich einmal ihre warnende Stimme erheben und ihr uraltes Überlebenswissen der Menschheit auf diese Weise zur Verfügung stellen - weil sie wissen, dass es dann seinen Weg um die ganze Erde machen und möglicherweise bei einigen Nationen Gehör finden würde. So bleibt den Hopi und ihren Leidensgefährten in aller Welt nur mehr eine Wahl: ihr eindringliches Rufen nach Gerechtigkeit in diesem Gremium zu beenden und jenen bislang tauben Teil der Menschheit seinem Schicksal zu überlassen, das allerdings mit dem der Ureinwohnernationen und dem Zustand von allem Land und Leben aufs engste verknüpft ist. Vielleicht reicht es noch, wenn sich - in höchster Not - diese Nationen oder deren Regierende an die warnende Stimme der Hopi erinnern und froh sind, wenn es dann noch Hopi Elders gibt, die die beschwerliche Reise nach New York antreten und dort vor der Generalversammlung oder möglicherweise einer Versammlung der Regierungschefs der ganzen Welt sprechen können.

Die letzte Chance, die Amerika und der Welt durch Gashweseoma im Dezember 1990 noch gegeben wurde, fand ihren formellen Schlussakt mit einem Schreiben: Der mittlerweile 82jährige Banyacya Sr. übergab es in New York am 22. Oktober 1991 John L. Washburn persönlich für UN-Generalsekretär Perez de Cuellar, zusammen mit einer Gebetfsreder und heiligem Maismehl. In einem Interview mit der Zeitung *Independent*, veröffentlicht am 7. November 1991 in Gallup (New Mexiko), betonte er, dass er damit seine Mission beendet habe, die ihn mehr als die Hälfte seines bisherigen Lebens beansprucht hatte. Diese vierte Reise nach New York war seine letzte entsprechend seinen Anweisungen, und „wenn er nicht innerhalb von vier Wochen, vier oder acht Monaten“ eine Antwort erhält, weiß er, „dass keine Antwort mehr kommen“ wird. „Dann hören wir auf, laut zu rufen und sehen, was geschieht“, fügte er hinzu *(then we will stop yelling and see what happens)*. „Die Hopi Elders erwarten eine große Reinigung durch Mutter Erde und den Großen Geist, wenn sie keine Antwort von der UNO erhalten.“

Banyacya Sr. bedankte sich in dem Interview auch bei den drei hohen Frauenbünden der Hopi, die im Oktober 1991 „wirkungsvolle Zeremonien ausführten, welche Ende Oktober Regen und Schnee brachten und seiner Reise Kraft verliehen“, heißt es weiter.

Mit dieser letzten Reise hatte Banyacya Sr. endgültig sein Versprechen erfüllt, viermal an die Tore der UNO anzuklopfen. „Ich entbinde mich selbst von diesen Pflichten“, betonte er. “Nun gibt es junge Leute, die übersetzen können - es liegt an ihnen, fortzufahren.“ Damit hat der seit 1948 im Auftrag seiner traditionellen Elders aktive Warner, Dolmetscher, Verkünder und Sprecher aus dem Coyote-Clan der Hopi der bislang offen stehenden Tür einen Stoß gegeben. Ob sie sich ganz schließt, hängt nun nicht mehr von ihm und den Hopi Elders ab, sondern von all jenen Menschen, die lange genug entsprechend den Ursprünglichen Anweisungen angesprochen worden sind. Mit anderen Worten: Jetzt sind wir am Zug.

Das letzte Schreiben des Hopi-Sprechers an die UNO

Es wurde von ihm am 22. Oktober1991 an John L. Washburn, dem geschäftsführenden Leiter des Büros des UN-Generalsekretärs, in New York persönlich überreicht.

Banyacya
Traditioneller Hopi Elder
P.O. Box ll2, Kykotsmovi , Az 86039
22. Oktober 1991

Sg. Herrn Perez de Cuellar
Generalsekretär der Vereinten Nationen, New York, NY

Sehr geehrter Herr Generalsekretär,
ich, Banyacya, ging 1948 gegenüber den Kikmongwis *(leaders)* und anderen religiösen Elders der versammelten Hopi-Clans eine Verpflichtung ein, die Prophezeiung der Hopi und ihre Botschaft des Friedens zu den Vereinten Nationen zu bringen, die ihnen von der uralten Prophe-zeiung als „das Große Haus aus Glas“ an der Ostküste bekannt waren, wo die Nationen zusammenkommen, um die Weltprobleme ohne Krieg zu lösen. Dieses Haus ist zwar auf dem Land der Ureinwohnervölker errichtet worden, dennoch hat es den Ureinwohnervölkern nicht gestattet, in seiner Generalversammlung zu sprechen.

Seit 1948 haben andere Hopi Elders und ich mehrere lange Reisen zu den Vereinten Nationen unternommen; und obwohl es uns nicht gestattet wurde, uns an die Generalversammlung zu wenden, wurden wir von mehreren Personen herzlich empfangen, einschließlich Robert Muller, dem früheren stellvertretenden Generalsekretär, und in jüngster Zeit, am 28. Dezember 1990, von John L. Washburn, dem geschäftsführenden Leiter des Büros des Generalsekretärs. Bei diesem Treffen, an dem Oren Lyons (*Faithkeeper* der Onondaga Nation), Lewis Jarvis und ich teilgenommen haben, wies Herr Washburn darauf hin, dass es mehrere Wege dafür gäbe, dass die Hopi Elders in der Generalversammlung empfangen werden könnten, um die Hopi-Botschaft zu präsentieren, die vor Krieg warnt und für friedliche Zusammenarbeit zwischen Nationen und Völkern der Welt wirbt.

Eine solche Öffnung der Türen des Großen Hauses aus Glas würde die Anweisungen der Kikmongwis und anderer Hopi Elders erfüllen, die 1948 gegeben worden sind. Heute unternehme ich die vierte und letzte Pilgerreise in deren Auftrag, denn das ist die Jahreszeit, wenn die Frauenbünde der Hopi ihre heiligen Zeremonien für Mutter Erde durchführen.

Wie Mutter Erde in der Pein ihrer Misshandlung aufschreit, so füge ich vom Coyote-Clan meinen verzweifelten Aufschrei in ihrem Namen hinzu, in der Hoffnung, dass die Vereinten Nationen bald eine Einladung an Hopi Elders und traditionelle Führer *(leaders)* der Vier Richtungen aussprechen werden. Sobald diese Einladung ausgesprochen worden ist, werden die traditionellen Bünde der Hopi *(Hopi societies)* und traditionelle Führer der Vier Richtungen zusammenkommen, um die geeigneten Repräsentanten auszuwählen, damit sie zu den Vereinten Nationen gesandt werden, wo ihnen die Möglichkeit gegeben wird, ihre mündliche Botschaft des Friedens den dort versammelten Führungspersönlichkeiten der Welt *(world leaders)* zu präsentieren.

Die Hopi und viele andere Ureinwohnernationen haben sich kontinuierlich abgemüht, die Harmonie mit Mutter Erde und dem ganzen Universum durch unsere Lebensweise aufrecht zu erhalten. Die Grundlage für unsere Art zu leben ist die Heiligkeit des Landes, auf dem wir siedeln. Wenn dieses Land weiterhin missbraucht wird, wird die Heiligkeit allen Lebens zusammen mit dem Großteil der Menschheit in einer großen Reinigung durch Mutter Erde und den Großen Geist verschwinden.

Das ist mein vierter und letzter Versuch, die Tür des Großen Hauses aus Glas zu öffnen. Wenn sie nicht unserer bescheidenen Bitte entsprechend geöffnet wird, damit die schwarzen, gelben, roten und weißen Völker für eine friedliche Welt zusammenarbeiten können, dann werden wir zurückkehren, um die unvermeidliche Zeit der Läuterung zu erwarten.

Hochachtungsvoll
Banyacya Sr.
Traditioneller Hopi Elder

Zeichen der Hoffnung

Die UNO lädt erstmals ein

Im Herbst 1992 kam es zu einer überraschenden Entwicklung: Anlässlich der Eröffnung des UNO-Jahres der Ureinwohnervölker 1993 sollten Ureinwohnervertreter aus aller Welt vor der Generalversammlung ein etwa zehnminütiges Statement abgeben. Dank des Einsatzes zahlreicher Helferinnen und Helfer wurde Thomas Banyacya Sr. als einer von zehn indianischen Sprechern für die USA nominiert und schließlich zum Vertreter der USA ernannt. Dem waren intensive Beratungen vorausgegangen, bei denen sich insbesondere die *Assembly of First Nations* in Ottawa (Kanada) und der *World Council on Indigenous Peoples* für Thomas Banyacya Sr. als Vertreter der ältesten spirituellen Tradition beider Amerikas eingesetzt hatten.

Den entscheidenden Schritt machten aber die Hopi-Elders der drei Mesas und von Moencopi. Denn entsprechend den Ursprünglichen Anweisungen sollte ein Führer ihrer höchsten spirituellen Bünde (*Wuwuchim*, *Einhorn* oder *Zweihorn*) zur Generalversammlung sprechen, was jedoch über eine Stunde beanspruchen würde. Da aber die Redezeit auf zehn Minuten begrenzt war, musste eine andere Lösung getroffen werden. Schließlich schlug ein hoher spiritueller Elder von der zweiten Mesa vor, Banyacya Sr. zu autorisieren, innerhalb dieser kurzen Zeitspanne einen Teil der Botschaft vorzutragen. Als dieser Vorschlag Zustimmung fand, wurde Banyacya Sr. von ihm dazu berufen und autorisiert, „eher selbst einen Teil der Botschaft der Hopi der UN-Generalversammlung vorzutragen, statt lediglich die Tür für einen spirituellen Führer zu öffnen“. Das berichtet David Berry, ein enger Vertrauter und engagierter weißer Unterstützer der Hopi in einem Schreiben vom Jänner 1993. Die Elders verbanden mit dieser Vorgangsweise die Hoffnung, zu einem späteren Zeitpunkt die ganze Botschaft präsentieren zu können. Am 10. Dezember 1992 war es so weit.

Gegen 19.30 Uhr kam Banyacya Sr. als letzter der 20 Ureinwohnervertreter aus aller Welt an die Reihe. Von der damals noch 179 Mitglieder umfassenden UN-Generalversammlung waren zu diesem Zeitpunkt allerdings nur mehr rund 20 Delegierte anwesend.

Aufgerufen durch Oren Lyons, der als Tagesvorsitzender und Moderator die jeweiligen Sprecher einzeln vorgestellt hatte, begann Banyacya Sr. mit einem Gebet und einer Vorbemerkung in Hopi. Danach kam er zum eigentlichen Vortrag, der, zur Gänze ins Deutsche übersetzt, in diesem Buch erstmals veröffentlicht wurde. Er ist mit einem Nachwort von David Berry versehen, dem ich für die Zusendung des Textes hiermit danke. Sein unermüdlicher Einsatz hat wesentlich dazu beigetragen, dass die Hopi durch Banyacya Sr. diese Gelegenheit wahrnehmen konnten. Umgekehrt haben die Bemühungen der Hopi, speziell von Banyacya Sr., dort erst die Idee aufkeimen lassen, Ureinwohnervertretern aus aller Welt vor der Generalversammlung eine Redemöglichkeit zu gewähren, wie ein langjähriger UN-Beamter versicherte. Schließlich war es auch zwischen Banyacya Sr. und den anderen Sprechern zu einem kurzen Gespräch mit UN-Generalsekretär Butros Butros-Ghali gekommen, in dem er die Bedeutung dieser Initiative hervorhob.

Die UNO hatte damit ihre Tore ein wenig geöffnet. Nun kam es darauf an, dass sie ihre Tore zur Gänze auch für einen spirituellen Führer der Hopi und für vier spirituelle Führer der Vier Richtungen mit ausreichender Redemöglichkeit so bald wie möglich öffnet, wie die Hopi betonten. Und dass diese Elders vor der gesamten, möglichst vollzähligen Generalversammlung sprechen können. Dann könnten sie ihre Überlebensbotschaft mit allen Völkervertretern teilen - so, wie es ihre Anweisungen vorschreiben. Zur Erreichung dieses Ziels setzte Banyacya Sr. seine Mission fort.

Wie dringend dieses Vorhaben war und dass die Zeit dafür überreif war, berichteten der Sprecher der Hopi und sein älterer Sohn Thomas Jr. zuletzt im September 1992. Damals waren sie auf Einladung des Vereins *Für die Erde, für das Leben* in das steirische Salzkammergut zu einem Mitgliedertreffen gekommen. Beide hatten vorher dank der spontanen Übernahme ihrer Flugkosten durch den Verein am *World Uranium Hearing* in der Stadt Salzburg teilgenommen. Schon dort war von ihnen große Sorge über die Situation der Erde und die Zusammenhänge zur zunehmenden Verseuchung durch Radioaktivität geäußert und die Beendigung des Uranabbaus und der Nutzung von Uran samt seinen Folgeprodukten verlangt worden. Gleichzeitig kam im Rahmen des Hearings das UNO-Anliegen der Hopi vor einem internationalen Forum von Künstlern, Journalisten, Autoren, Wissenschaftlern und Politikern zur Sprache.

Beim Mitgliedertreffen im steirischen Salzkammergut wurde Banyacya Sr. im Namen seiner Elders noch deutlicher. Er erkundigte sich danach, bei welchen Völkern die wissenschaftlich-technischen Grundlagen für den Bau der ersten Atombomben unserer Geschichte geschaffen worden waren. Denn entsprechend den karmischen Gesetzen würden diese Dinge wieder an ihren Ausgangspunkt zurückkehren. Um es kurz zu machen: Es waren die aus Wien stammenden Lise Meitner und Otto Frisch, die in England daran bis zur Entscheidungsreife Anfang 1939 arbeiteten, nachdem die Deutschen Otto Hahn und Fritz Straßmann die Kernspaltung entdeckt hatten, sie aber nicht erklären konnten. Schon im Herbst 1939 wurde Leitners und Fritz' Theorie durch umfassende Arbeiten des Dänen Niels Bohr und seines englischen Partners John Archibald Wheelers ersetzt. Während der unmittelbaren Entwicklung der Atombomben im Rahmen des „Manhattan Projekts" in Los Alamos (USA) konstruierte ein ukrainischer Professor aus Kiew den noch fehlenden Zündmechanismus für die erste Plutoniumbombe. Die Gesamtleitung des Projekts hatte der US-Amerikaner Robert Oppenheimer, der ab Sommer 1944 vom Italiener Enrico Fermi beraten wurde.

Sicherlich ergeben sich daraus Denkanstöße für die Ausforschung jener Nationen und Kräfte, die in der Prophezeiung der Hopi eine entscheidende Rolle spielen und durch entsprechende Symbole dargestellt werden.

In diesem Zusammenhang gewinnt eine unscheinbare Tonschale, die in der Ukraine gefunden wurde, eine besondere Bedeutung. Sie soll etwa 6000 bis 8000 Jahre alt sein und stellt nach den Aussagen von Thomas Banyacya Sr., der mir davon eine

Abbildung übergab, symbolisch die Bemühungen der Hopi dar, in das „Haus aus Glas“ zu gelangen: Zu sehen sind die vier Versuche des Coyote-Clans der Hopi, „die Tore der UNO zu öffnen“ (der linke große, senkrechte Halbkreis mit der Coyote-Darstellung links oberhalb des Bogens und vier hakenartigen Gebilden); ferner ihre drei Helfer *(der Wahre Weiße Bruder)* mit dem rechten Halbkreis; ihre gegenseitige Hilfe (die zwei kleinen, ineinandergreifenden, waagerecht angeordneten Halbkreise - wie offene, gewölbte Hände, und die damit verbundene Selbstreinigung/läuterung und Höherentwicklung in drei Stufen. Das gleichschenkelige Kreuz in der Mitte repräsentiert mit seinen vier Endpunkten und dem Kreuzungspunkt in der Mitte das Ergebnis dieser Bemühungen: den Auftritt von fünf spirituellen Führern der Vier Richtungen in der UNO-Generalversammlung und damit vor der Völkerfamilie (in der Mitte, dem Herzzentrum, der Vertreter der Hopi). In der Folge kommt es zum „gemeinsamen Aufstieg in die nächste, die fünfte Welt“, was als spiralförmige Bewegung durch die zwei großen, senkrecht angeordneten Halbkreise angedeutet wird.

Martin Gashweseoma wies mich noch auf eine weitere Deutungsebene hin: So werden am Rand rechts auch die drei welterschütternden Ereignisse und links vier Stadien einschließlich des Tages der Reinigung dargestellt. Die beiden kleinen waagrechten Halbkreise stellen als Bruderschaftssymbole oben die Hopi und unten den wahren Weißen Bruder dar.

Die weltweit zunehmenden Probleme und die dargestellten Zusammenhänge hatten den Verein *Für die Erde, für das Leben* veranlasst, noch im Oktober 1992 eine internationale Briefaktion zu starten, um das UNO-Anliegen der traditionellen Hopi zu unterstützen. In Absprache mit Hopi-Sprecher Banyacya Sr. wurden möglichst alle Außenminister und UNO-Botschafter der UN-Mitgliedsstaaten angeschrieben und gebeten, entsprechend der Bitte der Hopi zu handeln (vgl. S. 218 und 226).

Nach intensiven Vorarbeiten und anlässlich der Eröffnung des UNO-Jahres der Ureinwohnervölker 1993 wurden im Dezember 1992 doch die Tore der UNO geöffnet, wenn auch nicht ganz im Sinne der Ursprünglichen Anweisungen der Hopi.

Eine kurze Botschaft der Hopi an die UNO-Generalversammlung der Vereinten Nationen

Vorgetragen von Thomas Banyacya Sr., Kykotsmovi, Arizona, am 10. Dezember 1992

Die Präsentation durch Thomas Banyacya Sr., dem letzten der Sprecher der Ureinwohner, wurde durch drei Aufrufe eingeleitet. Sie erfolgten durch Oren Lyons, Faithkeeper der Sechs Nationen und Tagesvorsitzender. Die Aufrufe waren eine spirituelle Ankündigung, die sich an den Großen Geist richtete. Sie kündigten die Anwesenheit der versammelten Menschen und die Absicht an, eine Botschaft von spiritueller Bedeutung weiterzugeben.

Thomas Banyacya Sr. verstreute dann Maismehl beim Podium der Generalversammlung und machte anschließend eine kurze Bemerkung in Hopi, die übersetzt wie folgt lautet:

Die spirituellen Führer der Hopi erhielten eine uralte Prophezeiung, dass eines Tages Führer der Welt in einem Großen Haus aus Glas mit Regeln und Verordnungen zusammenkommen würden, um Probleme der Welt ohne Krieg zu lösen. Ich bin verblüfft darüber, dass sich die Prophezeiung heute, hier erfüllt hat! Aber es ist lediglich eine Handvoll der Delegierten der Vereinten Nationen anwesend, um die *Motii Sinom*, die Ersten Menschen, aus der ganzen Welt zu hören, die heute hier gesprochen haben.

Mein Name ist Banyacya vom Wolf-, Fuchs- und Coyote Clan, und ich bin ein Mitglied der souveränen Nation der Hopi.

Hopi bedeutet in unserer Sprache „ein friedfertiges, freundliches; ein sanftes, wahrheitsliebendes Volk“.

Die traditionellen Hopi folgen dem spirituellen Weg, der uns von Maassau'u, dem Großen Geist, gegeben worden war. Wir schlossen einen heiligen Bund, jederzeit seinen Lebensplan zu befolgen, was die Verantwortung beinhaltet, auf dieses Land und Leben seinem göttlichen Zweck entsprechend achtzugeben. Wir haben niemals Verträge mit irgendeiner ausländischen Nation, einschließlich den Vereinigten Staaten, geschlossen, sondern durch viele Jahrhunderte hindurch diese heilige Übereinkunft erfüllt. Es ist nicht unser Ziel, politische Herrschaft, finanziellen Reichtum oder militärische Macht zu erlangen, sondern viel mehr das Wohlergehen aller lebendigen Wesen zu erbitten und zu fördern, und die Welt in einem natürlichen Zustand zu erhalten. Wir verfügen noch immer über unsere heiligen Steintafeln und spirituell-religiösen Bünde, die die Grundlagen für die Lebensart der Hopi bilden. Unsere Geschichte erzählt, dass unser Weißer Bruder dieselben heiligen Gegenstände und spirituellen Grundlagen bewahrt haben soll.

1948 kamen alle traditionellen spirituellen Führer der Hopi zusammen und sprachen über Dinge, die, wie ich deutlich merkte, für alle Menschen von großer Bedeutung wären. Sie wählten vier Interpreten und Dolmetscher aus, um ihre Botschaft zu überbringen, von denen ich der einzige bin, der heute noch am Leben ist. Zu jener Zeit wurde mir von den spirituellen Führern eine heilige Gebetsfeder überreicht. Ich übernahm die Verpflichtung, die Friedensbotschaft der Hopi zu überbringen und Warnungen von Prophezeiungen zu übermitteln, die seit jener Zeit bekannt sind, als die vorhergehende Welt durch eine Flut zerstört wurde und unsere Vorfahren in dieses Land kamen.

Meine Mission war es ebenso, den Ureinwohnervölkern die Tore dieses Großen Hauses aus Glas zu öffnen. Die Elders wiesen mich an, viermal anzuklopfen und diese Verpflichtung war erfüllt, als ich einen Brief und die heilige Gebetsfeder, die ich erhalten hatte, im Oktober 1991 John L. Washburn im Büro des Generalsekretärs übergab. Heute überbringe ich Ihnen hier einen Teil der Botschaft der Hopi. Wir haben lediglich zehn Minuten Redezeit, und es ist spät - deshalb werde ich meine Erklärung kurz fassen.

Beim Treffen im Jahr 1948 erklärten die Hopi-Führer, die 80, 90 und sogar 100 Jahre alt waren, dass der Schöpfer die erste Welt in einem perfekten Gleichgewicht schuf und die Menschen eine gemeinsame Sprache hatten, aber sie wandten sich von moralischen und spirituellen Grundsätzen ab. Sie missbrauchten ihre spirituellen Kräfte für eigennützige Zwecke. Sie folgten nicht den Regeln der Natur. Schließlich wurde ihre Welt durch das Sinken und Abtrennen von Land zerstört, was Sie als große Umwälzungen bezeichnen würden. Viele starben und lediglich eine kleine Handvoll überlebte.

Dann gelangte diese Handvoll friedfertiger Menschen in die zweite Welt. Hier wiederholten sie ihre Fehler und die Welt wurde durch Einfrieren zerstört, was Sie die große Eiszeit nennen.

Die wenigen Überlebenden betraten die dritte Welt. Diese Welt bestand lange Zeit und wie in früheren Welten sprachen die Menschen eine einzige Sprache. Sie erfanden viele Maschinen und Annehmlichkeiten hochtechnologischer Art, von denen einige in diesem Zeitalter noch nicht gesehen worden sind. Sie verfügten auch über spirituelle Kräfte, die sie für Gutes nutzten. Allmählich wandten sie sich von den Gesetzen der Natur ab und jagten nur mehr materiellen Dingen nach, und schließlich spielten sie nur noch um Geld, während sie spirituelle Grundsätze verspotteten. Niemand hinderte sie an diesem Kurs und die Welt wurde durch die große Flut zerstört, an die sich noch viele Nationen in ihrer uralten Geschichte oder in ihren Religionen erinnern.

Die Elders erzählten, dass wiederum lediglich eine kleine Gruppe entkam und in diese vierte Welt gelangte, in der wir nun leben. Unsere Welt ist wiederum in einer schrecklichen Verfassung, obwohl der Große Geist uns verschiedene Sprachen gab, uns zu den vier Enden der Welt schickte und uns lehrte, auf die Erde und auf alles, was auf ihr ist, achtzugeben. Diese Zeremonienrassel der Hopi repräsentiert Mutter Erde. Die Linie, die herumläuft, ist eine Zeitlinie und zeigt an, dass wir uns in den letzten Tagen der Prophezeiung befinden. Was haben Sie als Einzelpersonen, als Nationen und als die Körperschaft der Welt getan, um auf diese Erde achtzugeben? Heute vergiften die Menschen auf der Erde ihre eigene Nahrung, ihr Wasser und ihre Luft durch Verschmutzung. Viele von uns, ein schließlich der Kinder, werden dem Hunger überlassen. Noch immer werden viele Kriege ausgefochten. Gier und Sorge um materielle Dinge sind eine übliche Krankheit.

In dieser westlichen Hemisphäre, unserem Heimatland, sind

viele Ureinwohner ohne Land, ohne Zuhause; viele Ureinwohner hungern und verfügen über keine medizinische Hilfe. Die Hopi wussten, dass die Menschen viele mächtige Technologien entwickeln würden, die missbraucht würden. In diesem Jahrhundert haben wir den Ersten und den Zweiten Weltkrieg erlebt, in dem der vorhergesagte Kürbis voll Asche, den Sie die Atombombe nennen, vom Himmel fiel und dabei große Zerstörung anrichtete. Viele tausende Menschen wurden in Hiroshima und Nagasaki vernichtet.

Viele Jahre hindurch gab es große Angst vor einem dritten Weltkrieg und die Gefahr eines solchen. Die Hopi meinen, dass der Golfkrieg der Beginn des dritten Weltkriegs war, aber er wurde gestoppt, und die schlimmsten Waffen der Zerstörung wurden nicht eingesetzt. Nun ist dies eine Zeit, die Möglichkeiten für unsere Zukunft abzuwägen. Wir haben eine Wahl. Wenn Ihr, die Nationen dieser Erde, einen anderen großen Krieg verursacht, dann, so glauben die Hopi, werden wir Menschen uns selbst durch Asche verbrennen. Deshalb betonen die spirituellen Elders nachdrücklich, dass die Vereinten Nationen die Tür für spirituelle Führer der Ureinwohner gänzlich öffnen, damit sie so bald wie möglich sprechen.

Die Natur selbst spricht nicht mit einer Stimme, die wir leicht verstehen können. Noch vermögen die Tiere und Vögel, die wir von der Auslöschung bedrohen, zu uns zu sprechen. Wer in dieser Welt ist imstande, für die Natur und die spirituelle Energie zu sprechen, die erschafft und durch alles Leben fließt? Auf jedem Kontinent gibt es menschliche Wesen, die wie Sie beschaffen sind, aber sich nicht vom Land und der Natur abgesondert haben. Durch ihre Stimme kann die Natur zu uns sprechen. Sie haben heute diese Stimmen und viele Botschaften von den vier Enden der Welt gehört. Ich habe vergleichende Religionswissenschaft studiert und ich denke, in Ihren eigenen Nationen und Kulturen besitzen Sie ein Wissen über die Folgen eines Lebens, das sich mit der Natur und dem Spirit nicht im Gleichgewicht befindet. Die Ureinwohnervölker der Welt haben die Zerstörung ihrer Lebensart und ihres Heimatlandes erlebt, die Verwüstung der Natur und die Entweihung ihrer heiligen Stätten - und heute darüber zu Ihnen gesprochen.

Es ist Zeit, dass die Vereinten Nationen ihre Regeln benützen, um diese Vorkommnisse zu untersuchen und ihnen jetzt ein Ende zu bereiten.

Das Vierländereck der Hopi ist begrenzt durch vier heilige Berge. Das spirituelle Zentrum darin ist ein heiliger Ort und unsere Prophezeiungen besagen, dass es in der Zukunft für das Überleben der Menschheit eine spezielle Aufgabe haben wird, und jetzt in seinem natürlichen Zustand belassen werden soll. Alle Nationen müssen dieses spirituelle Zentrum beschützen.

Die Hopi und alle Ureinwohnervölker halten das Land durch Gebet, Fasten und die Durchführung von Zeremonien im Gleichgewicht. Unsere spirituellen Elders halten noch immer für alle Lebewesen, einschließlich der Menschen, das Land in der westlichen Hemisphäre im Gleichgewicht. Niemand in dieser westlichen Hemisphäre oder irgendwo in der Welt sollte von seinem heiligen Heimatland umgesiedelt werden. Verabschiedete Gesetze zur Zwangsumsiedelung, wie Public Law 93-531 in den Vereinigten Staaten, müssen aufgehoben werden.

Die Vereinten Nationen befinden sich auf unserem ursprünglichen Heimatland. Die Vereinten Nationen sprechen über Menschenrechte, Gleichheit und Gerechtigkeit, und dennoch hatten die Ureinwohner seit der Gründung dieser Versammlung bis zum heutigen Tag keine wirkliche Möglichkeit, zu ihr zu sprechen. Es sollte die Mission Ihrer Nationen und dieser Versammlung sein, Ihre Macht und Regeln zu nützen, um den Schaden, den die Menschen dieser Erde und einander angetan haben, zu überprüfen und an seiner Heilung zu arbeiten. Die Hopi Elders wissen, dass das Ihre Mission war und sie warten, um zu sehen, ob Sie jetzt darauf einwirken werden.

Die Natur, die Ersten Menschen und die Spirits unserer Vorfahren geben Ihnen deutliche Warnzeichen. Heute, am 10. Dezember 1992, erkennen Sie zunehmende Überschwemmungen, mehr Wirbelwinde, die Schaden anrichten, Hagelstürme, Klimaveränderungen und Erdbeben - so, wie unsere Prophezeiungen sagen, dass sie kommen würden. Sogar Tiere und Vögel warnen uns durch eine seltsame Veränderung ihres Verhaltens, wie das Stranden von Walen zum Beispiel. Warum handeln Tiere so, als ob sie über Probleme der Erde Bescheid wüssten, und die meisten Menschen so, als ob sie nichts wüssten? Wenn wir Menschen uns der Warnungen nicht bewusst werden, wird die große Reinigung kommen, um diese Welt zu zerstören, genauso wie die vorhergehenden Welten zerstört worden sind. (Banyacya Sr. und Oren Lyons halten ein Bild hoch, das ent sprechend einer großen Felszeichnung im Land der Hopi angefertigt worden ist; siehe das Foto S. 140).

Diese Felszeichnung zeigt einen Teil der Prophezeiung der Hopi. Da gibt es zwei Pfade. Der erste mit hochentwickelter Technologie, aber getrennt vom Naturgesetz und den spirituellen Gesetzen, führt zu dieser Zick-Zack-Linie, die Chaos versinnbildlicht. Der untere Pfad ist einer, der im Einklang mit dem Naturgesetz bleibt. Hier erkennen wir eine Linie, die eine Wahlmöglichkeit symbolisiert und wie eine Brücke die Pfade vereint. Wenn wir zur spirituellen Harmonie zurückkehren und vom Herzen aus leben, können wir in dieser Welt ein Paradies erleben. Wenn wir nur auf diesem oberen Pfad weitergehen, werden wir zur Zerstörung gelangen.

Es liegt an uns allen, als Kinder von Mutter Erde diese Unordnung zu beseitigen, bevor es zu spät ist.

Die Elders ersuchen, dass während dieses Internationalen Jahres der Ureinwohnervölker der Welt (1993) die Vereinten Nationen die Tür für spirituelle Führer von den vier Enden der Welt offen halten, damit sie kommen, um zu Ihnen so bald wie möglich länger als einige wenige Minuten zu sprechen. Die Elders ersuchen ebenso darum, dass acht Untersuchungsteams die Gebiete der Ureinwohner der Welt besuchen, beobachten und die Wahrheit darüber berichten, was geschieht und diese Nationen davor zurückzuhalten, sich in diese selbstzerstörerische Richtung weiterzubewegen.

Wenn irgendeiner Ihrer Führer mehr über die spirituelle Vision und Macht der Elders erfahren möchte, lade ich Sie ein, hinaus in das Land der Hopi zu kommen und sich mit unseren wahren spirituellen Führern in deren heiligen Kivas niederzusetzen, wo sie die uralten Geheimnisse des Überlebens und des Gleichgewichts enthüllen werden.

Ich hoffe, dass alle Mitglieder dieser Versammlung, die den spirituellen Weg kennen, nicht bloß darüber sprechen werden, sondern, um wahren Frieden und Einklang zu erhalten, tatsächlich dem folgen, was über die Wand der Vereinten Nationen geschrieben steht: „Sie werden ihre Schwerter zu Pflugscharen umschmieden und nicht mehr lernen, wie man Krieg führt!

Lasst uns das jetzt gemeinsam tun!

In der Nacht vor dem Erscheinen der Ureinwohner aus aller Welt vor der Generalversammlung war über New York City eine totale Mondfinsternis zu sehen, und der Himmel war sternenklar.

Am Abend kam nach dem Vortrag von Banyacya Sr. und den anderen Sprechern der Ureinwohner schwerer Regen und heftiger Wind auf. Die Meteorologen hatten einen Schneesturm angekündigt, aber was am folgenden Tag kam, waren in New York die schlimmsten Überschwemmungen seit Menschengedenken. Bedeutende Durchzugsstraßen wurden gesperrt, die U-Bahn musste ihren Betrieb einstellen, einige Häuser wurden durch das Meer weggespült, und die Vereinten Nationen selbst erlebten eine Überflutung ihrer Kellerräume, was eine Abstellung des Heizsystems und der Klimaanlage erzwang, worauf das ganze Personal gegen drei Uhr nachmittags frühzeitig heimgeschickt werden musste. Für die Ureinwohner, die anwesend waren, bedeuteten diese Ereignisse mehr als einen Zufall .

Im Erdgeschoßraum für Zusammenkünfte, wo am 11. Dezember Ureinwohner mit Repräsentanten verschiedener UN-Vertretungen zusammengekommen waren, rief Thomas Banyacya Sr. spontan alle Teilnehmer, einschließlich der UN-Beamten auf, einen großen Kreis zu bilden. Alle Elders befanden sich im Zentrum und Thomas rief ebenso einige Nicht-Ureinwohner herbei. Jeder sprach still ein Gebet. Das Formen des Kreises der Einheit aller Menschen von den vier Enden der Erde war mehr als lediglich eine symbolische Handlung. Eine Teilnehmerin sagte, dass sie sich noch nie auf einem so sicheren Platz befunden habe. Später bemerkten einige der Anwesenden, dass in Manhattan keine Sturmschäden mehr auftraten und dass sich an diesem Nachmittag der Sturm legte.

CRY OF THE EARTH 1993 in der UNO

Der prophezeite Auftritt indigener Elders, der Hopi und ihres Dolmetschers

Die Freude unter den traditionellen Hopi war groß, als im Frühjahr 1993 Thomas Banyacya Sr. die Einladung zu CRY OF THE EARTH ("Aufschrei der Erde") erreichte, die der damalige Präsident der UN-Generalversammlung, der bulgarische Außenminister Stojan Ganev, ausgesprochen hatte.

Seit Beginn der gewalttätigen Kolonisierung der Schildkröteninsel durch Kolumbus und seine Nachfolger gab es nichts Vergleichbares. Gemeinsam mit dem ersten Auftritt im Jahr zuvor wurde diese Zusammenkunft für alle amerikanischen Ureinwohner zum bedeutendsten Ereignis.

Rund 45jährige Bemühungen der traditionellen Hopi, die Tür der UNO für spirituelle Elders der Vier Richtungen zu öffnen, hatten endlich Erfolg - am 22. November 1993 um etwa zehn Uhr New Yorker Ortszeit war es soweit:

Im Rahmen der Konferenz CRY OF THE EARTH tagten sieben Delegationen spiritueller Elders aus den USA, Kanada und Mexiko zwei Tage lang in New York City. Am ersten Tag kamen sie im *Ecosoc-Saal* des UN-Hauptgebäudes zusammen, um den dort Versammelten eine Zusammenschau ihrer mündlich überlieferten Prophezeiungen vorzutragen, die sich auf die aktuelle Situation von Erde und Menschheit beziehen. Ihre Ansprechpartner: Vertreter der UNO, der US-Regierung und etwa 100 Abgesandte regierungsunabhängiger Organisationen aus Nordamerika. Dazu gesellten sich ein Videoteam der NGO *Crescentera* und einige Journalisten, darunter zwei Europäer: der Herausgeber eines deutschen Magazins sowie der Autor dieser Zeilen.

Dass die Elders lediglich im Saal des Wirtschafts- und Sozialrats - und nicht vor der Generalversammlung - sprechen konnten, steht auf einem anderen Blatt. Es sei "Sache der UNO", versicherte mir dazu Banyacya Sr. in New York. Das ändere aber nichts an der Erfüllung des Auftrags der Hopi-Elders, um die er sich seit 1948 unablässig bemüht hatte. „Nun bin ich auf mich selbst gestellt“, fügte er hinzu, „denn ich habe damit das letzte Versprechen an meine Elders erfüllt.“ Banyacya Sr. arbeitete daher von da an nur mehr nach Bedarf für die noch lebenden Elders, zumeist jene in Hotevilla.

Am Zustandekommen von CRY OF THE EARTH waren neben dem US-Amerikaner und Buchautor David Berry, der u.a. für das *White House Council on Environmental Quality* arbeitete, vor allem Frauen beteiligt: die US-Amerikanerinnen Carina Courtright von *Crescentera Productions*, Betsy Stang vom New Yorker *Wittenberg Center for Alternative Resources* und Frau Butros Butros-Ghali, die Gemahlin des UN-Generalsekretärs. Sie hatte auch den Vorsitz der Konferenz übernommen und in letzter Minute sichergestellt, dass die Zusammenkunft tatsächlich im UN-Hauptgebäude stattfinden konnte - unterstützt von den UNO-Missionen Mexikos und der USA sowie der UN-Menschenrechtsabteilung.
Zahlreiche Organisationen und Privatpersonen halfen bei der Organisation mit. Darunter Ann Rockefeller-Roberts, die Enkelin des legendären John D. Rockefeller Jr., der seinerzeit der UNO das Gelände in Manhattan zur Verfügung gestellt hatte.

Die Botschaften der Algonquin /Anishinabe, Mi'kmaq, Huichol, Maya, Lakota, Irokesen, Hopi - ein Überblick

Nach einem Segenslied der Algonquin mit Trommelbegleitung eröffnete der Navajo-Ute Flötist Carlos N. Nakai CRY OF THE EARTH mit einer Anrufung des Großen Geheimnisses. Es folgte eine Einführung durch den Präsidenten der 48. UN-Generalversammlung, Samuel R. Insanally aus Guyana, danach wurde eine Grußbotschaft von UN-Generalsekretär Boutros Boutros-Ghali verlesen.
Dann kamen die Elders in ihrer Muttersprache selbst zu Wort.

Algonquin /Anishinabe (Kanada)

Als Hüter der sieben Wampungürtel interpretierte William Commanda erstmals in der Öffentlichkeit ihre Bedeutung für die Menschheit: „Wir sind übereingekommen, unsere Wampungürtel zu präsentieren, die unser heiliges Verbindungsglied zu den spirituellen und physischen Kräften sind, die die Kräfte und das Wissen des Lebens von der Vergangenheit bis zur Gegenwart und Zukunft beinhalten. Sie kommen zu uns von anderen Dimensionen.

Was wir Ihnen durch diese Wampungürtel erklären wollen ist, was sie sind, woher sie kommen, warum sie heilig sind, was sie uns über die Zukunft enthüllen, die Warnung, die sie beinhalten, warum wir eine Chance für die Zukunft haben, welche Antworten es gibt – aber nur, wenn wir zuhören und uns wieder mit der spirituellen Welt vereinigen. Ansonsten wird das Gleichgewicht der Erde seine Achse verändern und das Leben wird in diesem Vorgang schwer beschädigt und beeinträchtigt. Darum ist Heilung essentiell. (...)

Die Wampungürtel stellen die Muster des Lebens dar, die Zugänge, die körperliche und spirituelle Dimensionen vereinen.(...) Sie verkörpern die aktivierende Macht der spirituellen Welten. Die Sieben-Feuer-Gürtel sprechen von sieben Zugängen, Dimensionen, traditionellen Nationen und Zeiträumen. Ihre Botschaft (...) richtet sich an alle vier Rassen der Erde. Sie beschreibt eine sehr schwere Zerstörung, die gegenwärtig das Gleichgewicht allen Lebens betrifft - ökologischen und spirituellen Völkermord, der ein Ergebnis dessen ist, dass diese Zugänge blockiert sind. (...) Diese Zugänge sollten wieder geöffnet werden.

Wenn wir uns mit diesen sieben Zugängen vereinen, könnten wir das achte Feuer entzünden - den Doppeldiamanten, der das menschliche Leben mit den spirituellen Dimensionen vereint.

Vergebung und Hingabe sind die Schlüssel. Die Gürtel warnen davor, dass die Zeit sehr nahe ist, wo die Erde ihr Gleichgewicht im Universum verändert - mit oder ohne ihre Kinder. (...) Es ist unsere dringende Pflicht, die Menschheit zu transformieren und mit diesen Veränderungen in Einklang zu bringen. Heilung muss daher unser dringendes Anliegen sein.“

Mi'kmaq (Kanada)

David Gehue, spiritueller Ratgeber der Mi´kmaq, warnte davor, dass wir uns im letzten Stadium befinden, „wo der Große Geist die Erde in beide Hände nimmt und heftig schüttelt. (...) Dieses Jahr wurde in Cape Spear das östliche Tor (...), der östlichste Punkt in Nordamerika, auf Neufundland in Kanada geöffnet. Der Kreis des Medizinrads ist nun vollständig. Das Volk der Wabanaki (‚Menschen des Lichts') hat sich diesem Kreis angeschlossen. Wir haben das mit folgender Philosophie getan: ‚Heile dich selbst, so hilfst du, die Familie zu heilen; die Familie hilft, die Gemeinde *(community)* zu heilen; die Gemeinde hilft, die Nation zu heilen; die Nationen helfen, die Welt zu heilen.' (...) Wir müssen die Weisheit unserer Elders ausfindig machen, sie in uns aufnehmen und sie zur Besserstellung anderer nützen. Der Große Geist hinterließ mit Felszeichnungen und Naturmonumenten im Osten Nordamerikas einen klaren und lesbaren Plan. Dieses Wissen wird von unseren Elders beschützt und lediglich jenen Ureinwohnern anvertraut, die die Naturgesetze des Großen Geistes beachten: Achtung, Ehrenhaftigkeit, miteinander Teilen und füreinander Sorge tragen. Ohne eines davon existieren die anderen nicht. Es ist nun an der Zeit für Mütter, Väter, Großmütter, Großväter und Kinder sich zur Heilung unserer Welt zu engagieren; macht es auch zu eurer Angelegenheit!"

Huichol, Maya (Mexiko)

Die Huichol aus Mexico kamen mit ihrem Sprecher *Marcos Torres Carillo* anschließend zu Wort und dann der Maya-Hohepriester *Santiago Itza Can (Xmen)* aus der mexikanischen Provinz Quintana Roo auf der Halbinsel Yucatan. Beide Delegationen überreichten Frau Butros Butros-Ghali jeweils ein Bild, das Mutter Erde darstellt. Sie baten um Zusammenarbeit zum Schutz und zur Rettung von Menschheit und Erde - und dass wir darum „mit einer Gesinnung *(one heart)*" zu Gott beten mögen.

Anschließend verlas der Bestseller-Autor *N. Scott Momaday* („Haus aus Morgendämmerung"), ein Kiowa aus Oklahoma, einen Essay über heilige Plätze. Sein Resumee: Wir müssen alles - und das vor allem - unternehmen, um die heiligen Plätze als spirituelle Zentren zu bewahren.

Lakota (USA)

Nach der Mittagspause begann der Nachmittag mit einer Gebetszeremonie durch die Lakota-Delegation; dann sprach die BIA-Generalsekretärin *Ada E. Deer*, eine Menominee aus Wisconsin, und eine Botschaft von US-Vizepräsident Al Gore wurde vom US-Repräsentanten des UN-Wirtschafts- und Sozialrats verlesen. Al Gore bedauerte darin, nicht anwesend sein zu können und betonte, dass „wir sehr viel von den indigenen Völkern Nordamerikas lernen können".

Nach einer Gedenkminute für die Vorfahren, um ihnen zu danken, dass sie es ermöglicht haben, hier zu sein, kam nach *Birgil Kills Straight* der Hüter der heiligen Büffelkalbpfeife der Lakota in der 19. Generation zu Wort: *Arvol Lookinghorse*. Er verwies auf den Missbrauch ihrer heiligen Pfeife durch Nichtindianer und selbsternannte „Medizinleute": „Unsere Spiritualität ist nicht käuflich!" Schließlich betonte er, dass „wir alle uns daran erinnern müssen, dass alle Dinge auf der Mutter Erde einen Spirit haben und auf vielschichtige Weise miteinander verwandt sind".

Haudenosaunee - Irokesen - Six Nations (USA)

Danach begann Leon Shenandoah als Tadodaho der Irokesen seinen Vortrag. Er war der Vermittler und „koordinierende Sprecher" der 50 gleichgestellten Friedens-Chiefs, die den Großen Rat der Irokesenkonföderation bilden und wurde von *Audrey Shenandoah* übersetzt: „In unseren Prophezeiungen wird uns berichtet, dass alle diese Dinge, diese Geschenke, für die wir unserem Schöpfer danken, diejenigen sind, die uns ankündigen werden, wann es zu einer Veränderung auf der Erde kommt. Wenn wir sie missbraucht haben, werden sie sich von uns abwenden und wir können uns nicht mehr auf sie verlassen.“ (...)

„Durch die Undankbarkeit der Menschen der Schöpfung gegenüber werden die Menschen unter der Hitze der Sonne mehr leiden als dass sie eine Wohltat für uns ist.“ (...) Die Sonne wird immer stärker werden, die Erde austrocknen und die Pflanzen würden nicht mehr gedeihen. (...)

„Und die Menschen, die Führerschaft, die Regierungen - ich möchte sagen der ganzen Erde – werden nicht mehr länger imstande sein, zusammen zu sitzen und in Frieden miteinander zu sprechen. Sie werden nicht imstande sein, Entscheidungen zu treffen, nicht imstande sein, zusammen zu kommen, um miteinander zu sprechen. Das wird im Land weit weg über den großen Ozean beginnen, wurde uns erzählt, im Land des Weißen Sandes. Und es wird sich ausbreiten, und bald wird es unser Heimatland treffen und unsere Führer werden nicht rechtzeitig imstande sein, sich zu beraten und Beschlüsse zu fassen, wenn sie sich niederlassen und sprechen. Und die Menschen werden wiederum darunter leiden.“

„Der Regen, die Regenwolken die uns den Regen bringen, der die Erde nässt und es dem Pflanzenleben zu wachsen erlaubt, sodass wir Leben haben mögen, wird seine Pflicht beendet haben; sie werden zu etwas werden, das wir nicht mehr sehen wollen. Bevor das geschieht, wird es regnen und regnen und regnen, und der Regen wird den Menschen Leid verursachen und sie zum Weinen bringen. Und heftige Winde werden mit dem Donner kommen, heftiger Regen von der Richtung der untergehenden Sonne her und wird viel Land mit sich nehmen.“ (...) Schließlich würden immer weniger Kinder zur Welt kommen und überleben - bis es keine mehr gibt.

Onondaga-Clanmutter Audrey Shenandoah, bei CRY OF THE EARTH 1993

Onondaga-Clanmutter *Audrey Shenandoah* betonte deshalb die Verantwortung der Frauen als Trägerinnen des Lebens und ihre Rolle: „Unsere Mutter Erde weint wegen des Missbrauchs und Mangels an Respekt; und die Mütter der Nationen dieser Erde weinen, schreien ebenso. (...) Wir befinden uns in sehr, sehr schwierigen Zeiten und es wird zu einer individuellen Sache für die Menschen, ihren Lebensstil wegen der Veränderung auf dieser Erde zu ändern. Wir können nicht warten auf große Geldbeträge von Komitees oder Organisationen, damit sie das für uns tun. (...) Unsere Führer fällen keine Entscheidungen, ohne die Frauen in unseren Nationen zu Rate zu ziehen, denn die Mütter, die Frauen

sind selber die Lebensspender. So wie die Erde weint, blutet das Herz der Mütter der Nationen und sie rufen ebenso und sie weinen um die künftigen Generationen unseres Volkes."
Und Faithkeeper *Oren Lyons* ergänzte: „Indem wir unsere traditionelle Lebensweise aufrecht erhalten und unsere Danksagungen ausführen, unterstützen wir das Leben. Wenn wir damit aufhören, dann werden die Dinge ebenso aufhören zu gedeihen."

Der Mohawk *Jake Swamp*, Begründer und Aktivist der *Tree of Peace Society* sprach von der Bedeutung des Friedensbaumes, der zuletzt von der Jugend vor seinem Fall bewahrt würde. „Aber eines dürfen wir nicht vergessen - dass wir Hoffnung haben müssen. Prophezeiungen sind Warnungen für uns, dass wir hart daran arbeiten müssen, um unsere Zukunft zum Wohl unserer künftigen Enkel zu bewahren. (...) Es ist sehr wichtig, dass alle Kinder der Welt jetzt zusammen kommen, um gemeinsam für einen globalen Frieden zu arbeiten, den wir alle für unsere Kinder ersehnen."

Die Botschaft der Hopi an die UNO, die Staaten der Welt, an die Teilnehmer von CRY OF THE EARTH 1993

Gegen 16.30h wurde die Hopi-Delegation, vertreten durch *Martin Gashweseoma*, *Manuel Hoyungowa*, *Emery Holmes* (alle aus Hotevilla) und *Thomas Banyacya Sr.* als Übersetzer von Martin mit einem lang anhaltenden Beifall vom gesamten Auditorium stehend begrüßt. Banyacya Sr. verstreute Maismehl beim Rednerpult, während er ein Gebet in Hopi sprach. Die Zahl der Zuhörerschaft war im wesentlichen gleich geblieben, unter ihnen einige Reporter und Fotografen, Videokameraleute, die beiden Organisatorinnen und Persönlichkeiten wie Ann Rockefeller-Roberts, die zum Unterstützerkreis der Konferenz gehörten.

Nach dem Gebet von Banyacya Sr. begann Martin Gashweseoma seine Botschaft in Hopi mitzuteilen.

Er beschrieb in einem kurzen Abriss die Herkunft der Hopi, die Rolle der „gehörnten Krötenfrau" und der „Stahlhelmleute", die von ihnen mit den Deutschen und Österreichern gleichgesetzt werden. Die Stahlhelmleute, die von ihr abstammen, sollten den Hopi zu Hilfe kommen, wenn das Leben - wie in der vorigen Welt - wieder aus dem Gleichgewicht geraten würde. Wenn es so weit wäre und diese Nationen nicht selber die Läuterung durchführen würden, könnte der Große Geist wieder eingreifen, „um zu reinigen und danach zu helfen, erneut ein schönes, sauberes Leben zu führen."

In den Kivas als den heiligen Zentren des Landes lehren sie die Jugend und einander die spirituellen Anweisungen, Warnungen und Prophezeiungen. Ein sanfter Regen würde dann kommen, um ihre gute Gesinnung und ihre entsprechend ausgeführten Zeremonien zu bestätigen.

Dann kam Gashweseoma auf den Missbrauch der Erfindungen durch den Weißen Bruder zu sprechen, auf dessen Missbrauch von Bodenschätzen für zerstörerische Zwecke, was gegen das Gesetz des Großen Geistes verstoße.

„Der Grund unseres Kommens ist, unsere Botschaft hierher zu bringen, denn unsere Vorfahren sagten uns, dass wir sie überall mitteilen müssen, wo wir nur können.

Und diese Verwaltung (die UNO, d. A.) ist auf unserem Land gegründet worden, wie die kanadische und die US-Regierung. Die Vereinten Nationen und alle sprechen immer über ein gutes Leben, Menschenrechte, Gleichheit und Gerechtigkeit. Und ich denke, wir sind nun schlussendlich zu diesem Haus aus Glas gekommen - es ist unser letzter Versuch, Korrekturen durch diese Gruppe von Menschen hier zu erreichen. Wenn sie das nicht tun, stehen wir vor einer schrecklichen Zerstörung oder vor schrecklichen Warnungen durch die Natur. Wir hoffen, so viele Menschen wie möglich zu retten, indem wir diese Botschaft zu diesem Haus aus Glas bringen.

Viele Prophezeiungen sind den Hopi bekannt - diese eine bringen wir heute, diese Botschaft bringen wir zu dieser Körperschaft, die alle Autorität und geschriebenen Dokumente hat, um die Dinge zu korrigieren, zu verändern, die das auf diesem Land bei den Ureinwohnern hervorrufen. Denn wenn sich jeder von den

Die Hopi-Delegation in der UNO 1993 (v.l.n.r.): Thomas Banyacya Sr., Manuel Hoyungowa (1952 - 2011), Martin Gashweseoma, Emery Holmes

spirituellen Anweisungen abwendet, niemand sie korrigiert, dann wird sich dieses Land oder unsere Mutter Erde viermal umwenden und wird uns, die wir überleben, weit unter die Erde bringen, von wo wir in Dunkelheit beginnen, danach wieder zu leben versuchen. Ich ersuche daher Sie alle, die Repräsentanten des Hauses aus Glas, die verschiedenen Organisationen und unsere Brüder und Schwestern aus den Vier Richtungen, die hier sind, das zur Kenntnis zu nehmen und zu verstehen. Und wenn Sie Ihre Wege nicht korrigieren, verändern und nicht zu den spirituellen Wegen zurückkehren und nicht wirklich auf diese Mutter Erde achtgeben, werden wir alle leiden. Es gibt dann keinen Weg, wie wir danach einander helfen können - die Probleme der Welt werden so schrecklich, dass die Natur auf niemanden hören wird, sondern uns einfach hart aufrüttelt und wir danach einander wirklich nicht helfen können.

Wir kennen die Prophezeiung, dass es schreckliche Dinge sind, vor denen wir stehen, wenn wir diese Probleme nicht korrigieren, die heute hier anstehen: Wirkliche Bodenschätze werden vom Land der Ureinwohner geraubt - an manchen Plätzen ohne ihre Erlaubnis; viele Ureinwohner sind aus irgendeinem Grund ohne ihr Land, ohne Heimat und ohne Hilfe - in Gebieten, die sie als ihr Zuhause bezeichnen, in Gebieten, die ihr eigenes Land sind.

Wenn niemand diese Dinge korrigiert und wenn wir die Macht nützen, die die Militärmaschinerie entwickelt hat, die Armee, zerstörerische Dinge wie Atombomben, Raketen (...) - wenn wir das nicht stoppen, kommt ein schrecklicher Krieg auf uns alle zu. Wir haben bereits den ersten und zweiten Weltkrieg erlebt, und es kommt vielleicht ein dritter oder vierter Weltkrieg, und nichts wird übrigbleiben - weil diese Macht so groß ist, dass nichts mehr auf dieser Erde übrigbleibt, nachdem eine dieser Bomben oder sonst etwas, das sie entwickeln, auf dieses Land herabgeworfen wird. Wir möchten nicht, dass das geschieht! Das ist der Grund, warum wir hierhergekommen sind, um Sie aufzurufen, sobald wie möglich etwas zu tun, um diese Dinge zu korrigieren."

Hier setzte spontaner Applaus ein.

„Unsere Elders sind der festen Überzeugung, dass wir als menschliche Wesen zusammenkommen sollen, als Brüder und Schwestern - wie hier - anstatt zu kämpfen und diese Maschinerie zu benützen, um einander zu zerstören (...). Wir sollten das zur Seite tun und - wie hier - miteinander reden, dieses spirituelle Wissen miteinander teilen, das wir von den Vier Richtungen haben - und vielleicht, als Ergebnis davon, bringen wir ein gutes, ausgeglichenes Leben für die junge Generation, die nach uns kommt, zurück; und vielleicht haben viele hier von uns dann ein langes, gutes Leben. Ich bin sehr glücklich, dass wir in der Lage sind, diese Botschaft dieser Körperschaft zu überbringen!"

Manuel Hoyungowa ergänzte: „Das ist die letzte Welt. Wir gehen nirgends anderswohin von hier, wenn wir dieses Land zerstören; es ist die schönste Welt, wie ein Himmel. Es wird uns keine andere Chance gegeben werden. So lasst uns diese Angelegenheit ernsthaft überdenken, damit diese Welt nicht zerstört wird, wir weiterleben und dieses Land und Leben für die künftigen Generationen sichern."

Nach einem stürmischen Applaus schloss Banyacya Sr. die Statements ab, indem er seine Hopi-Rassel mit den Symbolen der Swastika und der Sonne hochhob und sagte: „ ... und wir hoffen, wir können diese Mutter Erde retten (schüttelt die Rassel) - die Erde, an der wir noch immer für alle Menschen festhalten - dass diese Mutter Erde nicht zerstört wird. Sie ruft uns gerade jetzt zu: Lasst uns das stoppen und gebt alle diese zerstörerischen Dinge weg und handelt so, wie es Weiße auf einem Stein über die Mauer hier im Gebäude (im Saal der Generalversammlung) geschrieben haben: Macht alle diese zerstörerischen Instrumente zu Pflugscharen und lernt nicht mehr, wie man Krieg führt!"

Mit einem langanhaltenden Applaus wurden die Hopi gegen 17:30h Ortszeit stehend verabschiedet, unterbrochen von zustimmenden Pfiffen. Danach folgten abschließende Worte durch den Leiter der UN-Menschenrechtsabteilung, Ibrahima Fall, und Applaus für alle Delegationen. Anschließend wurden sie mit je einem Delegierten zu einem kurzen Gespräch mit dem UN-Generalsekretär Boutros Boutros Ghali eingeladen.

Noch am selben Abend zeigten sich viele Ureinwohnervertreter enttäuscht über die geringe Anzahl der UN-Delegierten: bis auf den kanadischen und mexikanischen UNO-Botschafter, den Leiter der UN-Menschenrechtsabteilung, Ibrahima Fall, waren kaum UN-Delegierte anwesend gewesen; der UN-Generalsekretär ließ sich durch seine Frau vertreten. Immerhin hatten der vorhergehende Präsident der UN-Generalversammlung, Stojan Ganev, und der amtierende, S. R. Insannally, als Ehrenvorsitzende ausdauernd zugehört. Neben einem engagierten Mitarbeiter des US-Innenministers Bruce Babbitt und des Beraters von Vizepräsident Al Gore wurden kaum staatliche Vertreter gesichtet. Sie tauchten zum Teil erst am nächsten Tag nahezu unerkannt am Abend auf, als die Hopi etwa sechs Stunden lang an der New Yorker Universität ihre Prophezeiungen detaillierter vortrugen und auf Fragen antworteten. Den größten Anteil der Zuhörer hatten die regierungsungebundenen Organisationen mit etwa 100 Anwesenden gestellt.

Kommentar von Martin Gashweseoma: „Meine Einschätzung ist die, dass sich der weiße Bruder nicht bemüht." Und sein Schwiegersohn Emery Homes ergänzte: „Wenn eine Person persönlich da ist und du hörst die Stimmen der verschiedenen Nationen - du siehst und fühlst sie - dann wirst du die ganze Botschaft erhalten. Du kannst diese Botschaft nicht von einer Aufzeichnung erhalten. Du kannst den vollständigen Eindruck vom Zweck und Grund ihres Kommens nur persönlich empfangen. Und ich denke, wenn die gesamte Generalversammlung da gewesen wäre, hätten wir möglicherweise einiges dort verändert. So haben wir zwar etwas erreicht, aber nicht so viel."

Auch ich empfand es so, aber erstmals erlebte ich, dass es diese Menschen der Vier Richtungen noch immer gibt - so, wie sie z. B. Moses in seinem ersten Buch im *Alten Testament* beschreibt: als *jene* Lebewesen, die ihre Verantwortung für Land und Leben und damit füreinander erkannt haben und danach leben.

Adamah ist der Name im Althebräischen für die, die dem lebendigen Wort Folge leisten, das zu ihnen durch die Naturgesetze spricht.

Das sind sie also, die Menschen der Erde, schoss es mir bereits in der UNO spontan durch den Kopf, die waren hier zusammen gekommen, um diese, unsere gemeinsame Verantwortung als Hüter und Nährer des Lebens wieder wachzurufen. Für mich hat sich damit in New York der Kreis geschlossen, der mit meiner ersten Reise zu den Hopi 1981 begonnen hatte - und zugleich hat sich damit ein neuer Kreis zu einer umfassenderen Dimension aufgetan.

Warten auf Antwort

Thomas Banyacya Sr. erwartete nun gemäß den Anweisungen seiner Elders von 1948, dass bald Abgesandte der UNO oder andere staatliche Vertreter zu den spirituellen Elders der Hopi kommen:

„Sie könnten sie in ihre heiligen Kivas kommen lassen, wo sie die Macht, ihre Autorität zeigen werden - und ihre Botschaft offenbaren, die sie dort seit Tausenden von Jahren bewahrt haben. Das ist es, was die Hopi sagen: Sie werden erfahren, dass wir die Hüter und Bewahrer des Landes sind, dieser Mutter Erde, einem lebendigen, mächtigen Wesen (...).

Wir geben ihnen daher eine Chance, etwas zu tun, wir geben allen Nationen, allen Menschen überall eine Chance, etwas zu tun - und ich möchte meine tiefe Wertschätzung allen jenen gegenüber ausdrücken, die uns geholfen haben, die Erfüllung dieser Botschaft zuwege zu bringen, sie zum Haus aus Glas zu bringen (...). Und ich schaue auf andere Nationen in der Welt, um ihnen zu helfen, sodass wir zusammenkommen können, als menschliche Wesen, und diese Mutter Erde retten!"

Am 8. Februar 1994 verfasste Banyacya Sr. deshalb einen Brief an den UN-Generalsekretär. Darin formulierte er nochmals zusammenfassend, was die Elders jetzt von der internationalen Staatengemeinschaft erwarten:

„Wir erwarten von Ihnen, dass sie acht Untersuchungsteams *(investigative bodies)* aussenden, um unterdrückte Gemeinden der Ureinwohner zu besuchen und aus erster Hand ihre Leiden zu erfahren." Und in Bezug auf CRY OF THE EARTH in der UNO: „Wir versuchten unser Bestes, den dort Versammelten deutlich zu machen, dass die Vereinten Nationen rasch handeln müssen, um Land und Leben zu retten. Die Schutzgeister *(Guardian Spirits)* des Landes haben bereits begonnen, so zu agieren, wie wir davor gewarnt haben: zum Beispiel durch Erdbeben, Feuer, Überschwemmungen, arktische Fröste, mächtige Winde; durch Ausbrechen von Gewalt, unheilbare Krankheiten und mehr. Es liegt in der Macht der Vereinten Nationen, friedfertige Lösungen für die Probleme zu finden, unter denen die Ureinwohner leiden. Wir möchten nicht, dass die Kräfte der Natur fortfahren, stärker und stärker zu werden. Der Große Geist beobachtet Sie, er wartet darauf, dass Sie handeln!"

Und Banyacya Sr. kündigte an: „Wenn die UNO oder die Staaten der Erde nicht handeln und guten Willen beweisen, werden die Reiniger vom Westen kommen und ohne Erbarmen sein; (...) es wird dann keinen sicheren Platz für irgendjemanden geben, um sich vor ihnen zu verbergen." (...) „Wir sprechen für alle menschliche Wesen, für alle die Tiere, Vögel, Fische, Bäume, Felsen; die Ungeborenen - für alle, die nicht direkt zu ihnen sprechen können." (...) Die UNO „muss das jetzt stoppen": die Gefahr für Wasser, Land und Leben durch die beständig wachsende „nukleare Eskalation", insbesondere durch die Herstellung und den Transport von Plutonium in und zwischen den USA, Frankreich, Nordkorea, England und Japan sowie die Entwicklung von Atomwaffen. (...) „Nun liegt es an den weißen Menschen, diese Dinge anzuhalten, die dieses Land und Leben zerstören, die Störung unserer heiligen Zeremonien zu stoppen."

Und in Anspielung auf die neueste Entwicklung im Hopi-Dorf Hotevilla: Die Errichtung einer Wasserleitung und Kanalisation in Hotevilla „wird eine Entweihung unserer Kivas sein. Hotevilla und andere Hopi-Dörfer haben heilige Schreine innerhalb von *Four Corners*, umgeben von vier heiligen Bergen in den vier Richtungen, die direkt mit ihren Kivas verbunden sind. Dieses Land sollte (...) wie das Herz der Mutter betrachtet werden, ein spirituelles Zentrum, und in natürlichem Zustand allein gelassen werden. Es ist für die Hopi und die Pueblo-Völker ein *sehr* heiliges Gebiet. Das sollte von den Vereinten Nationen untersucht werden."

Die größte Sorge der Hopi und anderer seien in diesem Augenblick nicht die mächtigen Waffen, die von Menschen erfunden werden, „SONDERN DER ZORN DES GROẞEN GEISTES. Je weiter wir uns vom Großen Geist abwenden, desto stärker werden uns die Kräfte der Natur bestrafen durch Erdbeben, Überflutungen, Blitzeinschläge, mächtige Winde, Krankheit und Dürre!"

Schließlich verweist Banyacya Sr. darauf, dass die Hopi noch immer „über den ursprünglichen Landtitel, die heiligen Steintafeln", verfügen, die ihnen von der Spinnenfrau gegeben worden waren. Butros Boutros-Ghali möge daher „mit den wahren Hopi-Führern der fünf traditionellen Dörfer Mishongnovi, Shungopavi, Oraibi, Hotevilla und Lower Moencopi in Verbindung treten", denn „die Natur ist bereits aktiv und sagt uns, was wahr ist."

Für diese Reaktion wurde der internationalen Staatengemeinschaft ab dem 22. November 1993 eine Frist von „vier Tagen, vier Wochen, vier Monaten" gesetzt, denn: „Wir können nicht mehr vier Jahre lang warten."

Anfang März 1994 besuchte dann auch ein ehemaliges Mitglied der UN-Menschenrechtskommission Banyacya Sr., Martin Gashweseoma und andere Hopi-Elders in Hotevilla, um einen Bericht für den UN-Generalsekretär zu verfassen. Bis auf diesen Besuch jedoch verstrich die Frist Ende April 1994.

Deshalb kamen vom 22. – 24. April 1994 einige der in New York anwesend gewesenen spirituellen Elders und deren Helfer mit Hopi und anderen Elders bei den Hopi zusammen, um mit Banyacya Sr. darüber zu beraten. Unter ihnen Martin Gashweseoma, Emery Holmes, Manuel Hoyungowa, *Dan Evehema*, *Thomas Pela*, einer der beiden Sprecher des Kikmongwi von Shungopavi - *Ronald Wadsworth*, Janet McCloud, Craig Carpenter, erstmals William Commanda als Vertreter des Ostens, Elders aus Hawaii, David Berry und Betsi Stang.

Banyacya Sr. wies darauf hin, dass es seine letzte Bemühung war und jetzt seine Arbeit vollendet sei. „Dann liegt es an jedem Führer der Hopi-Dörfer und an jedem Führer anderer Gebiete, sich an die Weißen zu wenden." Sie sollten ihnen mit Erfindungen und Aufzeichnungen auf friedliche Weise helfen - nicht zerstören -, „um dieses Land den Ureinwohnern zurückzubringen", damit sie selber jagen, fischen und was immer können, um ihren Lebensunterhalt zu bestreiten. Sie sollten aber nicht dort bleiben und kontrollieren, nicht diktieren, einfordern, sondern bloß helfen - „Lasst sie selber diese Unordnung beseitigen, dann können wir diese Welt für die junge Generation in einem schönen Zustand hinterlassen!" In den traditionellen Dörfern sollten sie nach deren hochspirituellen Führern fragen, und: „Ich überlasse es euch, was ihr jetzt tut!"

Bis zum Frühjahr 1998 bemühte sich Thomas Banyacya Sr. noch gemeinsam mit Janet McCloud und *Jose Lucero* vom Santa

Clara Pueblo um eine Zusammenkunft der spirituellen Elders der Vier Richtungen in Four Corners - im Land der Hopi. Mithilfe des Wissens der Elders sollte durch Zeremonien versucht werden, „die Kräfte der Natur aufzuhalten", die nun immer mächtiger auf ihre Missachtung durch die Menschen reagieren. Wegen Erkrankungen und schließlich durch den Weltenwechsel von Banyacya Sr. im Februar 1999 wurde dieses Ziel nicht erreicht.

Zurück nach New York, in den November 1993:

In einem abschließenden Gespräch wies mich Martin Gashweseoma noch darauf hin, dass wir vor allem auf unser Herz hören und uns um Rechtschaffenheit bemühen sollen. Wir müssen selber einen Weg - aus unserer eigenen Tradition heraus, finden, uns mit der Erde zu verbinden, um die Balance wieder zu erlangen und das große Geheimnis um Klärung, um entsprechende Träume und ein reines Herz bitten. Reichtum ist dabei nur hinderlich; Lauterkeit, Einfachheit und ein großes, starkes Herz sind wichtig - das können wir trainieren (im doppelten Wortsinn, also auch durch kaltes Wasser zumindest in der Herzgegend, wie beispielsweise Manuel Hoyungowa betonte). Ebenso ist es bedeutsam, ob wir bei uns selbst sind und wirklich zu Hause in unserem Land und nicht irgendwo anders leben oder Zuflucht suchen.

Der verantwortungsvolle Umgang mit dem Land, wo wir uns zu Hause wissen, das Auspflanzen, Anbauen und das größtmögliche Bemühen um Selbständigkeit - das, so Martin und andere Hopi-Elders, mit denen ich bereits im Sommer 1993 darüber sprechen konnte, hilft, die Balance aufrechtzuerhalten; sonst entgleisen wir.

Ebenso ist bei der Landfrage die Erlaubnis wichtig - so, wie die Hopi sie seinerzeit von Maassau'u, dem Großen Geheimnis selbst, erhalten haben - miteinander zu verhandeln und niemals darum zu kämpfen. Wie heißt es dazu doch in der Bergpredigt? „Selig sind die Sanftmütigen, denn sie werden das Land erben."

Am Überleben von Mensch und Erde mitarbeiten

Den Kolonialismus im Ansatz überwinden

Der Ökumenische Rat der Kirchen (ÖRK) verurteilt 2012 die „Doktrin der Entdeckung"

„Auch wenn sich der Papst für die Vergangenheit entschuldigt hat, reicht das nicht, um den Schaden wieder gut zu machen."

Dieses Zitat fand ich in der Zeitschrift *Coyote - Indianische Gegenwart* (Nr. 119-2019), als der Mohawk Elder *Tom Porter* anlässlich seiner Europareise interviewt wurde. Es bezieht sich auf die „Doktrin der Entdeckung" *(doctrine of discovery)*. Sie wurde von Papst Nikolaus V. 1452 und 1455 erlassen.

Unter dem Titel *Dum Diversas* und *Romanus Pontifex* riefen die päpstlichen Bullen dazu auf, Ungläubige zu unterwerfen, zu versklaven und ihren Besitz zu nehmen, der dann an die christlichen Monarchen überging. Damit wurde die „Eroberung" und Kolonisierung indigener Völker gerechtfertigt, womit Christoph Kolumbus den Anfang machte. Tom Porter dazu:

„Wir wurden wie Tiere behandelt, und Tiere haben keine Landrechte. Ich kann nicht verstehen, wie die Europäer diese Denkungsweise entwickeln konnten, doch bis heute basieren viele politische Entscheidungen und selbst die Urteile des Obersten Gerichtshofs der USA auf dieser Doktrin. Bis heute nutzen sie die Doktrin als Rechtfertigung, um unsere Landrechte zu rauben (zuletzt 2012 zuungunsten der Onondaga, d. A.)."

Europäische Länder wie Spanien, Portugal, England, Frankreich und Holland wandten die Doktrin an. Sie fand auch Eingang in die Gesetzgebung der Vereinigten Staaten und 1823 nahm der Oberste Gerichtshof der USA in einer Rechtssache Bezug darauf, die wiederum von Gerichten in Australien, Kanada und Neuseeland zitiert worden ist.

Auf seiner internationalen Tagung im Februar 2012 in der Schweiz verurteilte der Exekutivausschuss des Ökumenischen Rates der Kirchen diese „Doktrin der Entdeckung".

Er veröffentlichte eine Erklärung, in der er betont, dass sie von ihrer Natur her „in grundsätzlichem Widerspruch zum Evangelium Jesu" steht und bezeichnet sie als eine Menschenrechtsverletzung. Darüber hinaus bekräftigt der ÖKR das „Recht indigener Völker, im Besitz ihres traditionellen Landes oder Territoriums zu bleiben, dort zu leben, ihre Kultur zu bewahren und zu bereichern".

Bereits zuvor hatten in den USA und Kanada unitarisch-universalistische Kirchen und Quäkerorganisationen die Doktrin zurückgewiesen und verurteilt, darunter die Bistümer Maine und Central New York der Bischöflichen Kirche und das *Philadelphia Yearly Meeting der Religiösen Gesellschaft der Freunde*.

In seiner Erklärung appelliert der Exekutivausschuss des ÖRK an Regierungen, „sicherzustellen, dass ihre politischen Maßnahmen, Verordnungen und Gesetze, die indigene Völker betreffen, mit internationalen Übereinkommen und insbesondere mit der Erklärung der Vereinten Nationen über die Rechte der indigenen Völker sowie dem Übereinkommen 169 (ILO 169, d. A.) der Internationalen Arbeitsorganisation übereinstimmen".

Zugleich werden die Mitgliedskirchen dazu aufgerufen, „über die Geschichte ihres eigenen Landes und ihrer eigenen Kirche nachzudenken" und sich um ein besseres Verständnis der Anliegen indigener Völker zu bemühen.

Bis zur Endredaktion dieses Buches im November 2022 hat kein Papst den Appellen der Indigenen, insbesondere der Irokesen und der engagierten Glaubensgemeinschaften zur Aufhebung der „Doktrin der Entdeckung" nachgegeben.

Mehr Informationen dazu, auch über die beteiligten Glaubensgemeinschaften gibt es im Internet:

https://doctrineofdiscovery.org/
https://www.oikoumene.org/de/news/oerk-verurteilt-doktrin-der-entdeckung-indigener-voelker

Wir leben in der Zeit der Prophezeiungen

Ein Webinar mit Oren Lyons und Thomas Banyacya Jr.

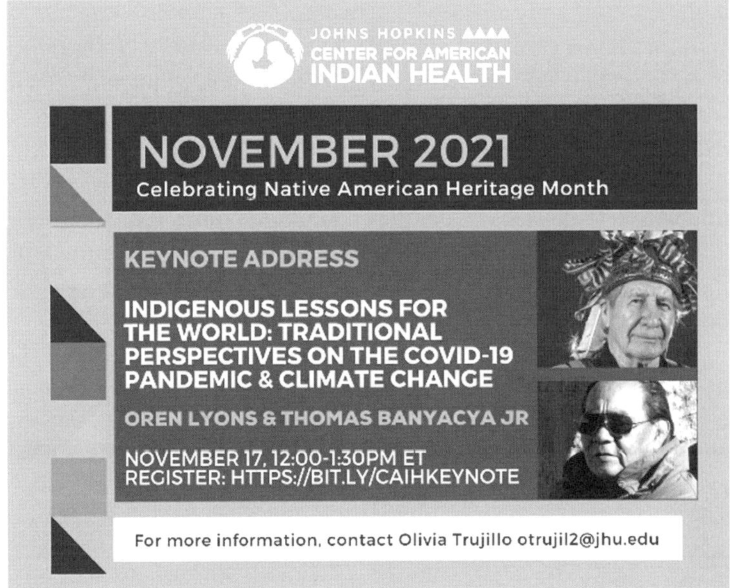

Ankündigung des Webinars vom 17. November 2021 mit einem Foto von Oren Lyons (oben) und Thomas Banyacya Jr.

2020/21 war es wegen der Corona-Pandemie lange Zeit unmöglich, außer Landes zu kommen, geschweige denn nach den USA. Ich musste mein Vorhaben, für dieses Buch weitere aktuelle Interviews mit anerkannten Vertretern traditioneller Ureinwohner Nordamerikas durchzuführen, begraben. Denn auch via Telefon oder Internet zu interviewen gelingt nur in den seltensten Fällen.

Umso größer war meine Überraschung, als mich Thomas Banycya Jr. im November 2021 über Mail zu einem Webinar zusammen mit Oren Lyons einlud. Ich ergriff die Gelegenheit und schnitt es auf Cassette mit, um es nachher in Ruhe anzuhören und womöglich Teile davon zu übersetzen, die für den Inhalt dieses Buches essentiell sind.

Obwohl „Traditionelle Perspektiven über die Covid-19 Pandemie und den Klimawandel“ angekündigt waren, ging es im Dialog der beiden mehr um eine Analyse unserer Situation und um tiefgehende Einblicke in die Spiritualität der amerikanischen Ureinwohner.

Zum Thema Covid-19 plädierte Thomas Banyacya Jr. für einen unaufgeregten Umgang damit und betonte unter anderem: „Wir sollten uns einfach auf die Verhütung seiner Verbreitung konzentrieren, ohne zu politisieren, ohne jemandem nachzustellen. Auf diese Weise können sich die Menschen entspannen, einfach das tun, was erforderlich ist, um diese Pandemie ruhig zu stellen. Wir können dann über andere Dinge nachdenken, die ernsthafte Aufmerksamkeit erfordern: den Wassermangel - all diese Dinge, die durch den Menschen verursacht sind.“

Ich danke Tom für die Vermittlung dieses Webinars, beiden für ihre Ausführungen darin, wovon allein schon des großen Umfangs wegen hier nur ein Ausschnitt vorgestellt werden kann.

Oren Lyons:

Die Haudenosaunee und der Baum des Friedens

Die Haudenosaunee („Menschen / Volk des Langhauses“) sind eine Konföderation von sechs Nationen und wahrscheinlich die erste Konföderation vor etwa 1600 Jahren, die als fünf ursprüngliche Nationen zusammengekommen war. Eine Form der Konföderation, die auf Frieden beruht, das erste Prinzip war Frieden. Der spirituelle Ratgeber, das spirituelle Wesen, wir nennen es - wir benützen nicht seinen Namen - wir nennen es den Friedensstifter, den großen Friedensstifter. Er wies uns an, dass er zurückkommen wird, wenn es die Umstände wirklich erfordern. Wir sollen seinen Namen nicht benutzen, denn wenn wir ihn rufen, wird er bereit sein, zu hören. Es ist eine Art Schutz, den wir haben.

Es gab ein Zusammenkommen durch einen spirituellen Führer, er kam vom Nordosten, wahrscheinlich von dort, was Lake Ontario genannt wird, und landete inmitten der Mohawks. Schlussendlich erschuf er, was wir die Haudenosaunee nennen: Menschen (Volk) des Langhauses.

Er sagte, diese Konföderation wird auf den Prinzipien des Friedens beruhen, auf Gleichheit im Bestreben für jeden - jeder sollte gleich sein, auf Basis der Einheit vereint sein: einer Meinung, eines Herzens, einer Gesinnung, ein Körper. Er unterwies uns, er sagte damals, dass die Erde weiblich, wie eine Mutter ist, wie wir alle wissen. Und so behandeln wir die Erde jeden Tag - als Mutter. Und deshalb, sagte er, dass der Stammbaum der Konföderation auf Seite der Frauen beruhen wird. Und so haben wir ein matrilineares System. Und ich habe auf meinen Reisen durch das Land mitbekommen, dass viele Nationen dieses System haben. Etwa, wenn ein Mädchen geboren wird, hast du eine Verfügerin über Land, wenn ein Bub geboren wird, einen Lacrosse-Spieler (bei den Irokesen ein beliebtes Hartgummiballspiel mit einem Schläger, d. A.)! Aber es ist interessant festzuhalten, dass vor 1600 Jahren die Beziehung zwischen Mann und Frau gleichberechtigt war. Auch in der Regierungsform arbeiten beide als Partner zusammen. Und so hatten wir bereits vor langer Zeit eine Union, die auf Frieden beruht. Der Friedensstifter sagte, er gibt uns dieses Symbol: einen Großen Baum des Friedens, eine große, weiße Kiefer, die vier weiße Wurzeln des Friedens haben wird, die sich in die vier Richtungen der Erde erstrecken.

Das ist eine große Idee, denn die Erde ist rund und schlussendlich vereinigen sich diese Wurzeln, die vier Richtungen wieder. Das ist eine großartige Idee über Frieden, für die ganze Welt. Das ist es, worüber er gesprochen hat: die weißen Wurzeln des Friedens, des Großen Baumes. Diese Symbole sind großartig und auf die Spitze des Baumes hat er den Adler gesetzt, die Verbindung zum Schöpfer, der Botschaften für uns bringt. Und so gibt es quer durch die Nationen eine große Verehrung für den Adler und nicht nur für ihn, sondern für das, was ihr Natur nennt, was wir als unsere Verwandten bezeichnen. Familien wurden auf seine Anweisung hin beruhend auf der Verbindung mit Tieren gegründet: Clans, die mit Tieren wie Adler, Wolf, Schlange usf. verbunden sind. Ich gehöre zum Wolf Clan - es symbolisiert unsere Verwandtschaft,

das bindet uns an die Erde. Als ich durchs Land reiste und andere indianische Nationen traf, fand ich dasselbe Clansystem vor. Ich kam ins Land der Hopi, der Navajo - meine Güte! - die haben alle möglichen Clans, für die Clowns haben sie etwas, die Komplexität, ihre direkte Beziehung zur Erde ist erstaunlich!
Was ich sagen will, ist, dass indigene Völker diese direkte Verwandtschaft mit der Erde verstehen und wertschätzen. Wir sind ein Teil davon, wir sind das einzigartige Tier mit einem Verstand, und so wir haben diesen Verstand, was eine große Verantwortung ist.

Wir sind verwandt und haben eine große Verantwortung

Und diese Verantwortung bedeutet, auf diese riesige Mutter Erde achtzugeben, wie wir sie nennen: unsere Mutter. Das ist einfach die Basis unserer Gründung. Und ich fand heraus, als ich reiste, dass das ein sehr üblicher Prozess quer durch die indianischen Nationen ist - die Verwandtschaft mit der Erde. Und bei großen Zusammenkünften mit vielen indianischen Nationen, Führern und Angehörigen, wenn einer unserer Leute die Session eröffnet und in unserem Namen sprechen wird, da fand ich heraus, obwohl wir die Sprache nicht verstanden, dass wir dennoch genau wussten, was sie sagen würden, denn wir wissen, dass alles gemeinsam ist, wir alle verwandt sind - wir wissen das. Deshalb kann jeder Sprecher indigener Nationen für uns alle sprechen.

Als wir 1977 nach Genf reisten – es war ein erstaunliches Ereignis - , wir trafen unsere Brüder und Schwestern von Süd- und Zentralamerika, da hatten wir einen Tag nach der Ankunft, um einander zu begrüßen, einen Tag, um zusammenzukommen und am dritten Tag, um uns vor der Welt zu präsentieren. Und vergegenwärtige dir: all die indianischen Nationen von Zentral-, Süd- und Nordamerika - alle auf einem Platz; und wir bekamen nur einen Sprecher für uns alle! Nun, wir taten das, denn wir haben ein gemeinschaftliches Einvernehmen, obwohl es eine andere Sprache ist, aber die Grundlage, die Prinzipien, wie wir leben und die Überzeugungen sind alle dieselben. Es ist eine weite, weite Perspektive.

Als ich in den Rat kam, lernte ich: Du bist nicht nur für Menschen verantwortlich, sondern auch für das Land, die Bäume, die Tiere, die Fische, die Vögel. Du bist verantwortlich für deren Wohlergehen, dafür, das Beste zu tun, was du kannst, um deren Art zu leben so gut wie möglich aufrecht zu erhalten.

Wir leben in der Zeit der Prophezeiungen

Und ich weiß, dass die Nation der Hopi diese Prophezeiungen hat, die Haudenosaunee, die Lakota; alle indianischen Nationen haben diese Prophezeiungen. Und für eine bestimmte Zeit - gerade jetzt - sagten sie voraus, was im Begriff ist, zu geschehen. Und da sind wir nun, und es geschieht. Ich würde sagen, wir leben nun in der Zeit der Prophezeiungen. Deshalb ist es sehr wichtig, dass die Menschheit ihre Richtung ändert, dass wir unsere Art zu leben berichtigen, sodass künftige Generationen über das verfügen können, worüber wir heute verfügen. Darauf gehen alle unsere Anweisungen zurück: Behüte die Erde, die sieben kommenden Generationen. So, wenn ihre Zeit kommt, haben sie dieselben Dinge, die du hast, denn du hast sie beschützt, verteidigt. Und du findest diese Anweisungen bei allen indianischen Nationen. Und die Gebete sind wichtig - ich habe mit Thomas Banyacya Sr. viel zusammengearbeitet, er war immer im Gebet, die ganze Zeit während des Tages. Unsere Leute tun das, wir sind immer in Kontakt, wir sind immer in Verbindung mit der spirituellen Seite. Jeden Tag, den ganzen Tag, oft am Tag. Und das ist eine sehr mächtige Beziehung, ein Anker, der dich an einem sicheren Ort hält.

Was tun?

Das Wichtigste, was Thomas Banyacya Sr., Toms Vater, uns gelehrt, immer im Rahmen der Zeremonien gesagt hat: „Haltet eure Zeremonien aufrecht, eure Sprache und eure Verwandtschaft zur spirituellen Seite der Dinge“. Und die Zeremonien sind wirklich fundamental. Ich denke, es hat die Haudenosaunee zusammengehalten und ich weiß, es hat die anderen indianischen Nationen zusammengehalten, die die Zeremonien durchführen. Die Menschheit hat das aufrecht zu erhalten, das ist deine spirituelle Beziehung zum Universum, deshalb ist es fundamental, diese Zeremonien aufrecht zu erhalten - das ist die Nummer eins. Und ich weiß, die Hopi haben das gut gemacht, die Pueblos ebenfalls. Es gibt dort eine Vermischung mit dem Christentum. Aber eines Tages sagte ein Elder schließlich zu mir: „Weißt du, es gibt keine Christen hier, es ist eine Hülle, ich halte die Zeremonien aufrecht!“. Das Christentum hat eine Menge zu verantworten in Bezug auf das, was sie unseren Menschen angetan haben; auf ihre Taten gab es noch keine Reaktion.

Sie kamen herüber. Der Genozid, den sie hier an indianischen Nationen angerichtet haben, wurde nicht angesprochen. Ich nenne hunderte - Millionen Menschen wurden im Namen des Friedens getötet, im Namen des Christentums. Und das muss angesprochen werden. Nun sehe ich, dass es geschieht, eine Anerkennung dessen kommt. Aber in der gegenwärtigen Welt, in der säkularen Welt, denke ich, besteht das Problem zwischen den Werten, den Prinzipien des Friedens, der Liebe, der Zeremonie und dem Wert des Geldes. Die Wertigkeit des Handels, des Geldes vereinnahmt den ganzen Tag. Der Handel in der Welt ist das, was alles antreibt. So geht es um den Wert des Hausverstands und den Wert des Dollars, des Cents. Und das hat uns in die Position gebracht, in der wir uns nun befinden.

Zusammen mit Thomas Banyacya Sr. war ich (1990, d. A.) auf einer Konferenz mit spirituellen und parlamentarischen Anführern wie dem Dalai Lama, Sufis, Muftis, Michael Gorbatschow, Al Gore und Mutter Theresa. Erstaunlich war das! „Veränderung der Werte, um zu überleben“, waren schließlich die letzten Worte als Zusammenfassung auf einer weiteren Konferenz „Für das Überleben der Menschheit“. *Veränderung der Werte, um zu überleben* - wenn wir das nicht tun, überleben wir nicht. Es ist eine Herausforderung und bedeutet, dass du die Werte des Geldsystems, die wir heute haben, zur spirituellen Seite hin verändern musst - was wir immer gesagt haben. Für das Überleben müssen wir uns verändern als Bewegung zur spirituellen Seite, weg von der monetären.

Tom Banyacya Jr.:

Die metaphysischen Welt anerkennen und nähren

Wie Oren Lyons erwähnt hat, war er (Toms Vater, d. A.) immer mittendrin oder mit den Hopi dabei, die profanen und nichtprofanen Welten zusammen zu versorgen. Denn sie arbeiten zusammen und es ist ein Grundprinzip, dass wir verantwortlich dafür sind, nicht nur der physischen Welt zu helfen, sondern auch für die Aufrechterhaltung der metaphysischen Welt, indem wir die Energien da draußen, die wir nicht sehen können, nähren, ermutigen und anerkennen, denn sie brauchen auch Anerkennung. Denn es gibt dort Gefühle, Dinge, verstehst du? Indem wir sie nähren, verstehen, ihnen helfen, hilft es uns, der spirituellen Welt. Wir können das tun.

Zur Hopi-Sprache und Zeit

In der Sprache der Hopi benützen wir keine Gegenwartsform. In unserer Sprache gibt es lediglich eine Vergangenheit und Zukunft. Wir verstehen Zeit als etwas, das - wie alles - nicht anhält und weitergeht. Alles, was wir tun, befindet sich daher entweder in der Vergangenheit oder in der Zukunft (...)

Die Zeit macht nicht Halt, deshalb sollten auch wir nicht aufhören, das zu tun, was wir tun: Schulung, Handel untereinander, verbinden, die Jugend unterweisen (...) Wir müssen die Jugend informieren, wie wir dieses Land zerstören, denn wir sind diejenigen, die es getan haben. Und wie wir aufgewachsen, groß geworden sind.

Wir müssen aber auch beschließen, dass wir diese Dinge nicht mehr wieder tun. So können wir mehr Zeit dafür aufwenden, um bessere Zugänge, Wege zu schaffen, um zusammenzuarbeiten und am effektivsten nur zwischen Stammesgruppen korrigieren.

Wir können damit beginnen, untereinander Handelsbeziehungen aufzubauen und daran zu arbeiten, immer unser Zeremoniensystem aufrecht zu erhalten und es nicht zu gefährden, sondern voranzugehen, um wieder zusammenzuarbeiten. Wir waren lange Zeit getrennt.

Eine Anmerkung des Autors:
Thomas' Ausführungen belegen wohl die Prozessorientierung der Sprache der Hopi (vgl. S. 19) - alles ist in Bewegung.

Oren Lyons:

Für die kommenden sieben Generationen

Wir befinden uns in einer Krise und es ist eine schwierige, denn da gibt es eine problematische Anzahl von Leuten und deren Wertesysteme sind nun in der ganzen Welt vorherrschend. Und wir denken an sieben kommende Generationen, an diese Anweisungen, die der Friedensstifter unseren Anführern vor etwa 1600 Jahren gegeben hat. Er sagte: Wenn du für den Rat zum Wohl der Menschen aufgestellt bist, denke nicht an dich selbst, noch an deine Familie, auch nicht an deine Generation! Triff deine Entscheidungen im Namen dieser sieben Generationen; diese Menschen - es ist für die Zukunft - deren Gesichter schauen von der Erde auf uns. Triff deine Entscheidungen in deren Namen, damit sie dieselben Dinge vorfinden, die du heute zur Verfügung hast. Und wenn ich heute die Systeme weltweit betrachte - sie streben in die entgegengesetzte Richtung. ... Nachhaltigkeit gibt es darin nicht. Und die Konsequenz daraus ist, dass du keine Zukunft hast! Du hast das Wasser verschmutzt, du gibst nicht acht auf die sieben kommenden Generationen, du bist lediglich besorgt um dich selbst und dein eigenes Geld.

Insbesondere zu den Aussagen von Oren Lyons und Thomas Banyacya Jr. über das Gebet, die „spirituelle Seite“ - die metaphysische Welt und die Kommunikation mit ihr - darf ich auf die folgenden, vertiefenden Ausführungen von Tom Porter verweisen. Wobei er auch den Begriff „Religion“ aus indigener Sicht klarstellt.

Thomas Banyacya Sr. und Radford Quamahongnewa verwenden ihn in ihren Aussagen bedeutungsgleich für die Spiritualität der Hopi - der leichteren Verständlichkeit wegen, nachdem bei ihnen keine nähere Erläuterung wie bei Tom Porter z. B. erfolgt.

Tom Porter: Warum ich nach Europa gekommen bin

Als ich im August und September 1981 im Norden des US-Bundesstaats New York die Mohawks in Akwesasne („Wo das Rebhuhn balzt“ – St. Regis, nahe Rooseveltown) besuchte, lernte ich dort auch den jungen Chief Tom Porter und seine Familie kennen (vgl. *Unser Ende ist euer Untergang*, S. 248ff, wo auch John Mohawk und die *Akwesasne Notes* vorgestellt werden).

Es sollte beinahe vierzig Jahre dauern, bis wir einander wieder trafen, diesmal aber bei uns zuhause in Obersdorf. Der Grund für diese lange Zeitspanne: das wachsende Engagement unserer Familie und unseres Arbeitskreises für die Hopi und ab 1984 auch für Janet McCloud - einschließlich der Organisation von Vortragsreisen der beiden in Österreich und Bratislava in der Slowakei.

Umso größer war die Freude, als dank der Initiative des deutschen Journalisten Claus Biegert im Mai/Juni 2019 Tom Porter mit seinem Sohn Aronienens neben Deutschland, Südtirol, die Schweiz und die Niederlande auch Österreich besuchte. Im Rahmen ihrer Vortragsreise machten die beiden auch bei uns im CCW Stainach im Ennstal Halt und kamen nach Obersdorf.

Tom Porter (*Sakokwenionkwas* – „Derjenige, der gewinnt“) ist Mitglied des Bären Clans der Mohawk Nation in Akwesasne und Mitbegründer der *White Roots of Peace* - einer „Wanderuniversität“, deren Elders durch Nordamerika reisen und die Ureinwohner ermutigen, ihre einheimischen Traditionen zu bewahren und wieder zu beleben.

21 Jahre lang war er einer von neun Chiefs des *Longhouse Council of Akwesasne*, der traditionellen Regierung der Mohawks, die dem „Großen Friedensgesetz“ der Sechs Nationen der Irokesen folgt. Deren matrilineares Clansystem und ihre friedvolle, auf dem Konsens-Prinzip basierende Verfassung haben sowohl die frühe feministische Bewegung als auch die europäische Aufklärung, den frühen Kommunismus und die amerikanische Verfassung beein-

flusst. Tom Porter zählt zudem zu den Gründern der *Akwesasne Freedom School*, die 1979 als ein Gegenmodell zu den staatlichen Schulen errichtet wurde. Ziel ist eine Wiederbelebung der indigenen Souveränität sowie die Förderung der indigenen Kultur und Sprache. Er unterrichtete dort, später auch an der Trent University, arbeitete als Kulturforscher und Berater am *North American Indian Traveling College*.

1993 gründete er auf dem ursprünglichen Land der Mohawks die Mohawk-Gemeinde von *Kanatsiohareke* im Mohawk Valley nordöstlich von Albany, nahe Fonda im Bundesstaat New York. Bis heute ist er deren Sprecher und spiritueller Leiter.

Er ist Autor zahlreicher Bücher, darunter *„And Grandma said ...“* (vgl. S. 295) und wurde mit zahlreichen Menschenrechts- und Bildungspreisen ausgezeichnet. Seit November 1970 ist er mit Alice Joe Porter von der Choctaw Nation verheiratet und hat sechs Kinder.

Im Mai 2019 saßen Tom Porter, sein Sohn Arionenens und meine Frau Angela mit mir nach dem Frühstück am großen Küchentisch in unserem gemieteten Bauernhaus in Obersdorf beisammen. Vor der Abreise der beiden nach München blieb noch Zeit für ein Interview mit Tom, dem ich hier nochmals dafür danke.

Es begann damit, wie Tom erzählte, dass in den späten 1970ern die Irokesen in ihrem Kampf um Anerkennung, in der Auseinandersetzung mit der US-amerikanischen Rechtssprechung oder um ihre Identität als Ureinwohner zu bewahren, auf Unterstützung aus Europa angewiesen waren. Dabei ging und geht es auch um das Überleben der *Akwesasne Freedom School*.

Was war für dich der Beweggrund, nach Europa zu kommen?

Viele Menschen aus Europa halfen uns mit Spenden: aus Frankreich, Großbritannien, Belgien, Österreich, Italien und den Niederlanden. Die Italiener sandten sogar einen Regierungsvertreter. Und sie luden mich ein, nach Europa zu kommen. Aber ich war immer so beschäftigt mit unseren Aktivitäten, dem Versuch, unsere Identitäten wieder herzustellen, die Schulen aufrecht zu erhalten, Zeremonien und solche Dinge. Ich kam nicht. Mein Großvater sagte auch, dass ihm sein Großvater erzählt hatte, dass wir keine Tätigkeit über das Salzwasser auszuüben hätten. Spirituell sollten wir zuhause bleiben, in unserem Land. Ich wusste nicht, was das wirklich bedeutet, wie streng das gemeint ist, aber ich nahm es wörtlich, als ich noch jung war, all diese Jahre. Ich wollte kommen, aber lehnte es wegen der Aussage meines Ur-Urgroßvaters immer wieder ab.

Nun, ich werde älter und du weißt niemals, ob es dich morgen trifft, daher sagte ich meiner Frau und meiner Familie, ich werde hinüber reisen, bevor ich sterbe, um mein Versprechen zu erfüllen, das ich den Menschen in Europa gegeben habe. Daher ist meine Reise grundsätzlich die Erfüllung dieses Versprechens; und um die Menschen zu treffen, die noch da sind - oder deren Nachkommen - und ihnen zu sagen, dass wir dankbar sind für all die Jahre, die sie uns beigestanden sind, unsere Schule, unsere politischen Kämpfe unterstützt haben und um einfach „Danke!“ zu sagen.

Und ebenso ein anderer Grund, hierher zu kommen, ist der, dass viele Europäer, die uns besuchten, mir erzählten, als wir mit ihnen diskutierten, dass sie ihre Spiritualität verloren haben: viele ihrer ursprünglichen spirituellen Lehren oder Anweisungen wären verloren gegangen, sagten sie; jedoch bei den meisten Ureinwohnern beider Amerikas - dort kannst du noch immer große, übrig gebliebene Spuren zurück verfolgen. Aber in Europa, so erzählten sie, sind sie seit 2000 oder 3000, 4000 Jahren verschwunden. Sie wurden ausgerottet und neue Religionen, neue Wege der Weltsicht kamen statt dessen. So verfehlten sie ihre spirituelle Bindung, wie sie die Hopi oder Lakota, oder die Mohawks in ihren Zeremonien haben. Sie haben keine Tänze in ihren Kirchen, keine Mond- oder Donnertänze. Sie anerkennen nicht die „Kleinen Leute“ als wirklich; sie wissen darüber, aber sie reden darüber, als wären sie Märchen, an die nicht geglaubt wird.

Aber es ist anders dort, wo wir leben, dort sind sie keine Märchen, dort sind sie Teil der Realität und wir haben Medizin, Heilungen mit den Kleinen Leuten - heute! Wir haben ebenso Sonnenzeremonien, beinahe jeder Indianer tut das noch immer. Und sie wurden ebenso beinahe ausgelöscht durch akademische Einrichtungen, Internatsschulen, alle Arten von Kirchen, christlichen Kirchen. Sie attackierten unser ganzes Sein, unsere ganze Auffassung von Spiritualität und verkündeten, dass es wie eine Verehrung des Teufels sei. Und es hat nichts damit zu tun. Aber sie missinterpretierten das aus irgendeinem Grund und ich weiß nicht, wie sie das missinterpretieren konnten. Alles, was sie zu tun hätten, ist, eine kleine Weile zuzuhören und einfach eine kleine Weile zu schauen - sie würden sehen, es ist harmonisch mit allem in diesem Universum, in dem wir leben. Es ist sehr notwendig, dass sie ihre Augen öffnen, ein wenig ihre Ohren - und ihr Herz, so würden sie verstehen.

Es ist besser, mit der natürlichen Welt zu kommunizieren

Und so, in gewisser Hinsicht, gibt es für alles eine Zeit, eine Zeit bezüglich des Friedens, für das Lernen und Verstehen. Du musst auf den richtigen Zeitpunkt warten. Es ist wie mit einem Apfel auf dem Baum. Du kannst ihn essen, wenn er noch grün ist, aber er schmeckt nicht gut. Aber wenn du wartest, bis er reif ist und vom Baum fällt - dann iss ihn und er schmeckt wunderbar. Und es ist dasselbe mit dem Weltfrieden, mit dem Unterrichten der Jungen. Nun, denke ich, nach all der Zeit haben viele Europäer ein wenig innegehalten und sie beginnen zuzuhören, zu schauen und zu versuchen, diese Dinge zu verstehen, die sie vor langer Zeit verloren haben. Und ich denke, das ist der Grund, warum ursprüngliche Nationen *(native nations)* in beiden Amerikas und andere indigene Völker weltweit, die noch ihr Wissen haben, als Wegweiser nützlich sein können - was nicht heißen soll, dass sie uns „kopieren"! Aber um zu helfen, die natürliche Welt zu verstehen und dass wir ein Produkt der natürlichen Welt sind - und wenn wir sie zerstören, zerstören wir uns selbst. Es ist besser, mit ihr im Einklang zu sein, es ist besser, mit der natürlichen Welt zu kommunizieren, es ist besser, eine herausragende Persönlichkeit für die natürliche Welt zu sein, denn von dort erhalten wir unsere Nahrung, unser Wasser, die Luft, die wir atmen. Das ist die Art und Weise, wie wir den Zeitraum vollziehen, seit wir geboren wurden - bis wir sterben. Es ist eine geborgte Zeit und wir sollten sie vollständig nützen.

Wie denkst du über die Situation heute?

Die Ältesten erzählten uns gewöhnlich davon, als wir Kinder waren. Sie sagten, wenn wir darauf nicht achten und unsere Zeremonien und die Art und Weise der Spiritualität unserer Ältesten nicht fortsetzen - wenn wir das nicht tun – dann werden uns diese Dinge verlassen. Sie würden sich nicht mit uns verbünden; sie würden von uns nicht unterstützt werden, wenn wir damit aufhören. Wenn die Trommeln und die Rasseln nicht mehr genutzt werden, um Musik zu machen, um die verschiedenen Dinge des Universums zu ehren, die natürlichen Früchte - dann werden sie einsam. Und sie werden geradezu Fremde für uns und wir für sie. Dann werden sie von uns getrennt sein. Und wenn das geschieht, dann werden wir die Sonne verlieren, unsere Mutter, die Erde, unsere Verbindung. Unsere Liebe, unsere Gewogenheit zwischen Mutter Erde und uns wird verloren gehen. Die Gewässer, die es in der Welt gibt - die Gewässer sind Wirklichkeit - und ihre Macht ist dazu da, um die Quelle unseres Lebens zu stillen, einschließlich der Vegetation und der Bäume. Und wenn wir unsere spirituelle Verbindung mit ihnen lösen, werden sie sich entfernen und nicht mehr hier sein, um uns zu helfen, wenn wir sie brauchen.

Auch die Erde kann brüchig werden - denn sie ist unsere Mutter -, Erdbeben können in kurzer Zeit das ganze Land neu ordnen und alles zerstören, einschließlich uns. Wenn wir also diese Verbindung lösen, bringen wir uns selbst in Gefahr vor all diesen natürlichen Kräften *(forces)*.

Wenn wir hinhören, werden wir vorbereitet sein

Als ich ein kleiner Bub war, erzählten die Ältesten auch, dass wir sehen werden, wie die Flüsse Feuer fangen. Und ich war Zeuge davon vor einigen Jahren in Ohio - ich vergaß den Namen des

Flusses -, im Sommer nahe Cleveland, als der Fluss Feuer fing. Überall wurde in den Nachrichten darüber berichtet. Und als ich das gesehen und in den Nachrichten gehört, in der Zeitung gelesen hatte, im Fernsehen und Radio, wo sie überall darüber gesprochen haben, kam es mir sofort in den Sinn - oh! Ich war es gewohnt, zu hören, wie die Ältesten erzählten, dass das geschehen wird - und nun ist es geschehen. Und so gibt es auch viele andere Dinge, die sie prophezeit hatten, die ich geschehen sah.

Und was nun? Wenn wir das beherzigen und zu unserer Spiritualität zurückkehren, dann werden uns alle diese Kräfte kennen, die es in unserem Universum gibt, und wir werden mit ihnen wieder verbunden sein. Und was immer sie tun werden im Sinne einer Veränderung oder radikalen Veränderung, wenn sie ihre Position ändern oder irgendetwas tun, dann werden sie uns kontaktieren, uns benachrichtigen, dass wir uns vorbereiten - weil wir mit ihnen verbunden sind. Wenn sie vorhaben, Täler zu überfluten, diese Donnerwesen - und sie sind Mächte *(powers)* - werden sie in Träume und Visionen zu unseren Führern kommen, zu unseren Elders. Und sie werden ihnen mitteilen, dass sie eine Überflutung vorhaben und wir uns weg von den Flüssen auf einen höher gelegenen Ort begeben sollen.

Aber die Menschen sind nicht mehr verbunden und wenn du sie ansprichst, gehen sie einfach vorbei; selbst wenn es ein menschliches Wesen ist, das eigentlich den Mund für die Kommunikation nützt - viele Menschen ignorieren einfach einander. Viele sind einsam, bezeichnen das als völlig lächerlich oder unglaubwürdig - und dann hören sie nicht zu. So abgekoppelt sind die Menschen.

Aber unsere Ältesten erzählten uns, dass der Schöpfer und die Mutter Erde uns niemals auf diese Erde gebracht und sitzen gelassen, uns keine Werkzeuge gegeben haben, nackt und ohne Wissen, denn wir würden wie ein Baby sein - wir würden nicht lange bestehen bleiben. Aber der Schöpfer gab uns alle diese Zeremonien, all dies Wissen, wie die Welt funktioniert. Und dann, wenn wir hinhören und das beherzigen und irgendetwas geschieht, das gefährlich ist, werden wir es erfahren und vorbereitet sein.

Es sollte Frieden und Bruderschaft existieren

Aber nun - ich weiß nicht, wie groß der Anteil derer in der Welt ist, die diese ursprünglichen Wahrheiten verlassen und menschengemachte Einrichtungen geschaffen haben, menschengemachte Religionen. Und dann, sobald sie diese Institutionen und Religionen geschaffen haben, verkünden sie, dass sie die einzigen sind, die das richtig machen, was Auseinandersetzungen hervorruft, Zwist. Und das nächste ist, weißt du, dass sich ganze Länder einander mit Gewehren töten, mit Messern, Speeren und Bomben. Und sie verursachen kriegerische Auseinandersetzungen, Blutvergießen weltweit. Genau das geschieht jetzt. Es sollte aber Frieden und Bruderschaft existieren, nicht das Gegenteil.

Wenn sich die Erde an verschiedenen Plätzen schüttelt, dann ist es ein Vorgang des Aufräumens und der Reinigung! Es ist, als ob unsere Mutter ein Duschbad nimmt. So, wie wenn wir schmutzig geworden sind und uns duschen, mit dem Wasser abwaschen. Nun, die Mutter Erde nimmt ein Duschbad; das geschieht, wenn eine Menge Regen kommt, viele Flüsse über ihre Ufer treten, um zu reinigen. Und wenn du nicht darauf eingestellt bist, wird dich diese Flut mitreißen, dein Leben ist vorbei.

Wenn dieses Erdbeben kommt, zertrümmert es alle Gebäude und Brücken. Wenn du nicht darauf eingestellt bist, zertrümmert es dein Haus ebenso. Tornados und Hurrikans - wenn du nicht darauf eingestellt bist, kommen sie zu dir und zertrümmern dein Haus ebenso - wenn du keine Kommunikation oder kein Wissen darum hast.

Und ich weiß, dass das, was ich gerade sage, für viele Menschen, die das versuchen, schwer zu verstehen ist. Aber wenn sie jetzt ein wenig beginnen, zuzuhören, werden sie vielleicht in zehn Jahren, wenn nicht früher, beginnen zu verstehen und es zu akzeptieren und es kann sie zum Verständnis der wirklichen Welt führen, der wirklichen Verwandtschaft, die wir mit der wirklichen Welt haben sollen.

Gerade jetzt ist alles Plastik, alles ist nuklear, alles ist oberflächlich, alles ist materiell und es ist kein gutes Material - es hat keinen

Bestand - und es verschmutzt und zerstört die Welt. Sehr bald war das Leben komplex. Und der Großteil der Menschen weltweit entscheidet sich dafür. Aber irgendjemand erschuf dieses Umfeld und dass der Großteil der Menschen dieses Denken akzeptiert - das ist keine nationale Eigenheit -, irgendjemand pflanzte das ein. Irgendjemand machte einen Plan, eine Strategie für viele Jahre, damit es geschieht.

So ist es nicht die Schuld der Masse der Menschen, dass sie eingezäunt sind wie Rinder für ein Schlachthaus - und die Rinder wissen nicht, dass sie geschlachtet werden. Und so ergeht es den meisten Menschen weltweit - sie sind psychologisch eingesperrt worden. Sie wollen nicht arm sein, sie wollen keine Dürren, aber das ist es, was ihnen nun widerfährt. Und ebenso dann, wenn Menschen Hilfe benötigen, schließt jeder die Tür vor ihnen. Migranten, die versuchen, vor dem Bürgerkrieg zu flüchten, vor ihrer Tötung, wo Kinder und Mütter getötet werden - und sie versuchen an Plätze zu kommen, die sicher sind und es gelingt ihnen - die Menschen werden jedoch die Tür vor ihnen schließen.

Aber diese Erde gehört allen lebendigen Wesen, es soll keine künstlichen Grenzen geben, besonders dann, wenn jemand um Hilfe bittet - du schließt nicht die Tür vor ihnen. Das ist gänzlich, vollkommen Gott (lacht), gänzlich der Schöpfer, gänzlich spirituell - und du hörst das in den Nachrichten die ganze Zeit. Auf diese Weise werfen sie viele von ihnen ins Mittelmeer, statt ihnen beizustehen - zumindest eine Zeit lang und bis etwas ausgeknobelt ist, um zu teilen. Denn dieses Wasser mit der Nahrung ist hier, um geteilt zu werden. Diese Nahrung kommt von Mutter Erde, um mit allen lebenden Wesen geteilt zu werden, mit Tieren und Vögeln ebenso.

In Bezug auf alles das müssen wir viele Menschen entprogrammieren - das ist eine große Arbeit! Denn sie sind in dieser Art und Weise des Denkens so lange schon verfestigt. Aber wenn wir das nicht tun, wenn alle diese Dinge kommen, zerstören sie viele Menschen. Denn die Mutter Erde - und dort leben wir ja - ist dabei, sich selber zu reinigen. Und wenn wir das nicht akzeptieren, reinigt sie uns selber ebenso. Weil wir nicht hingehört haben. Aber es ist unsere Wahl als Person und als Gemeinschaft und unserer Nationen weltweit. Es ist unsere Wahl. Daher können wir keinen Vorwurf machen und sagen: „Das ist nicht gut, Mutter Erde, das ist nicht gut, Fluss, dass du uns überschwemmt hast!“ - das kannst du nicht machen. Denn wenn du das machst, umso mehr erschrickst du sie und die Flut wird doppelt so groß sein, das Erdbeben von Mutter Erde wird doppelt soviel Zerstörung anrichten.

Wie können wir als Europäer die Unordnung beseitigen, wieder in Verbindung zur natürlichen Welt kommen?

90% der Indianer müssen das auch tun. Die Ureinwohner *(the native indigenous people)* - denn in den letzten 200 Jahren sind wir erneut derselben Kolonisation unterworfen worden und so wurden 90% institutionalisiert - und nun sind die Ureinwohnervölker Süd- und Nordamerikas von dem entprogrammiert, worüber ich gesprochen habe. Daher müssen auch sie das wieder lernen. Aber ich sage den Menschen, dass unsere Kolonisierung lediglich 200 Jahre gedauert hat, daher ist das Wissen noch frisch in unserer DNA! Deshalb müssen wir nicht tief graben und können es leichter finden. Und das ist der Grund, warum wir für andere Menschen in der Welt hilfreich sein können, die kolonisiert und von der universalen Wahrheit seit zwei- oder drei- oder viertausend Jahren losgelöst worden sind. Denn ihr Wissen ist tief vergraben, tief in der DNA. Es ist noch immer dort, aber auch wir haben mehr Staub, mehr Schmutz zu entfernen, während wir versuchen, zur Wahrheit zu gelangen. Deshalb können Lakota und Mohawks behilflich sein.

Wir behaupten nicht, dass wir Menschen zu unserer Denkweise bekehren wollen. „Da ist die Sonne“, sagen wir immer, und wenn sie vergeht, dann vergehst auch du. Daher solltest du einen Weg finden, wie du mit der Sonne kommunizierst, wie du mit ihr in Einklang kommst. Denn die Sonne lässt deinen Mais wachsen und die Sonne schafft Wasser und dann wird er groß und süß. Nun, wie geht es dir oder euch gemeinsam als Nation von Menschen überall in der Welt, wenn du mit der Sonne kommunizierst? Inwieweit bist du dankbar der Sonne gegenüber? Denn diese Sonne versorgt alles, was dir Leben gibt. Daher haben die Ureinwohnervölker

Nordamerikas Sonnentänze; wenn auch nicht alle gleich sind, so sind sie doch alle für die Sonne. In diesem Sinne ist es das Gleiche.

Wir führen Mondtänze durch, Mondzeremonien, denn der Mond reguliert die Geburt bei unseren Frauen und hebt und senkt die Ozeane jeden Tag. Da gibt es eine Menge Macht, eine Menge Weisheit. Deshalb müssen wir uns mit ihm wieder verbinden. Denn wenn das aufhört, hören auch die Frauen auf: Es werden dann keine Babys mehr geboren, wenn dieses Wissen in dieser Absicht nicht mehr in Fluss bleibt. Die Nationen werden aussterben, Instinktverhalten wird kommen.

Darüber spreche ich. Alle diese Dinge müssen erneuert und praktiziert werden, damit wir Verbündete mit all jenen werden und eine gute Welt haben. Denn es ist derart anstrengend genug vom Tag deiner Geburt bis zu dem Tag, an dem du stirbst; die Hälfte unseres Lebens haben wir hart zu arbeiten. Die andere Hälfte können wir schlafen, rasten, Spaß haben. Aber die andere Hälfte haben wir mühevoll zu arbeiten und schwitzen. Es besteht diese Balance und jeder ist davon betroffen.

Nun, worum geht es? *Jeder reiht sich wieder ein, friedfertig und hilfsbereit - und ihr sprecht miteinander in eurem Ort, in eurer kleinen Familie, wie wir erstarken, wie wir einander helfen, was wir tun können, um Dinge leichter zu machen, ohne irgendetwas zu zerstören.* Und dann wächst ziemlich bald die Unterstützung deiner Idee, denn sie hat sich in die Welt ausgebreitet. Aber sie tut es nicht, indem Atombomben gebaut werden, ihr tut es nicht, wenn ihr euer o.k. für Maschinengewehre gebt und aufeinander schießt. Ihr schafft es nicht, wenn ihr Mauern baut, Schlösser und indem eure Armeen euren Reichtum beschützen, weil du das angeordnet hast. Das bringt keinen Frieden, es bringt Verfolgungswahn, Polizei; es bringt Soldaten und Isolation. Es bringt Feindseligkeit - das gibt es jetzt in der Welt!

Erwartet ihr noch den Friedensstifter?

Nein, wir erwarten ihn nicht, denn der Friedensstifter ist bereits vor 1000 bis 2000 Jahren gekommen - wir wissen das genaue Datum nicht. Damals wurde der Friedensstifter geboren und überbrachte den Irokesen einen Friedensplan. Und dieser Friedensplan wurde ausgeführt oder formuliert für den maßgeblichen Teil, wurde einer Frau übergeben, um jemanden auszuwählen. Denn eine Frau, heißt es, ist die Ernährerin der Babys - auch wenn das kleine Baby wächst, so bleiben sie doch in den Augen der Mutter Babys. Daher sind sie diejenigen, die bei den Irokesen in diesen Friedensprozess eingeweiht sind. Es verhält sich bis heute so. Dieser Friedensstifter beendete seinen Auftrag und übergab den Friedensplan in die Hände der Führer der Irokesen, damit sie eigenständig fortfahren. Aber wegen der Kolonisierung wurde der Friedensplan beinahe ausgelöscht.

Nun versuchen wir ihn wiederzubeleben. Er ist noch in unserer Erinnerung, wir verfügen noch immer über Teile davon, aber er ist zerrissen und in tausend Teile zerbrochen. Gegenwärtig halten wir Ausschau nach allen diesen verschiedenen Teilen - und sie existieren! Denn es ist nicht zu lange her, als das geschah. Und unser Bemühen ist es nun, alle diese Teile der einen ganzen Person zu finden, wo ist der eine Arm, wo der andere, wo sind die Finger und dann lösen wir das wie bei einer Operation.

Wenn das getan ist und wenn wir nicht in der Lage sind, das zu tun, was uns von diesem Friedensstifter aufgetragen worden ist, wenn es so schlimm wird, dass wir attackiert werden oder wieder eingeschüchtert werden durch Gespräche oder ins Gefängnis kommen - Tor zu! - was auch immer, dann wird der letzte Verbleibende von uns an einem bestimmten Ort der Welt den Namen unseres Friedensstifters rufen, dreimal, und der Friedensstifter veranlasst unsere Rückkehr.

Aber das geschieht nur, wenn nicht auf den Friedensplan gehört wird. Wenn es geschieht, dann hat der Friedensstifter die Macht und die Energien und eine Strategie. Und dieser eine wird die Führung übernehmen, denn es ist wie eine übernatürliche Macht, es ist, wie wenn Dinge geschehen, die jede logische Praxis herausfordern.

(vgl. dazu die Aussagen von Janet McCloud, S. 30 ff. in diesem Buch und von John Mohawk in *Unser Ende ist euer Untergang*)

Am Tag vor unserem Interview hielt Tom Porter im CCW Stainach seinen Vortrag, wobei ihn sein Sohn Aronienses auf der Trommel zu einem traditionellen Tanz begleitete.
Am Ende des Vortrags wurde die Frage gestellt, wie es sich mit der Trennung von Religion und Politik im Vergleich zur Botschaft der Haudenosaunee an die Welt (vgl. S. 295) verhält. In ihr wird die Verbindung mit der metaphysischen Welt, der Welt der Spirits, Spiritualität als „die höchste Form politischen Bewusstseins" bezeichnet *(„Spiritualism - The Highest Form of Political Consciousness")*. Zitat:

„Wir glauben, dass alle lebenden Dinge Geistwesen (‚spiritual beings') sind. Spirits können als Energieformen zum Ausdruck kom-men, die sich in Materie manifestieren. (...) Der Spirit des Grases ist die unsichtbare Kraft, die die Spezies des Grases herstellt, und sie manifestiert sich für uns in der Gestalt wirklichen Grases. (...)
Das spirituelle Universum offenbart sich daher dem Menschen als die Schöpfung, die Leben unterstützt. Wir glauben, dass der Mensch wirklich, ein Teil der Schöpfung ist und dass es seine Pflicht ist, Leben in Verbindung mit den anderen Wesen zu unterstützen. Das ist der Grund, warum wir uns selber Onkwehón:we – wirkliche Menschen nennen."

Tom Porter antwortete und setzte fort:

Wir stimmen mit dem überein, was du gerade gesagt hast, dass Religion und Politik getrennt sein sollen. Aber die ursprünglichen Einwohner *(native people)* - wir haben keine Religion. Was wir im Tanz tun, hat nichts mit Religion zu tun, es geht dabei um die Sonne, den Mond, es geht um das Wasser, den Wind und die Luft. Und diese sind es, die wir als eine spirituelle, universale Wahrheit beachten. Deshalb ist es keine Religion. Denn es schließt alles heilige Leben im Universum mit ein. Daher ist in unserer Weltsicht Spiritualität nicht dasselbe wie Religion. Religion ist in unserer Weltsicht wie ein Schuhkarton, der kleine Dinge enthält. Er schließt nicht das Universum mit ein. Und so sagen wir lediglich, dass alles, was wir tun, muss spirituell miteinbezogen sein, nicht religiös, spirituell!

Es ist ein Lebensstil, denn wir haben einen Sonnentanz, die Lakota haben einen, die Völker im Süden und alle ursprünglichen Einwohner der Welt haben einen Sonnentanz. Das ist eine universelle Wahrheit und wenn die Sonne morgen aufhört zu scheinen, verlöschen alle Bewohner Österreichs, alle Mohawks, alle Bewohner Großbritanniens, der Vereinigten Staaten; Moskau vergeht. Daher wollen wir nicht, dass die Sonne verlöscht, daher tanzen wir ... und den Mond betreffend ebenso.
Deshalb haben wir Zeremonien dafür, es ist eine allgemein gültige Wahrheit. Deshalb ist universelle Wahrhaftigkeit absolut notwendig, um unser Leben aufrecht zu erhalten. Wir möchten nicht, dass das vergeht, deshalb trennen wir nicht das Spirituelle vom Politischen. Das ist sehr klar im Gesetz des Friedens.

Der Baum des Friedens im Gesetz des Friedens

Es gibt eine Prophezeiung in diesem Friedensgesetz, dass der Baum des Friedens fallen wird - der Baum wird fallen! - denn seine Wurzeln werden durch einen Besucher von jenseits des Meeres gekappt werden. Denn er glaubt nicht an das Teilen, was die Heiligkeit, die Unversehrtheit von Mutter Erde beinhaltet. Und so werden sie die Wurzeln zerhacken, wird dieses System verschwinden oder zusammenbrechen. Aus diesem Grund werden für alle indianischen Nationen in Kanada und in den USA die Internatsschulen errichtet werden, damit sie ihre Identität und Spiritualität verlieren. So werden sie aufhören, Widerstand zu leisten, um übernehmen zu können. In diesem Sinne würde der Baum des Friedens fallen.

Aber, erinnere dich, als ich erzählte (zeigt die Grafik vom Baum des Friedens und der Führer, die ihn stützen): Die Führer sind die Oberhäupter *(chiefs)*, die den ganzen Baum umringen und wenn der Besucher die Wurzeln zerhackt, wird der Baum sterben und fallen.

Tom Porter während seines Vortrags im CCW Stainach im Mai 2019

Aber wenn es geschieht, so ist es seit Anfang, vor etwa 2000 Jahren prophezeit, wenn der Baum fällt, so würde er nicht am Boden aufschlagen. Denn alle diese Chiefs verschränken ihre Arme miteinander, sie versperren den Fall. Und sie umschließen diesen Baum. Wenn der Baum fällt, fällt er in ihre Arme und schlägt nicht am Boden auf.

Aber viele Generationen lang werden die Führer allein den Baum davor bewahren, völlig umzufallen, viele Jahre lang. Denn die Macht (des Staates, d. A.) wird von unseren Kindern und jungen Generationen Besitz ergreifen - durch die *Carlisle Internatsschule*, die Schulen des Regierungssystems, die hungrig sind nach ihnen. Aber, nach vielen Jahren, weil der Baum zu schwer ist, werden die Führer müde, den Baum selber hochzuhalten. Und so drohen sie ihn zu verlieren. Und eines Tages werden sie ihn verlieren, denn der Baum beginnt auf den Boden zu fallen.

Aber es ist prophezeit, dass, wenn unsere Kinder, Enkel und Urenkel den Baum fallen sehen, weil die Führer müde geworden sind - dass plötzlich vom Norden, Osten, Westen und Süden alle unsere Enkel und kleinen Kinder von allen Richtungen herbeilaufen- die Kinder -, und zu hunderten den Baum auffangen und ihn noch einmal in seine ursprüngliche Position zurückheben werden.

Und das ist es, was nun geschieht, das ist es, warum wir nun überall darüber sprechen, denn es sind nicht nur Kinder der Irokesen. Habt ihr die großen Demonstrationen überall in der Welt gesehen? Schüler, die die Schulen in Unordnung bringen? Und sie sagen zu ihren Eltern, zu den Führern der Welt: „Warum gehen wir in die Schule, wenn ihr uns tötet und unseren Weg zerstört, ein Leben zu haben, wenn man groß wird und nichts ist geblieben?“

Und so vereinen sich die Kinder rund um die Welt.

Und ich lobe das, denn es ist eine Erfüllung dieser Prophezeiung vor rund 2000 Jahren. Es ist eine weltweite Angelegenheit und nicht für Konzerne, sondern für unsere Kinder und Enkel und die siebente Generation unserer Kinder, damit sie ein gutes Leben haben werden. Und du und ich werden das nicht wirklich tun, es werden unsere Kinder überall auf der Welt sein. Sie werden wieder eine Ordnung bringen. Denn sie sind müde von dem Unsinn, sie sind müde von den Lügen, sie sind müde von der abgehobenen Finanzpolitik; sie möchten, dass diese Welt eine wirkliche ist. Und sie verdienen es, dass ihnen die Wahrheit gesagt wird.

Wir ersuchen jeden, sich zu öffnen

Wir müssen Abbitte leisten und ausbessern, was auch immer an Schaden, an Leid angerichtet worden ist. Das wird Wahrhaftigkeit und Aufrichtigkeit genannt. So können wir vorankommen. Aber es kann nicht beruhen auf Willkür oder einen König oder einer Königin, noch auf eine Unternehmung für die neuen Könige und Königinnen der Welt. Es muss auf ehrliche Weise für die korrekte menschliche Bewohnung des heiligen Landes getan werden.

Wir sind nicht hierhergekommen, um irgendjemanden zu dem zu bekehren, wovon wir überzeugt sind, sondern wir ersuchen einfach jeden, die Augen zu öffnen, um die Strahlen der Sonne zu sehen. Und wir ersuchen jeden, sich zu öffnen und die Erde zu berühren, denn sie ist unsere Mutter. Und wir trinken das heilige Wasser, von dem wir wissen, dass dieses Wasser ein spirituelles Leben ist, von dem wir abhängig sind. Und es ist notwendig, dass wir für unsere Kinder sicherstellen, dass es morgen und übermorgen in einem guten Zustand ist. Warum? Weil wir unsere Kinder lieben sollen.

Meine Großmutter erzählte mir

Als ich drei oder vier Jahre alt war, sagte sie früh am Morgen zu mir, als die Sonne zum Fenster des Schlafzimmers kam, wo ich schlief: „Weißt du, dass das Licht oder die Dämmerung oder die Strahlen der Sonne die Finger, die Hände und die Arme unseres Schöpfers sind? Die Finger, die Hände und die Arme unseres Schöpfers?“ Und ich sollte im Bett unter der Decke liegen bleiben.

„Das Licht kommt durch das Fenster und wärmt deinen ganzen Körper, während du im Bett liegst - von deinem Kopf bis zu deinen Fußsohlen. Denn das Licht der Sonne sind die Finger, die Hände und die Arme von unserem Schöpfer - und er ist unser Vater! Und er liebt uns, ist freundlich und so umarmt er jeden von uns an diesem Morgen, egal, wie du drauf warst. Und er umarmt jeden Baum in den Bergen, im Wald und jede Kuh, jedes Tier, denn er liebt uns. Nun, was tun wir“, sagte Großmutter, „Du sagst das, sobald du am Morgen deine Augen öffnest - weißt du, du stehst nicht auf - du öffnest einfach deine Augen und sagst: ‚Ich danke dir, du, der du mich geschaffen hast, ich sende dir meinen Dank, meine Grüße und meine Liebe!‘ Nun steh auf, ziehe dir deine Hose an und sei bereit, dein Tagwerk zu tun. Jeden Tag, vergiss das nicht!“

Was können wir tun?

Ergänzende persönliche Überlegungen eines betroffenen Europäers

Wir müssen unsere Denkweise ändern, die Art und Weise, wie die Menschheit die Welt sieht."

Michail Gorbatschow

Es fällt mir nicht leicht, nach all den inspirierenden Ausführungen der indigenen Elders und anderer Mitmenschen noch geeignete Worte zu finden. Es geht hier nicht um Anmaßung, sondern um die Weitergabe persönlicher Erfahrung meinerseits, um die Ermutigung, erforderliche Schritte zu setzen, um unsere Welt vor dem drohenden Kollaps zu bewahren und ein glückliches Leben auch für künftige Generationen sicherzustellen. In diesem Sinne ...

Nun, „Wir sind mitten in den Prophezeiungen", wie Oren Lyons so treffend sagte. Auch wenn die Lage offenbar immer chaotischer, desaströser wird, so ist das kein Grund zur Panik oder Depression. Vielmehr geht es um unser Vertrauen in die Schöpfungsmacht, die unsichtbaren Helfer und alle Kräfte, die Leben ermöglichen. Nicht umsonst haben die Hopi zum Beispiel in ihren höchsten Bünden neben dem unbarmherzigen Einhornbund, der den Regeln der Gerechtigkeit folgt, den Zweihornbund: er übt mit seinem Wissen aller Aspekte und Zeiträume Barmherzigkeit, wie wir sie auch im Christentum kennen und schreitet entsprechend ein. Das soll uns nicht ermuntern, leichtsinnig zu glauben, dass es auf gut wienerisch „eh schon gehen wird", nein.
Es heißt lediglich, dass es an uns liegt, wie sich die Dinge entwickeln - und wir haben die Chance, darauf einzuwirken. Im Guten wie im Schlechten. Nicht umsonst heißt es, die Hoffnung stirbt zuletzt. Und das hat seinen Preis.

Das gilt auch für die Anliegen der traditionellen indigenen Elders, die die Staatengemeinschaft bis heute nicht wirklich beachtet. Sie sind noch ein offenes Kapitel. Nach außen gerichtete Aktivitäten wie jene, durch offizielle Stellen „unterdrückte Gemeinden der Ureinwohner zu besuchen und aus erster Hand ihre Leiden zu erfahren“ sind für den Prozess der weltweiten Läuterung genauso unverzichtbar wie energische Bemühungen, deren Leiden zu beenden. Zumal unser raubbauender Lebensstil Mitverursacher ist. Da ist die hohe Politik, aber auch die Zivilgesellschaft gefordert. Kurz: Jede/r, wo sie/er kann.

Und wir entkommen nicht unserer persönliche Läuterung im Zuge unserer persönlichen Entwicklung; die Läuterung unserer Familien und unserer Gesellschaft, in der wir leben. Ein entscheidender Schritt dazu ist, dass wir lernen, Kontrolle über uns selbst zu erlangen - nicht über andere. Und so ins Gleichgewicht kommen: aufmerksam, bescheiden, respektvoll und einfühlsam werden, das Gegenüber wertschätzen; Verantwortung übernehmen. Hier sehe ich auch einen Schlüssel zur Lösung der aufbrechenden nationalen und wirtschaftlichen Konflikte und für das Zusammenleben überhaupt. Das ist zwar leichter gesagt als getan, aber es ist die wesentliche Voraussetzung, um zu einer Entwicklung im Einklang mit dem Universum zu kommen.

Kontrolle über sich selbst zu erlangen, heißt zugleich für mich, mit beiden Beinen auf dem Boden der Wirklichkeit zu stehen - *down to earth*, wie die Hopi sagen - und darin hauszuhalten. Um Missverständnissen vorzubeugen: Die Wirklichkeit sind die Gesetze des Universums, der Natur, die uns alle und alles ohne Ausnahme regieren. Die Ursprünglichen Anweisungen der Ureinwohner aller Völker stellen offenbar nichts anderes als die ausformulierten Konsequenzen für den Menschen dar, die sich aus der Beobachtung und Befolgung der Gesetze der Natur und der ihnen übergeordneten spirituellen Gesetze ergeben. Wir erkennen und erlernen sie, indem wir auf die Stimme des Herzens hören, ohne den gesunden Menschenverstand zu vernachlässigen. Durch Meditation, Gebet und Zeremonien - und indem wir uns vorbehaltlos für die natürliche Vielfalt des Lebens engagieren. Das befähigt uns, unseren eigenen Platz in seinem Kreislauf zu finden.

Ohne ständige Unruhe und Panik sind wir dadurch in der Lage, zusammen mit den Kräften des Lebens ein fließendes, dynamisches Gleichgewicht in und um uns wieder herzustellen. Daraus erwächst *Heilung*.

In diesem Prozess wird dem Leben um uns wieder seine Vielfalt zurückgegeben - und für uns selbst wird es dabei genauso bunt. Keine Monokulturen und willkürlichen Ausgrenzungen sind gefragt, sondern natürliche, organisch gewachsene Vielfalt, die in einem gewollten Verhältnis zueinander steht und immer wieder um ein Thema kreist: *die Erhaltung, Ermöglichung und Weitergabe von Leben aller Arten und entsprechender Fruchtbarkeit, um den Himmel auf Erden wiederherzustellen und zu bewahren* – „wie es einmal war, nur besser", wie Craig Carpenter mir gegenüber formulierte.

Das bedeutet für mich, Hüter und Treuhandverwalter dieser wunderschönen Erde und damit des Lebens zu sein. Jede Religion, die noch eine Verbindung zu ihren uralten, orts- und regionsbezogenen Ursprüngen hat, vermittelt dieselbe Grundbotschaft, die mit dem Land und dem Leben darauf, unserer Beziehung zu ihm verknüpft ist; vermittelt dieselben Warnungen vor dem Zuwiderhandeln gegen diesen göttlichen Auftrag und gibt Anleitungen, wie der vom *Schöpfer*, von Maassau'u, dem *Großen Geist oder Geheimnis* gewollte natürliche Zustand wieder herzustellen ist. *„Nun lebe, sei glücklich und nähre die Kinder"* heißt es dazu in den mündlichen Überlieferungen der Hopi. Worte, die Maassau'u ihren Vorfahren am Ende seiner Anweisungen übermittelte. Hatten nicht Moses und Jesus von Nazareth ähnliche Formulierungen?

Dieses Glück, dieses Nähren, um das es da geht, ist nicht möglich in einer gepeinigten, missachteten und missbrauchten Mitwelt, in der Ausbeutung, Gier, permanenter Leistungsdruck und Profitstreben jedes natürliche, somit menschliche Maß in Frage stellen. Wie wollen wir allen Helfern und Hütern von Land und Leben glaubhaft in unseren Zeremonien und Gebeten Dank sagen und sie um ihren Beistand bitten, um nachhaltig am Gleichgewicht von Erde und Kosmos mitwirken zu können, wenn wir jenes Grundgesetz der Schöpfung missachten? Wie können wir Alte,

Kranke, Leidende, Schwache und Benachteiligte aller Art beiseite schieben; unser Vermögen, „unseren" Grund und Boden, unsere Karriere und unsere Gesundheit pflegen und uns daran erfreuen, wenn wir nicht begreifen, dass jeder Besitz, jede Form von Verfügungsgewalt oder Vermögen leicht zu Machtmissbrauch verkommen, wenn sie nicht mit den anderen Bewohnern der Schöpfung geteilt werden? Haben wir wirklich begriffen, dass jede auch noch so geringe Form von Besitz und Verfügungsgewalt (und das *ist* Macht) entsprechend den Ursprünglichen Anweisungen eine Prüfung darstellt, *wie* wir mit diesem Geschenk zugunsten der gesamten Schöpfung umgehen - und nicht bloß zugunsten der eigenen Familie, Gruppe oder gar nur der eigenen Person?

Ich bin davon überzeugt, dass es auf alle diese Fragen entsprechend einfache, klare Antworten gibt, die uns einerseits jene Menschen geben, die leben, wovon sie sprechen, andererseits aber das Leben selbst, indem wir es *tun*, und uns um den Kontakt zur spirituellen Welt bemühen, den Spirits, wie die Indigenen sagen. Sie anerkennen, ihnen Dank sagen, immer wieder etwas zurückgeben, wie auch die Potawatomi *Robin Wall Kimmerer* in ihrem lesenswerten Buch „Geflochtenes Süßgras" betont. Und auch den Pflanzen und Tieren, dem Land, der Erde, den Gestirnen Dank sagen, ihnen etwas zurückgeben, damit wir in einer glücklichen Beziehung bleiben und so das Leben in Gang halten. Und das nicht nur geistig, sondern auch materiell, denn jedes Lebewesen braucht unsere Zuwendung nicht nur durch gute Worte, Gesang, Berührung, sondern auch durch körperliche Nahrung, um zu gedeihen. Ein guter Gärtner weiß um diese Balance.

Deshalb zweigen wir vor dem Essen eine Kleinigkeit für die Spirits ab und bringen es danach in das Feuer des Ofens oder ins Freie, wenn möglich. Deshalb versammeln wir uns zu den Sommer- und Wintersonnwenden, zu den Tag- und Nachtgleichen vormittags im Kreis um das Feuer - und sei es nur in einer Schale -, geben vom mitgebrachten getrockneten Salbei oder anderen reinigenden, schützenden Pflanzen etwas im Kreis weiter, bedanken uns beim Großen Geist, den Kräften und Hütern des Lebens und den Menschen, die uns Gutes tun; übergeben danach dem Feuer den Salbei und einen vorbereiteten Gabenteller mit ungekochten Lebensmitteln vom folgenden Frühstück oder Brunch, vielleicht auch Blüten oder Blätter - und reichen einander die Hände für eine Weile; umarmen nachher einander mit guten Wünschen im Gepäck - und frühstücken oder brunchen danach gemeinsam.

Kommt Ihnen das irgendwie bekannt vor? Wenn nicht, dann können Sie es ja versuchen ...

Haben nicht auch Jesus von Nazareth und seine Urgemeinde Kreise von friedfertigen Gleichgesinnten gebildet, so oft wie möglich den Kräften des Lebens Dank gesagt, mit ihnen, untereinander und mit anderen geschwisterlich geteilt und so ihr ganzes Leben zu einem einzigen Dankgebet, einer einzigen Zeremonie werden lassen? Wir wissen wenig wirklich Nachvollziehbares über die Vorkommnisse zu jener Zeit, aber wir haben doch unsere eigenen Sinne, die täglich erlebbare Wirk-lichkeit vor uns, in uns, um uns: jederzeit bewusst erfahrbar, wenn wir nur wollen und beginnen, „die Kinder zu nähren“ (Hopi), „den Bedürftigen zu helfen“ (Mohawk), „den Alten zu helfen“ (Hoopa), „jedem zu helfen“ (Navajo-Diné) „gut zu sein, einander zu lieben, nicht zu lügen, zu stehlen oder zu kämpfen“ (Paiute) und „den Nächsten zu lieben wie uns selbst“ (Jesus von Nazareth; eigentlich *Jehoshua*, wie mir Craig unter Berufung auf amerikanische Bibelwissenschaftler schrieb).

Warum haben sich Studenten und Bauern im Frühling 1992 unter freiem Himmel im Kreis zusammengeschlossen und vor 150 versammelten Gendarmen laut ein Vaterunser gebetet - vor jenem Gemeindehaus, wo der erste Bauer für das letzte noch zu errichtende Teilstück der oberösterreichischen Pyhrn-Autobahn enteignet wurde?

Warum haben im März 1992 betroffene Bewohner eines Ortes in Bayern, auf einer Wiese, die für eine neue Mülldeponie im Gespräch war, über Nacht eine Kapelle errichtet? Warum haben sie einen Priester gefunden, der sie noch in derselben Nacht eingeweiht und so die Zerstörung dieses Stück Landes nach einem darauffolgenden Rückzieher des Landkreisamtes verhindert hat?

Warum hat Leon Shenandoah als Tadodaho der Irokesen in Onondaga, auf dem Land seiner Nation, 1971 den Ausbau einer

Bundesstraße zu einer Schnellstraße verhindert, indem er etwa zwei Monate lang mit seinen Leuten dort campierte und Zeremonien abhielt - vor den Baumaschinen und den Augen zahlreich versammelter und schwer bewaffneter Polizei des Staates New York? Warum haben sich Frauen und Kinder im Himalaja in den 1980iger Jahren im Rahmen der *Chipko-Bewegung* an die Bäume gekettet und gebetet, um deren Fällung zu verhindern?
Warum wehren sich Indigene wie in *Standing Rock* / Norddakota in den USA vom April 2016 bis Februar 2017 mit einem Camp gegen die dort geplante, letztlich unter Präsident Trump doch eröffnete *Dakota Access Pipeline*, deren Frackingöl ihr Trinkwasser bedroht, ihre heiligen Plätze, alle Lebewesen dort?
Und warum leisten junge Menschen 2021/23 in Wien Widerstand gegen das Fällen von rund 400 Bäumen zugunsten einer vierspurigen sogenannten „Stadtstraße" und gegen die Straße selbst?
Kommt Ihnen das bekannt vor, vielleicht sogar aus Ihrem Land, aus Ihrer Region?

Warum enteignen unsere Politiker noch immer friedliche Menschen, die ihr Land, die Bäume ihrer Gemeinde oder Region, die Gewässer wie ihre Vorfahren behüten und ihre Lebenskraft, ihren Nutzen für unsere künftigen Generationen erhalten wollen? Warum enteignet der US-Kongress die traditionellen Hopi und NavajoDiné, die in Big Mountain zusammenleben, durch das infame Teilungsgesetz P. L. 93-531 und weigert sich bis heute, dieses Gesetz zurückzunehmen und es aufzuheben?

Wie sollen irgendwo in der Welt die seit urdenklichen Zeiten vorhandenen und von unseren Vorfahren entsprechend gewürdigten spirituellen Zentren - Heilige Plätze -, die Spender und Erneuerer der Lebenskräfte sind, wieder reaktiviert werden, wenn es uns nicht gelingt, das Herzzentrum der Erde, das die Hopi behüten, mit ihnen zu beschützen und ebenso zu würdigen? Was tun wir, um seine Zerstörung und damit die Zerstörung unserer Mutter und Heimstatt, der Erde, zu verhindern?

Wer stellt die dafür nötigen Fragen - in einer guten Gesinnung und von Herzen kommend, wie die Hopi sagen - zuerst an die verantwortlichen Politiker, an die Vertreter der UNO, die Kirchenoberen, die Manager, Konzernherren und Wissenschaftler und dann an alle Menschen, um den Menschen guten Willens eine Chance zur Korrektur zu geben?

Warum nützen die UNO, nützen die Regierungen der reichen Industrienationen nicht die Gelegenheit, die lebenspraktische Weisheit der traditionellen Hopi und anderer Ureinwohner anzuhören, um einen realistischen Plan für den Weltfrieden und die Wiederherstellung des natürlichen Gleichgewichts auszuarbeiten und in Gang zu setzen? Wir selbst wählen unsere Volksvertreter, billigen oder dulden die Hüter des Glaubens und Wissens unserer Gesellschaft und sind so mitverantwortlich dafür, *wer* diese Funktionen ausübt und in sie hineinwächst.

Die Völker Europas haben schon einmal blendende Redner mit rechtschaffenen Führungspersönlichkeiten verwechselt, an technisch machbare, relativ rasche, auch militärische Lösungen geglaubt - und mussten teuer dafür bezahlen. Wiederholt sich das alles? Jede/r einzelne von uns hat auf seine Weise eine Fülle von Mitverantwortung und Möglichkeiten, die darauf warten, wahrgenommen zu werden.

Wer denkt schon daran, dass unter dem Habsburger Kaiser Karl V. (1519-1556), in dessen Reich „die Sonne nicht unter ging", der erste Vertrag über den Sklavenhandel zwischen Afrika und Amerika unterzeichnet worden ist? Unter ihm wurden 1540, von Santa Fe ausgehend, durch Pedro de Tovar mit 17 Reitern, einigen Fußsoldaten und dem Franziskanermönch Juan de Padilla die Hopi erstmals von den Spaniern heimgesucht; was 1598 unter Juan de Onate schließlich zur formellen Unterwerfung der Hopi-Dörfer unter die spanische Krone führte. Aber lange davor, am 21. März 1551, trat der *Gesetzeskodex von Kaiser Karl V.* in Kraft, der die Rechte der Indianerdörfer zwischen Großem Colorado und Santa Fe (die Pueblos, unter ihnen die Dörfer der Hopi) auf ihr Land bestätigte.

Dieser Kodex wurde von den nachfolgenden Regierungen immer wieder bekräftigt, auch vom Rechtsnachfolger Mexiko und zuletzt 1848 von den USA im *Vertrag von Guadelupe Hidalgo*, als sich diese den Südwesten der heutigen USA, darunter das Land der

Hopi, militärisch einverleibten.
Dieser Vertrag wartet noch immer darauf, von der US-Regierung erfüllt zu werden; denn er sichert den Hopi und anderen dort lebenden Ureinwohnern ihre vollen Land- und Eigentumsrechte, ihre Souveränität und „die freie Ausübung ihrer Religion ohne Einschränkung“ zu. Bezugnehmend auf das gesamte, von den USA übernommene Territorium verspricht der Vertrag aber auch, dass „außerdem dafür besonders gesorgt wird, dass seine indianischen Bewohner nicht in die Zwangslage gebracht werden, sich neue Heime suchen zu müssen, indem jenes Eindringen verübt wird, dem Einhalt zu gebieten die Vereinigten Staaten sich selbst feierlich verpflichtet haben.“

Die Vorgänge in Big Mountain, auf Black Mesa, die Vorgänge im Vierländereck der USA insgesamt zeigen, dass die USA diesen Vertrag gebrochen oder sich fragwürdiger Stammesräte und BIA-Agenten bedient haben, um diesen Vertrag zu umgehen und so brechen zu können. In der Zeit vom 14. - 17. September 1981 legte Thomas Banyacya Sr. daher im Auftrag seiner Elders in Genf ein Papier vor, das diese Tatsachen aus der Sicht der betroffenen Ureinwohner beleuchtet und schließlich vor die Menschenrechtskommission der UNO bringen sollte.
Außer der Errichtung einer *Arbeitsgruppe für indigene Bevölkerungen* ab 1982 und einem Besuch zweier UN-Delegierter bei Hopi und Diné im Jahre 1989, der mit einem zwar kritischen, aber sehr vorsichtigen Bericht ohne besonderen Nachdruck abgeschlossen wurde, ist seither nichts geschehen. Der damalige Hüter der Tafeln des Feuer-Clans der Hopi in Hotevilla, Martin Gashweseoma, hat daher am 13. Dezember 1990 den USA und der Welt eine Chance gegeben, das an den traditionellen Hopi und anderen Ureinwohnervölkern der Erde begangene und noch immer ausgeübte Unrecht zu korrigieren und wiedergutzumachen, die Delegationen von CRY OF THE EARTH 1993 erneut - und wohl das letzte Mal.

Es liegt nicht nur am angesprochenen UN-Generalsekretär, den Mitgliedern der UNO im allgemeinen und natürlich an der US-Bundesregierung selbst, diesem Missstand ein Ende zu bereiten. Es sind insbesondere Österreich, Spanien und Deutschland gefragt, die aufgrund der 1551 bestehenden Herrschaftsverhältnisse in Europa und Amerika unter dem Habsburger Kaiser Karl V. sehr eng verbunden waren, da er sowohl König von Spanien (seit 1516) war, als auch Kaiser des „Heiligen Römischen Reiches“. Historiker, Sprachwissenschaftler und heute Regierende der Nachfolgestaaten jener Epoche haben daher die Verantwortung, nach diesem Vertrag zu suchen, der vielleicht in Madrid, in Santa Fe - oder im Vatikan - darauf wartet, die Ansprüche der traditionellen Hopi zu bestätigen und endlich in die Tat umgesetzt zu werden.

Es stellt sich dann die Frage, welche Haltung nach dem Auffinden des ursprünglichen Dokuments und der daran anknüpfenden Dokumente bis hin zum *Vertrag von Guadelupe Hidalgo* die davon betroffenen Regierungen der heutigen Staaten Spanien, Mexiko, Österreich und Deutschland als Rechtsnachfolger einnehmen und was sie zur Klärung der Situation beizutragen gewillt sind. Sie können ihre Mitverantwortung genauso wenig abschütteln wie die USA, deren Glaubwürdigkeit an der gerechten Lösung dieser Frage zu messen ist.

Letztlich geht es um die Frage, ob und inwieweit nicht nur den Ureinwohnervölkern dieser Erde als ursprüngliche Nationen ihre Souveränität, ihre Selbstverwaltung und ihr Landrechtstitel zugestanden wird. Und wir unseren ausbeuterischen Lebensstil beenden, der ihr Land, die Lebensgrundlage künftiger Generationen zerstört.

Es geht um die Frage, wann weltweit jede Form der Einmischung, letztlich der Kolonisation, beendet wird. Das betrifft auch Volksgruppen in den jeweiligen Staaten, ihr Recht auf ihre eigene Sprache und Kultur. Und es betrifft uns selbst.

Es gibt also noch viel zu tun, und jeder noch so kleine Schritt zählt. Entscheidend ist, dass er getan wird.

Anstelle eines Nachworts

Was Yet Si Blue noch vielen Menschen in Europa mitteilen wollte

Das erste Mal kam ich 1973 nach Europa, dann einige Male in den achtziger und jetzt in den neunziger Jahren. Ich erinnere mich an das erste Mal, als wir über die Umweltkrise und über unsere Beobachtungen sprachen, was mit dem Land und der Lebensqualität unserer Gastgeber geschah. Die Leute antworteten: „Oh, ihr seid keine Realisten! Das ist Fortschritt, Technologie - es ist gut für unsere Leute!“ Und wir versuchten ihnen zu sagen, dass sie das Wasser, die Luft und das Land verschmutzen, dass sie den Lebensraum der Vögel, der Tiere und anderer Erdenbewohner zerstören würden. Aber sie hörten nicht auf uns.

In den achtziger Jahren kam es zu einer kleinen Veränderung. Jetzt in den neunziger Jahren erkennen die Leute überall in Europa die Ozonproblematik; dass sich die Jahreszeiten verändern - man merkt , dass alle Prophezeiungen der Hopi wahr werden. Aber dennoch haben sie keine wirklich überzeugende Handlung gesetzt, denn jeder sagt: „Wie können wir das ändern, denn wenn wir das ändern, werden die Arbeitsplätze in den Industrienationen bedroht.“

Aber was ich sehe - ich nenne diese großen Konzerne „die Quellen des Wachstums, der Dynamik“ - diese „Quellen des Wachstums“ sterben überall in der Welt, sie gehen bankrott. Und die Natur dieser „Wachstumsquellen“ ist es, dass sie all die Ressourcen der Erde verstümmeln und am Ende giftige Substanzen auf das Land kippen, ins Wasser; und in die Luft blasen. Die Menschen können die „Quellen des Wachstums“ nicht retten - sie sterben!

Deshalb müssen sich die Leute nach einem alternativen Lebensstil umsehen und die Städte verlassen, bevor es zu spät ist. Diese sind Betondschungel mit Robotern darin. Roboter, weißt du? Sie haben ihr Empfinden für Menschlichkeit verloren: für dich, für sich selbst - und viele Geisteskrankheiten, Alkoholismus entstehen dadurch.

Ich erinnere mich an die Zeit, als ich im November 1985 hier war und eine Botschaft erhielt, dass ich im April des nächsten Jahres nicht reisen sollte, weil irgend etwas geschehen würde, das die Welt für immer verändern würde. Alle die Frauen, die ich damals an verschiedenen Orten antraf, erzählten mir das selbe. Deshalb vereinbarten wir, dass wir Ende April einander mitteilen würden, was geschehen war, das die Welt verändert.

Und wirklich, ich war für April 1986 in die Sowjetunion eingeladen worden - lehnte aber ab, da ich zu dieser Zeit nirgendwohin reisen wollte. Dann begann die Sache mit Tschernobyl. Und das hat die Welt verändert! Und alle von uns wurden radioaktiv verseucht, in der ganzen Welt, nicht nur in der UdSSR, *überall!* Die Wissenschaftler sagen es auch, aber sie erzählten der Bevölkerung nichts davon. Wir wurden alle radioaktiv verseucht, jedes lebendige Ding - und es hat die Welt verändert. Ich bin überzeugt, dass es die UdSSR in Angst und Schrecken versetzt hat. Daher fiel die Mauer, daher zerfiel die Sowjetunion: Sie haben den Horror, den Horror von Tschernobyl erlebt, und es hat für immer die Welt verändert. Sie haben es aus erster Hand erlebt und konnten sich nicht absondern damit. Und deshalb, glaube ich, verändert sich alles; es hat nicht aufgehört; die Veränderung vollzieht sich noch immer.

Ich weiß nicht, alles wurde bereits in Bewegung versetzt, und was wir jetzt noch tun können ist: schauen, was die Zukunft bringen wird. Unsere Elders, die Hopi, wollen uns darüber nichts sagen, denn die Hopi sagen, es ist zu schrecklich - ich weiß es nicht. Weißt du, die Leute müssen zurückkehren, und deshalb sagen wir immer wieder: „Schließe deinen Frieden mit der Erde“. Das ist die einzige Rettung, die wir haben. Die Elders sagen ebenso, dass sich die Frauen an die Arbeit machen und die Welt retten müssen. „Die Frauen haben die Macht, das zu tun“ - nicht so sehr durch Politik, ich weiß wirklich nicht wie - aber die Frauen müssen in der Welt aufstehen und sagen: „Genug ist genug! Wir müssen an die Zukunft unserer Kinder denken!“ Es sind die Frauen, die das tun müssen. Das sagen unsere Elders.

Das ist der Grund, warum ich hier bin; es ist eine beschwerliche Reise für mich gewesen. Denn ich verlor meine Schwester am Tag, bevor ich abreiste, durch Krebs und vorher meinen Neffen wegen Aids, und es brach mein Herz, abzureisen. Aber ich hatte eine Verpflichtung übernommen, und so wusste ich, dass ich eine beschwerliche Reise haben würde. Aber aus manchen Gründen musste ich kommen, denn es ist notwendig! Es ist wie beim Lachs, der den Fluss hinaufzieht, eine beschwerliche Reise. Ich habe sie durchgeführt und habe sie beinahe beendet - oben in den Alpen.

Einfach zum Nachdenken . . .

Nachdem Martin Gashweseoma im Dezember 1990 in Santa Fe vergeblich gewarnt hatte, begann am 17. Jänner 1991 der Zweite Golfkrieg mit einem schweren Bombardement Bagdads - live von den Kameras des US-Nachrichtensenders CNN übertragen.

Wie zu erwarten, waren seine Auswirkungen auf Mensch und Erde weitaus schlimmer und nachhaltiger, als jemals von den USA und ihren westlichen Verbündeten zugegeben. Darüber hinaus haben die Abbauaktivitäten der Industrienationen einen weit stärkeren Einfluss auf die Erde als bisher angenommen. Anlässlich des Weltkongresses der Geowissenschaftler im August 1991 in Wien wurde u.a. ein klarer Zusammenhang zur Häufigkeit und Stärke von Erdbeben hergestellt. Damit hat die moderne Naturwissenschaft die Warnungen der traditionellen Hopi unaufgefordert bestätigt.

So haben Messungen in der Ionosphäre (100 bis 800 Kilometer über der Erdoberfläche) ergeben, dass die Intensität der elektromagnetischen Strahlung in einem Umkreis von 2000 Kilometer rund um Bagdad nach dem Ende des Golfkrieges zweieinhalbmal so stark war wie vor Beginn der Kampfhandlungen. Dies, so Oleg Pokhotelov von der Moskauer Akademie der Wissenschaften, könne sowohl für die menschliche Gesundheit als auch für die Tier- und Pflanzenwelt massive negative Folgen haben.

„Die Schallwellen, die durch die Explosionen und militärischen Operationen entstanden, haben starke Turbulenzen in den elektromagnetischen Feldern ausgelöst. Verstärkt wurden die Einflüsse durch elektromagnetisch aktive Aerosole (etwa Staubteilchen), die durch die Explosionen in die Luft gewirbelt wurden.“ Auch die chemischen Substanzen und Wasserdampf, die bei den Raketenstarts in die Ionosphäre „injiziert“ wurden, wirkten darauf ein. Ebenso könnte die Hitze der brennenden Ölfelder die Elektronenkonzentration erhöht haben. Hinzu komme die außerordentlich starke Zunahme der Emission von elektromagnetischen Wellen durch Radio- und Fernsehstationen sowie durch den militärischen Funkverkehr.

Die Experten stellten während des Golfkrieges auch eine „zuvor noch nie beobachtete Zunahme an Ionenwolken - begrenzte, äußerst strahlungsintensive elektromagnetische Felder - fest". Aber auch zivile Sprengungen, wie sie zum Beispiel im Bergbau vorkommen, und die unterirdischen Atomwaffentests stören den Elektromagnetismus in der Ionosphäre, befanden die Wissenschaftler: „Die Zusammenballung all dieser menschlichen Einflüsse kann zu irreversiblen Veränderungen im Spektrum und in der Intensität des elektromagnetischen Feldes führen", betonte Pokhotelov. Er befürchtet unter anderem „schwere Störungen des Weltklimas".

Auch die Erdkruste ist gestört

Von Jänner bis Mai 1989 verzeichneten Seismologen in der Region Kaukasus, Iran, Irak und der Türkei insgesamt 16 Erdbeben. Im selben Zeitraum 1991 - nach dem Bombenhagel auf Bagdad - registrierten die Wissenschaftler 77 Beben in der Region, rund fünfmal soviel. Ikram G. Kerimov, Vizedirektor im Geologischen Institut der aserbaidschanischen Akademie der Wissenschaften dazu: „Das Bombardement und die anderen Kriegshandlungen haben das Hintergrundgeräusch der Erdkruste - die ständig eine charakteristische Schwingung aufweist - rasch und gründlich verändert; und zwar in Distanzen bis zu 1000 Kilometern und darüber. Das bedeutet, dass sich an jedem Punkt der Erdoberfläche und in jeder Richtung die Energie dieses Hintergrundgeräusches geändert hat. Wir glauben, dass dies nicht ohne Einfluss auf die seismische Aktivität und andere natürliche Prozesse bleiben kann und beispielsweise Klima-änderungen, Sturmfluten, Erdrutsche und ähnliche Katastrophen hervorrufen oder verstärken wird".

Kerimov, dessen Institut in Baku den Einfluss des Menschen auf die Erdkruste seit mehr als zehn Jahren mit modernsten Geräten untersucht, sieht weitere Zusammenhänge: „So können beispielsweise Ölbohrungen oder auch nur Änderungen in der Erschließung der Ölfelder das normale Schwingungsverhalten der Erde deutlich stören." Die Folgen davon würden keinesfalls in unmittelbarer zeitlicher und räumlicher Nähe der ursächlichen menschlichen Aktivitäten auftreten, gibt er zu bedenken, denn „es kann nach ein oder auch zwei Jahren in einer weit entfernten Region ein schweres Erdbeben auftreten, das mit dem auslösenden Ereignis scheinbar nicht zusammenhängt".

Schon winzige Änderungen im Kräftevergleich der Erdkruste, so Kerimov weiter, könnten ein Erdbeben auslösen oder ein schwaches Beben in katastrophale Erschütterungen verwandeln.

(Quelle: Salzburger Nachrichten vom 26. und 27. August 1991)

Martin Gashweseoma: Das Land der Hopi

Das Land der Hopi ist das Herz von Mutter Erde, und von hier wird der ganze Planet beeinflusst. Wie bei einem Kreisel hängt die Schwungkraft der Erde vom Gleichgewicht ab, das von ihren einander ergänzenden Bestandteilen und der Art und Weise aufrechterhalten wird, wie die Menschen Ressourcen und Energien der Erde nutzen.

Die Erde ist lebendig. Wie unsere eigenen Körper verfügt sie über Organe, Blut und Intelligenz. Da die Funktionen unseres Wesens mit dem Planeten synchron laufen, müssen wir uns an das Gesetz halten, das die Erde geschaffen hat und aufrechterhält. Nur auf diese Weise werden wahre Ökologie und wahrer Weltfriede gesichert sein. Jeder Missbrauch irgendeines Teils der Erde kann die Stabilität des Lebens beeinträchtigen.

Heute kämpfen „Supermächte" um die Führerschaft, aber keine von ihnen kann jemals ihre „Eine Weltordnung" durch andere Gesetze als durch jenes Gesetz errichten, das die wahre Weltordnung aufrechterhält. Indem versucht wird, mit von Menschen gemachten Gesetzen alleinige planetare Autorität zu erlangen, wird das Gegenteil erreicht. Niemand kann sich mit der Macht messen, die uns bevollmächtigt hat, auf dem Planeten Erde zu existieren. Nur Unkenntnis kann jemanden veranlassen, dem Weg in die Sackgasse zu folgen, die Ignoranz hervorruft.

Das Geistwesen Maassau'u, das für unseren gemeinsamen Schöpfer auf die Erde achtgibt, bestimmte die Hopi dazu, Hüter der Erde zu sein. Als Beweis ihres Bundes mit Maassau'u wurden den Hopi Steintafeln gegeben, die ihren Landrechtstitel rechtskräftig bestätigen. Diese Tafeln beinhalten ebenso Anweisungen für die Hopi zur Erfüllung ihrer heiligen Aufgabe.

Das gewaltsame Eindringen in diesen Kontinent durch Menschen aus Europa hat immer mehr die Aufgabe der Hopi behindert, das Herz der Erde zu behüten.

Heute wird die Welt durch eine außerordentlich große Notlage bedroht, die sich auf alle Ebenen des Lebens auswirkt. So wie Chaos und Verwirrung in der Welt anwachsen, versuchen die Hopi die Menschen daran zu erinnern, dass unser globales Ungleichgewicht in Wechselbeziehung mit den Dilemmas im Land der Hopi steht, die durch einen experimentellen und ausbeuterischen Lebensstil verursacht werden. Alles das wurde von den Hopi vorausgesehen, so wie es in ihren Prophezeiungen vorhergesagt worden ist.

Die Prophezeiungen der Hopi berichten ebenso über das Kommen des wahren Weißen Bruders, der den Hopi im Prozess der planetaren Läuterung helfen wird. Dieser Prozess der Erneuerung hat bereits begonnen.

Martin Gashweseoma

Das Mutter-Erde Symbol der Hopi, von Thomas Banyacya Sr. dargestellt. Die vier Bänder stellen die Vier Himmelsrichtungen oder den Regen dar (vgl. „Unser Ende ist euer Untergang“, S.37)

Kontakte und mehr ...

Informationen und Kontakte

Verein iMPULS Aussee, https://www.impuls-aussee.at
Obersdorf 35, A 8983 Bad Mitterndorf office@impuls-aussee.at
Infos, Links und Downloads, u.a. zu Hopi, Tom Porter, Oren Lyons; Umwelt

Grand Canyon Trust, https://www.grandcanyontrust.org/
Native Voices (mit Video), Uranium Mining, Restoration, *Bears Ears*, Action

CRY 1993 VIDEOS, https://crescentera.org/p/cry-of-theearth/

Arbeitskreis Indianer Nordamerikas (AKIN), www.arbeitskreis-indianer.at
Hernalser Hauptstr. 92/8, 1170 Wien Tel: + 43 (0) 680 11 55 444
office@arbeitskreis-indianer.at Infos, Aktionen, u.a. *Lakotakontakte*

Aktionsgruppe Indianer und Menschenrechte e.V. (AGIM)
Froschammerstraße 14, 80807 München, www.aktionsgruppe.de
Tel.: + 49 (0) 89 35 651 836, Zeitschrift *Coyote*

Gesellschaft für bedrohte Völker Österreich Tel.: + 43 (0) 664 38 81 883
https://lebenszeichen-international.at spenden@lebenszeichen-international.at
Gesellschaft für bedrohte Völker Südtirol, https://www.popoli-min.it/de/
Schlachthofstr. 50, 39100 Bozen Tel.: + 39 (0) 471 97 22 40 info@gfbv.it
Gesellschaft für bedrohte Völker Deutschland, https://www.gfbv.de
Postfach 2024, 37010 Göttingen Tel.: + 49 (0)551 49 90 60 info@gfbv.de
Infos, Aktionen, Zeitschrift FÜR VIELFALT
Gesellschaft für bedrohte Völker Schweiz, https://www.gfbv.ch/de/
Birkenweg 61, 3013 Bern Tel.: + 41 (0) 31 93 900 00 info@gfbv.ch

Incomindios Schweiz, http://incomindios.ch
Wehntalerstraße 124, 8057 Zürich Tel.: + 41 (0) 44 38 303 35
mail@incomindios.ch Arbgr. Black Mesa und Uran, Zeitschrift MAGACINC

Nuclear Free Future Foundation, www.nuclear-free.com
Ganghoferstr. 52, 80339 München Tel: + 49 (0) 89 28 659 714
info@nuclear-free.com NFF-Award, *Uranatlas* (u. a. Download)

Robert Jungk Bibliothek für Zukunftsfragen
https://jungk-bibliothek.org • www.zukunftswerkstaetten.org
Strubergasse 18, 5020 Salzburg office@jungk-bibliothek.org

SOL Menschen für Solidariät • Ökologie • Lebensstil, https://nachhaltig.at
Sapphogasse 20/1, 1100 Wien Tel. + 43 (0) 680 20 876 51 sol@nachhaltig.at

ARCHE NOAH, Ges. für die Erhaltung der Kulturpflanzenvielfalt
https://www.arche-noah.at info@arche-noah.at
Obere Straße 40, 3553 Schiltern Tel.: + 43 (0) 2734 8626

Umweltinstitut München e.V. http://www.umweltinstitut.org/home.html
Goethestr. 20, 80336 München Tel.: + 43 (0) 89 30 77 49 - 0

Die Grafik rechts oben zeigt das Verbrüderungszeichen *(Nakwach)* der Hopi

Einige Bücher zum Thema

Bücher über die Hopi

Alexander Buschenreiter, Mit der Erde - für das Leben. Der Hopi-Weg der Hoffnung; Edition Pax, Bauer 1989

-, Unser Ende ist euer Untergang. Die Botschaft der Hopi an die Welt; Authal Verlag, 3., aktualisierte und erweiterte Auflage 2023

Harold Courlander und Stephan Dömpke (Hrsg.), Hopi - Stimmen eines Volkes; Diederichs 1986

Susanne & Jake Page, Hopi; Rio Nuevo Publishers 2009

Frank Waters, Das Buch der Hopi; Diederichs 1980

-, Pumpkin Seed Point; Meine Zeit bei den Hopi; Im Waldgut 1986

Don C. Talayeswa, Die Sonne der Hopi; Sun Chief - eine Autobiographie; Dianus-Trikont 1985

Indianisches / indigenes Denken, Leben, Geschichte

Harvey Arden/Steve Wall, Hüter der Erde. Begegnungen mit Indianern Nordamerikas; Frederking & Thaler 1992

Akwesasne, Texte aus dem indianischen Widerstand; Dianus-Trikont 1978

Akwesasne Notes (Hrsg.), Basic Call to Consciousness; Native Voices 2005

José Barreiro, Thinking in Indian. A John Mohawk Reader; Fulcrum Publishing 2010

Claus Biegert, Indianerschulen; rororo Tb 7278 (1979)

-, Die Wunden der Freiheit; Lamuv Tb 155 (1995)

Claus Biegert u. Elke Stolhofer (Hrsg.), Der Tod, der aus der Erde kommt. Zeugnisse nuklearer Zerstörung - Ureinwohner der Erde beim World Uranium Hearing; Anton Pustet 1993

Winona La Duke, All our Relations. Native Struggles for Land and Life; South End Press 1999

Roxanne Dunbar-Ortiz and Dina Gilio-Whitaker, All the real Indians died off. And 20 other Myths about Native Americans; Beacon Press 2016

Sandy Johnson/Dan Budnik, Wir werden überleben. Gespräche mit indianischen Stammesältesten; Diederichs 1996

Robin Wall Kimmerer, Geflochtenes Süßgras. Die Weisheit der Pflanzen; Aufbau, 3. Auflage 2021

Devon Abbott Mihesuah, Indigenous American Women. Decolonization, Empowerment, Activism; University of Nebraska Press 2003

Tom Porter, And Grandma Said ... Iroquois Teachings; Xlibris Corp. 2008

Howard Zinn, Eine Geschichte des amerikanischen Volkes. Band 3, Die „Umsiedlung“ der Indianer und der Krieg gegen Mexiko; SCHWARZERFREITAG GmbH 2006

UNSER ENDE IST
EUER UNTERGANG
die Botschaft der Hopi
an die Welt
Alexander Buschenreiter
3. Auflage
Softcover, 326 Seiten
ISBN 978-3-9504211-3-2

GEHEIME UNTERWELT
das Vermächtnis der
Jahrtausende alten
unterirdischen Völker
Heinrich Kusch und Ingrid Kusch
Text-Bildband, Hardcover 240 Seiten,
Schutzumschlag
ISBN 978-3-9504211-8-7

GEHEIMCODE
IM WASSER
Karin Halbritter
Hardcover, 111 Seiten
69 Farbabbildungen
ISBN 978-3-9503133-0-7

HUMOR TROTZ TUMOR
Kienzl/Halbritter/Halbritter
Humor als Lebensstrategie
Softcover,136 Seiten
ISBN 978-3-9503133-5-2